퍼펙트 이노베이션

PERFECT INNOVATION

퍼펙트 이노베이션

비제이 고빈다라잔 · 크리스 트림블 지음

권영설 · 신승미 옮김

케이디북스

멀리 떨어진 미국에서 그동안 한국이 성장하는 과정을 보고 있노라면 그저 놀라울 따름이었습니다. 한 세대 전만 해도 삼성, LG, 현대와 같은 한국의 대기업을 아는 미국인은 거의 없었습니다. 오늘날 삼성, LG, 현대의 이름은 포드, 프록터 앤 갬블, AT&T처럼 어디에서나 접할 수 있습니다. 이들 대기업의 브랜드는 미국인들의 거실, 미국인들의 사무실, 그리고 미국의 고속도로에서 일상다반사로 보입니다. 지금까지 전 세계에서 한국처럼 빠르게 입지를 다진 국가는 별로 없었습니다.

이제 한국 사업계의 차세대 지도자는 포부를 훨씬 높게 설정해야 합니다. 사업가들은 한국의 경제를 세계적인 경쟁 상대에서 세계적인 선두 주자로 발전시켜야 합니다. 그러자면 무엇보다 에너지와 운송과 보건 등의 분야에서 현 시대가 직면하고 있는 혁신 활동의 어려움을 잘 헤쳐 나가야 합니다.

이 책은 기존 사업의 높은 성과를 유지하는 동시에 새로운 혁신을 일으키는 방법을 다루고 있습니다. 한국 경제의 토대가 되는 기업들이 이 책에 나온 정교한 조합에 통달하면 앞으로 수십 년 동안 세계 경제의 발전 속도가 한층 빨라질 것이라고 확신합니다.

비제이 고빈다라잔

크리스 트림블

PERFECT
INNOVATION

최근 10년 동안 우리 두 사람은 창업하는 회사가 아니라 이미 자리 잡은 기업 내에서 이뤄지는 혁신을 연구하는 작업에 몰두했다. 정말이지 이 주제는 우리가 에너지를 쏟아부어 전념할 만한 것이었다고 생각한다. 왜냐하면 결국 세상이 변하는 것은 이런 기업들이 이뤄내는 혁신 덕분이기 때문이다.

그런데 사소해 보이지만 중요한 문제가 있다. 이런 기업에서 모든 조직은 혁신을 위해서가 아니라 효율성을 위해서 구성된다. 일상적인 압박이 엄청난 상황에서 혁신과 효율성을 둘 다 이뤄내는 것은 매우 어려운 과제다.

얼마 전 일이다. 혁신 프로젝트에 경험이 많은 한 경영자가 우리에게 대수롭지 않게 물었다.

"이미 자리를 잡은 조직 내에서 혁신이 과연 일어날 수 있을까요?"

냉소적인 의미로 던진 질문이 아니었다. 우리는 그 질문에 담긴 의미를 존중한다. 사실 그의 물음에는 냉엄한 진실이 들어 있다. 오늘날의 기업이라고 해서 혁신에 도전하는 능력이 50년 전의 기업에 비해서 나아진 것이 없는 게 현실이다.

우리만 그렇게 생각하는 게 아니다. 연매출 20억 달러 규모의 반도체 제조 회사인 아날로그 디바이스(Analog Devices)의 창업자이자 회장인 레이 스타타(Ray Stata)는 혁신에 대단히 조예가 깊다. 그는 약 10년 전에 우리에게 이렇게 말했다.

"대기업에서 혁신이 잘 안 이뤄지는 것은 창의성이나 기술의 문제가 아니다. 그 한계는 전적으로 경영 능력과 관련이 있다."(이 책에 인용된 비즈니스 리더들의 말은 대부분 저자들이 2001년에서 2010년 사이에 실시한 인터뷰에서 따온 내용이다.)

당시 우리는 그 말이 무척 도발적이라고 생각했다. 10년 동안 철저하게 연구한 결과, 이제 우리는 그 말이 자명한 진실이라고 믿게 됐다. 대부분의 회사에선 창의성과 기술이 넘쳐난다. 부족한 점은 아이디어를 의미 있는 현실로 실현시킬 수 있는 경영 수완이다.

그렇다면 어떻게 해야 할까? 오늘날 글로벌 비즈니스 리더들은 현명하고 재능도 많다. 이들은 온 세상 사람이 혁신에 목숨을 거는 듯했던 1990년대 후반에 이미 노련한 혁신 전문가였고, 이후에도 혁신을 수행하면서 값진 경험도 한 사람들이다.

그렇지만 경영자들이 평생을 바치더라도 혁신에서 배울 수 있는 교훈에는 한계가 있다. 혁신은 여러 형태와 규모와 특색을 지니며 상황에 따라서 달라진다. 한 혁신에서 얻은 경험이 다른 혁신과 전혀 관계가 없을 수도 있다. 혁신을 완전히 이해하려면 여러 업계에서 여러 형태의 혁신을 다뤄봐야 한다. 그러나 안타깝게도 혁신 프로젝트의 기간은 길고 직장 생활은 짧다.

경영자들은 자신이 경험하지 못한 분야를 이해하려고 애플(Apple) 같은 혁신의 대명사인 회사에 관심을 보인다. 도대체 애플의 비밀은 무엇일까? 아이팟(iPod)의 놀라운 성공을 이끈 마법은 무엇일까?

그러나 우리가 10년 동안 조사한 회사 가운데 혁신을 완전히, 혹은 부분적으로라도 파악했다고 주장하는 회사는 한 곳도 없었다. 이는 겸손함의 문제가 아니다. 사실 혁신의 대명사인 회사들도 동일한 질문을 한다. 다만 그런 회사들은 비교 상대가 적어 거울을 보며 반성한다. 스스로에게 이렇게 묻는다.

"우리가 과거에 혁신을 성공으로 이끌었던 방법은 정확히 무엇이었을까?"

"혁신을 일상적인 활동으로 정착시킬 방법은 무엇일까?"

예를 들어서 제너럴 일렉트릭(GE)이 현재 고민하는 문제가 바로 이것이다. 이 회사는 백열전구의 텅스텐 필라멘트, 제트 엔진, 자기공명영상 등 획기적인 제품으로 과거에 수많은 혁신에 성공했다. 그렇지만 현재 GE는 다른 회사와 동일한 난관에 봉착했으며 자사가 과거에 혁신을 성공으로 이끌었던 방법을 정확하게 파악해 다시 반복할 방안을 찾으려고 백방으로 노력하고 있다.

이것이 혁신 활동의 현 상태다. 세계 최고의 회사에서조차 마찬가지다. 그러나 우리는 매우 낙관적이다. 미래의 조직은 효율성과 혁신을 동시에 실현하는 능력이 훨씬 늘어날 것이다. (정확한 방법을 당장 알고 싶다면 이 머리말을 건너뛰어 읽어도 좋다.)

경영 연구 이야기

물론 업계 종사자들이 혁신을 관리하는 지식을 스스로 늘리기에 한계가 매우 많다. 그러나 우리가 낙관적인 데는 이유가 있다. 그동안 업계와 학계의 협력이 매우 큰 효과를 발휘하는 사례를 여러 번 목격했기 때문이다. 최근에는 경영 연구가 중대한 돌파구를 마련할 수 있는 수준까지 발전했다.

믿기지 않겠지만, 최근까지 학자들은 혁신 분야의 발전에 적극적으로 나서지 않았다. 전 세계 경영대학원의 수를 고려해 보면 놀라운 일이다. 그러나 역사를 들여다보면 그리 놀랍지도 않을 것이다.

경영이라는 개념은 첫 경영대학원이 설립되던 시기인 20세기 초반에 나오기 시작한다. 당시에 경영에 대한 생각은 공장과 철도와 조립 라인의 경험에 뿌리를 두었다. 사람과 조직은 생산 기계의 부품 정도로 여겨졌다.

20세기 전반부까지 경영 지식의 발전 과정은 더뎠다. 부분적인 이유는 경영대학원이 스스로를 연구 기관이 아니라 직업학교로 여겼기 때문이다. 그러나 20세기 중반에 이르자 선구적인 사상가들이, 사람은 도구와 다르고 조직은 기계가 아니라 유기체라는 점을 인식했다. (물리학이 경영학보다 다소 빠르게 발전하고 있었다. 당시 물리학자들은 이미 상대성이론을 개발했고 원자의 비밀을 밝혀낸 상태였다.)

20세기 후반부 들면서 비즈니스 스쿨이 활동 영역을 확대했다. 이들은 철저한 학문 연구를 통해서 경영 지식을 발전시키는 데에 전념했다. 이를 통해서 오늘날 매우 기본적이며 주류를 이루는 비즈니스 개념들이 탄생하게 됐다. 많은 이들이 생각하는 것보다 비즈니스 개념의 역사가 길지 않다는 얘기다. 예를 들어서 1970년대에 이르러서야 회사의 경영진들은 자신의 최우선 임무가 전략(strategy)이라는 사실을 알게 됐다. 당시에 전략은 그야말로 최신 개념이었다.

1980년대에 강력한 전략 개념이 나타나 지배적인 이론이 됐다. 그 내용은 성공을 지속하려면 유망한 업종을 파악해 강한 위치를 차지하고 진입 장벽을 만드는 등 모든 방법을 동원해서 그 자리를 지켜야 한다는 것이었다. 안정성으로서의 전략(strategy as stability)이라는 이 개념은 큰 영향을 미쳤다. 이 전략은 지금 보아도, 혁신에 관해서 이보다 더 적대적인 신조가 있을까 하는 생각이 들 정도 아닌가. 1980년대의 분위기는 그래서 변화에 격렬하게 저항하는 것으로 요약할 수 있다.

1990년대에 반발이 일어났다. 새로운 전략가 집단이 나타나 방어적인 태도는 헛된 시도라고 주장했다. 그들은 변화를 멈출 수 없다고 강조했다. 이들에 따르면 모든 경쟁 우위는 필연적으로 줄어들게 돼 있고 변화를 거부하는 회사, 즉 혁신하지 못하는 회사는 곧 사라진다. 그러므로 전략은 현 상태를 유지하는 것이 아니라 미래를 창조하는 것이어야 한다. 다시 말하자면 전략은 곧 혁신이다.

전략에 대한 이 새로운 관점은 현재 널리 수용되고 있으며 학자들은 전략과 혁신의 관계에 대한 개념을 계속 가다듬고 있다. 예를 들어, 혁신 활동을 전략적 영향력을 바탕으로 분류하는 체계가 많이 나와 있다. 혁신을 현상유지적인 것으로 보기도 하고 파괴적인 것으로 보기도 한다. 또는 급진적인 혹은 점진적인 변화로 해석하기도 한다. 역량 향상 혹은 반대로 역량 파괴로 혁신을 보기도 한다.

이런 분류가 전략적 영향력이 가장 강한 혁신 프로젝트를 선택할 때는 유용하지만 혁신을 실현하는 방법을 모두 보여 주지는 않는다. 전략과 혁신에 대한 개념이 실제 실현하는 엔진이 되는 경영 수완의 발달보다 훨씬 과장되고 또 빠르게 전파된 게 사실이다.

현대의 비즈니스 조직이 실제로 혁신으로서의 전략을 실현할 수 있을까? 유명한 연구자들은 그렇게 될 가능성이 낮다는 견해를 보였다. 클레이턴 크리스텐센(Clayton Christensen)은 "이미 자리 잡은 조직은 회사를 현상유지해 주는 혁신을 실현할 수는 있겠지만 외부에서 이뤄지는 파괴적 혁신의 공격에 큰 곤욕을 치를 것이다"라고 꾸준히 경고해 왔다. 크리스 주크(Chris Zook)는 오히려 회사가 기존 사업에서 많이 벗어나면 안 된다고 조언해 왔다.

그러나 이런 연구자들의 결론은 조직이 미래에 이룰 결과가 아니라 과거에 달성한 결과를 바탕으로 한다. 이는 1940년대 중반에 제작된 비행기를 연구하고 방대한 통계 자료를 수집해 그런 증거를 바탕으로 '음속보다 빠르게 비행할 수 없다'고 주장하는 것이나 마찬가지다.

이에 대해 척 예거(Chuck Yeager : 1947년에 초음속 시험 비행을 성공함_ 옮긴이)는 뭐라고 답할까?

우리는 조직이 음속의 장벽을 무너뜨릴 수 있다고 믿는다. 아직 해결되지 않은 질문이 많지만 우리는 이미 자리를 잡은 조직이라고 해서 혁신 프로젝트를 실행하지 못할 이유가 없다고 본다.

그렇다면 어떻게 해야 할까? 답이 점차 명료해지고 있다. 21세기에 들어서 많은 연구가 쏟아져 나오고 있다. 우리 연구도 그 가운데 하나다. 이 책에서 우리는 경영진, 혁신 담당 임원(CIO), 혁신 프로젝트 리더, 혁신

팀원, 포부가 큰 혁신가, 그리고 혁신 프로젝트를 지원하는 모든 사람에게 현실적이고 새로운 조언을 주려고 한다.

이 책이 나오기까지

이 책의 바탕이 된 연구는 2000년부터 시작됐다. 당시 우리 두 사람은 다양한 분야의 여러 가지 혁신 프로젝트를 연구해서 배우고 일반화하고 규칙을 정하자는 목표를 설정했다. 이 연구는 우리가 처음 생각했던 것보다 기간이 오래 걸렸고 작업량이 많았지만 결과는 만족스러웠다.

혁신 연구는 계량화할 수 있는 요소가 거의 없기 때문에 어려움이 많다. 특정 혁신 프로젝트의 수익성 계산처럼 언뜻 보면 간단명료한 것 같은 문제도 실제로는 파악이 힘들다. 기업이 그런 정보를 공개할 의무가 없는데다 혁신 프로젝트와 다른 활동 사이에 공통비용이 너무 많아서 회계사 다섯 명이 저마다 다른 답을 제시하기 십상이었다.

혁신 프로젝트 관리를 연구하는 가장 효율적인 방법은 수년간에 걸쳐 깊이 있는 사례(case)를 수집하는 것이다. 그러자면 방대한 인터뷰를 하고 나서 수백 페이지에 달하는 인터뷰 원고와 자료 보관소에서 찾아낸 문서를 의미 있는 이야기로 꼼꼼하게 풀어내야 한다.

기업과 특별한 협력 관계를 맺어야 이런 작업을 할 수 있으며 일반적으로 기업은 학계의 최고 인물에게만 협력하려 한다. 우리는 운이 좋게도 다트머스대학교 터크 경영대학원의 윌리엄 F. 아크마이어 글로벌 리더십 센터(William F. Achtmeyer Center for Global Leadership) 덕에 이 연구를 할 수단과 기회를 갖게 됐다. 많은 지원을 받아 혁신 프로젝트의 사례를 정리했다. 우리는 이 연구 결과가 세계에서 가장 방대한 혁신 사례집이라고 믿는다. 그중 일부 사례 연구가 이 책에 요약돼 있다.

우리는 연구가 약 절반쯤 진행된 5년 전에《늙은 코끼리를 구하는 10가지 방법(Ten Rules for Strategic Innovators-From Idea to Execution)》을 썼다. 이 첫 책은 기본적으로 중간 보고서였다. 그때까지 우리는 특별한 사례에 국한해서 혁신을 연구했다. 즉 위험성이 크고 성장 가능성이 큰 신규 벤처를 대상으로 했는데, 이는 혁신의 가장 극단적인 형태다. 극단적인 형태는 사실 연구자에게 유용하다. 근본적인 원칙을 명료하게 보여 주기 때문이다.

그렇지만 우리가《늙은 코끼리를 구하는 10가지 방법》을 내고 나서 접한 가장 일반적인 반응은 이랬다.

"그런 원칙을 내가 참여하는 혁신 프로젝트에 어떻게 적용해야 할까요? 우리 사업은 그 책에 나온 사례 연구와 달리 그리 극적이지 않은데요."

당시에도 이 물음에 답할 내용을 추측할 수 있었지만 연구가 완료된 지금은 답을 가지고 있다. 우리는 소규모 프로세스 향상에서부터 위험성이 높은 신생 벤처기업에 이르기까지 전 분야에서 혁신 프로젝트의 사례 연구 자료를 수집했다. 이 책의 원칙과 조언은 모든 영역에 걸쳐 있다.

우리는 잘 알려지고 존경받는 기업의 사례를 1년 이상 깊이 있게 연구한 내용이 결집된 데이터베이스를 갖고 있다. 그 대상은 아날로그 디바이스, 시스코 시스템, 코닝 인코퍼레이티드, 디어 앤 컴퍼니, 다우존스, 하스브로, 휴렛패커드, IBM, 인포시스, 뉴욕 타임스 컴퍼니, 스토라 엔소, 톰슨 코퍼레이션(현 톰슨 로이터), 유니레버와 같은 기업이었다(이들 기업에 관한 사례 연구는 우리 홈페이지 www.theothersideofinnovation.com에서 찾아볼 수 있다). 우리는 또 애트나, 올스테이트, 벤 앤 제리스, BMW, 카길, 시티뱅크, 일렉트로룩스, 제너럴 일렉트릭, 할리데이비슨, 킴벌리 클라크, 루슨트(현 알카텔 루슨트), 마텔, 프록터 앤 갬블, 소니 코퍼레이션, 팀버랜드 컴퍼니, WD-40을 비롯해 수많은 기업의 혁신 담당 임원 및 혁신 프로젝트 리더 등과 인터뷰를 갖고 자료를 수집했다. 이와 함께 3M, 아마존, 부즈 앨런 앤 해밀턴, 델, 디즈니, 듀퐁, 일라이릴리, 페덱스, 제너럴모터스, 인텔, 존슨앤드존슨, 코닥, 마이크로소프트, 뉴코, 오라클, 필립스, 폴라로이드, 포르쉐, R. R. 도널리, SAP, 시게이트 테크놀로지, 사우스웨스트항공, 선마이크로시스템스, 도요타, 비자, 월마트를 비롯한 많은 회사가 공개한 혁신 자료도 자세히 검토했다.

10년에 걸쳐 진행된 연구는 우리의 열정을 북돋아 주었다. 연구를 통해서 우리는 이미 자리 잡은 조직에서 혁신이라는 문제는 대단히 위압적이지만 얼마든지 해결할 수 있는 문제라고 확실히 믿게 됐다. 실제로 효율성을 올리는 능력은 혁신의 힘으로 더 강해질 수 있다.

비제이 고빈다라잔

크리스 트림블

PERFECT INNOVATION

이 책의 원제를 그대로 직역하면 '혁신의 또 다른 면(The other side of innovation)'이다. 혁신에는 우리가 잘 알지 못하는 뒷면이 있다는 뜻이다. 아이디어를 내고, 혁신 캠페인을 선언하고, 표어를 써 붙이고 하는 등 혁신의 알려진 면 뒤에는 실행되지 않고 사라지고 마는 수많은 혁신이 있다는 얘기다.

글쎄, 영어식으로 생각하면 타당한 제목인 것도 같지만 자칫 우리말 어감만으로 볼 때는 '혁신의 또 다른 면'은 '혁신의 부작용' 정도로 해석될 여지가 많아 그대로 따를 수 없었다. 아이디어를 실행(implementation)에 옮기는 것이 진정한 혁신이요, 한 회사의 역량을 집중해 그 아이디어를 상품이나 서비스로 만들어내 시장에서 성과를 거둘 때 혁신이 완성된다는 의미를 더 강조한 제목을 단 것은 이 때문이다.

혁신은 기업에선 영원한 주제다. GE의 전 회장 잭 웰치는 "혁신은 끝없는 나그네 길(Innovation is an everlasting journey)"이라고 했다. 한 번 혁신에 성공해도 성장하고 발전하기 위해서는 또 혁신에 나서야 한다는 점에서다. 그러나 이런 말을 칼럼에서 여러 차례 인용하면서도 나 역시 혁신을 '놀라운 아이디어'나 '획기적인 발명' 정도로만 여겼던 것이 사실이다. '블루오션 전략', '빅씽크 전략' 등을 주로 다루면서 이 책에서 말하는 실행의 중요성을 절감하지 못했음도 솔직히 고백한다. 큰 그림만 그리면, 방향만 잡으면 실천이나 실행은 자연스럽게 해결될 일쯤으로 생각한 것이다.

많은 혁신가들이 혁신의 실패는 아이디어가 부족해서가 아니라, 실천되지 않아서라는 사실을 잘 알면서도 실제 그 실패의 메커니즘을 잘 알지 못했다. 왜 대기업에서 혁신이 성공하지 못하고 아이디어로 끝나고 마는지, 왜 혁신적인 리더들이 불운한 혁명아처럼 나가떨어지는지, 왜 작은 기업들이 더 혁신적일 수밖에 없는지 등의 이유가 이처럼 명확하게 드러난 연구는 이제까지 없었다.

한국을 대표하는 많은 기업들이 혁신에 온 힘을 기울이고 있다. 그 과정에서 수많은 시행착오들이 보고되지 않은 채 여전히 벌어지고 있다. 글로벌 초우량 기업, 대기업, 중견 기업 등 이미 자리를 잡은 조직에서 혁신을 실행할 때 어떻게 하면 성공할 수 있는지를 10년간 연구한 이 책을 곁에 두고 노력하면 혁신의 결실을 볼 수 있을 것이라고 믿는다.

BPR, TPS, 가치혁신, 6시그마, 트리즈 등을 통해 지금도 회사 혁신의 성공을 위해 남모르게 땀 흘리고 있는 한국의 혁신팀원들에게 응원을 보낸다.

2011년 3월
권영설
한국경제 한경아카데미 원장

PERFECT INNOVATION
퍼펙트 이노베이션

PERFECT
INNOVATION

혁신을 완성하라

등산객들은 몇 시간도 채 못 자고 자정 직후에 일어났다. 다들 잔뜩 들떠서 정신을 가다듬었다. 한 해에 거의 만 명에 달하는 등반가가 미국 북서부 레이니어 산(Mount Rainier)의 두터운 빙하가 덮인 정상에 도전한다. 그들도 그런 등반가들이었다. 레이니어 산은 세계에서 가장 등반하기 힘든 산 가운데 하나다. 그래서 초보자들은 전문 가이드와 동행해 도전했다.

등반을 시작하고 한 시간 동안은 수월했지만, 시간이 흐를수록 힘이 들었다. 새벽이 되자 마침내 정상이 잠깐 드러났다. 상상했던 대로였다. 아침 햇살에 웅장하고 감동적인 정상의 모습이 어슴푸레 보였다. 등산객들은 정상에 오르는 데에 모든 에너지를 집중했다.

그러나 한 걸음을 뗄 때마다 몹시 고통스러웠다. 근육에 통증이 느껴졌다. 공기가 희박해졌고 일부 등산객들은 현기증을 느꼈다. 정상에 도달하지 못할 수도 있겠다고 생각하는 사람도 생겼다. 해마다 정상까지 등반하려고 도전한 사람 중 거의 절반이 꿈을 이루지 못하고 돌아온다.

그러나 이 등산객들은 굴하지 않고 계속 등반했다. 인내심을 가지고 한 걸음 한 걸음을 내디뎌 정상에 도달했다. 그들은 짜릿한 환희에 가득 찼다. 수개월 동안 연습에 전념한 결실을 얻었다. 레이니어 산의 꼭대기에 도달하자 세상의 정상에 오른 기분이 들었다. 멀리 4,300m 아래에 시애틀이 있었다. 그러나 그들의 도전은 아직 끝나지 않았다. 다시 산을 내려가야 한다.

사실 가이드는 레이니어 산의 정상에 오른 뒤 하산하는 과정이 이 등반에서 가장 어렵다는 점을 잘 알고 있었다. 계단은 내려가는 것보다 올라가는 것이 더 힘들다. 작은 산의 봉우리에서는 하산하는 것보다 올라가는 게 더 어렵다. 그러나 레이니어 산은 다르다. 이 산은 매우 위험하며 매년 여러 명이 사고를 당해 사망한다. 빙하 표면의 눈이 무너져 동굴이나 터널이 드러나기 일쑤이며 등산객이 빙하 속의 깊이 갈라진 틈에 빠질 수도 있다. 시간이 흐를수록 햇볕과 상승한 온도 때문에 눈이 녹아서 위험은 점점 커진다. 게다가 등산객들은 하산할 때 녹초가 돼 있어 실수를 저지르기 쉽다.

사전에 위험성을 아무리 많이 경고해도 등산객들은 정상에 도달하면 자연스레 긴장이 풀리기 마련이다. 등반에서 가장 매혹적인 부분이 끝났다. 커다란 포부, 커다란 꿈이 실현됐다. 당연히 하산은 나중에 본능적으로 행동하면 될 일로 치부된다.

등산객들은 하산에 대해 거의 생각해 보지 않았고 남아 있는 힘이 별로 없는 상태에서 다시 산 아래로 내려가는 첫발을 내딛게 된다.

혁신의 또 다른 면

혁신이라는 여정에도 레이니어 산과 같은 정상이 있다. 회사에서 "바로 그거야! 훌륭한 아이디어야! 시장에 내놓자! 성공시켜 보자!"라고 말하는 순간이다.

정상에 도달하기는 어렵다. 수년 동안 체계적인 연구를 하고 수개월 동안 모형을 만들어야 한다. 끝없이 창의적인 브레인스토밍 회의를 하고, 시장조사를 철저하게 하며, 전략을 깊이 있게 분석하고, 재무예측 모델을 열심히 만들어야 한다. 수십 개 혹은 수백 개의 가능성에 대해 예측하기를 반복하고 나서야 마침내 연구의 결실을 맺는다.

많은 사람들이 정상에 도전하는 유혹을 뿌리치지 못한다. 정상은 상상력을 사로잡으며 장엄하고 감동을 준다. 햇빛이 비칠 때만 잠깐 모습을 드러낸다.

사실 직원들로 팀을 만들어 대박 아이디어 사냥(Big Idea Hunt)에 참여시키기는 쉽다. 브레인스토밍 회의는 얼마나 재미있는가! 틀을 벗어나 생각하는 연습은 활기가 넘친다! 아이디어 만들기란 얼마나 근사한가! 그뿐만 아니라 획기적인 아이디어를 내는 과정은 매혹적이기까지 하다. 아이디어는 지위를 높여준다. 훌륭한 아이디어를 내놓으면 사람들의 기억 속에 오래도록 남는다.

정상에 도달하면 꿈을 실현한 것처럼 여겨지지만 그것만으로는 부족하다. 정상에 도달한 뒤에 혁신의 또 다른 면이 나온다. 아이디어를 내놓는 것 다음에 있는 큰 난관이 있다. 바로 실행(execution)이다. 레이니어 산에서 내려오는 것이 더 힘든 것과 마찬가지로 혁신도 성공적으로 실행하기가 더 어렵다. 이 다른 측면에는 위험이 감춰져 있다. 그러나 혁신의 앞면, 즉 정상 자체가 아주 강한 매력이기 때문에 일반적으로 혁신의 또 다른 면, 즉 실행은 나중에 생각할 일로 미뤄진다. 사실 아이디어에 비해 실행은 흥미진진한 일이 아니다. 주로 무대 뒤에서 이뤄진다. 남들이 하기 싫어하는 일이다.

아이디어는 시작일 뿐이다

회사는 혁신의 또 다른 면인 실행에 너무 신경을 안 쓴다. 우리보다 앞서서 이 점을 지적한 사람이 적지 않았다. 2007년에 IBM은 고객의 혁신을 돕겠다는 내용으로 광고를 했다. 옷에 달린 대문자 'I'를 자랑스럽게 내보이는 땅딸막한 슈퍼히어로가 광고에 등장해서 자신을 '혁신 맨'이라고 소개한다. 동료가 어리벙벙한 표정으로 묻는다.

"자네가 하는 일이 뭔데?"

슈퍼히어로는 소리 높여 답한다.

"나(I)는 아이디어를 내지(Ideation)! 나는 사람들도 격려하고(Invigoration)! 나는 아이디어를 키워주지(Incubation)!"

구경꾼이 묻는다.

"실행은요(Implementation)?"

혁신 맨이 답한다.

"어쩐지 뭘 잊어버린 것 같더라."

우리 두 사람은 그 광고가 마음에 쏙 들었다. 그 광고는 균형을 잃은 방법으로 혁신에 접근하는 현상을 익살스러우면서도 완벽하게 짚어냈다. 이런 불균형은 전 세계 기업에서 흔하게 일어나는 문제다. 아이디어를 너무 강조하다 보니 실행에 관심을 덜 기울인다. 100여 년 전에 토머스 에디슨이 한 얘기도 기본적으로는 우리와 같은 생각이다.

"천재는 1%의 영감과 99%의 노력으로 만들어진다."

아무도 그의 말에 귀를 기울이지 않았다.

몇몇 회사가 자사 혁신 과정을 요약한 그림을 우리에게 제공해 주었다. 이런 그림은 많은 점을 드러내는데, 한 전형적인 도표는 혁신을 네 단계로 보여 주었다. 아이디어 내기, 아이디어 다듬기, 아이디어 고르기, 이어서 귀찮아서 미뤄둔 일처럼 마지막으로 실행이 적혀 있다.

그러니 수많은 혁신 프로젝트가 벽에 부딪히는 게 당연하다. 혁신을 이끄는 관리 모형이 지나치게 간단한 것이 문제다. 아래 공식이 전부다.

혁신 = 아이디어

그 결과로 대부분의 기업이 진행할 수 있는 능력보다 많은 아이디어를 가지고 있다. 장래성이 있는 수많은 서류상의 아이디어는 결국 장래성이 있는 서류상의 아이디어로 그치는 것이다. 좀 더 향상된 혁신 공식은 다음과 같다.

혁신 = 아이디어 + 실행

잠시 시간을 내서 당신의 회사를 평가해 보자. 혁신적인 아이디어를 낼 수 있는 능력에 1에서 10 사이의 점수를 준다. 이어서 아이디어를 수행할 수 있는 능력에 1에서 10점 사이의 점수를 준다. 실제 고위 경영진들과 이 활동을 해보면 그들은 자사의 아이디어 창출 능력에 7점에서 8점의 비교적 높은 점수를 주지만, 실행에는 상당히 낮은 점수인 1점이나 2점을 준다.

어느 쪽이 향상의 여지가 더 많을까? 위의 활동에서 경영진이 매긴 점수를 보면 두말할 것 없이 실행이다. 그러나 대부분의 회사는 혁신을 향상시킬 때 아이디어에 전적으로 초점을 맞춘다. 아이디어에 중점을 두면 당장 에너지가 넘쳐날 것이다. 그러나 실행에 중점을 두면 더욱 강력한 효과를 볼 수 있다. 이 책에서 다루는 것은 모두 혁신 실행에 관한 것이다.

두 번의 불황에서 배운 것

우리가 이 책의 바탕이 된 연구를 시작했던 2000년에는 혁신이 대유행이었고, 닷컴 열풍이 최고조에 달했다. 그러다가 상황이 매우 빠르게 바뀌었다. 2001년에 시장이 폭락했으며 당시 사람들이 내린 진단은 명료했다. 혁신이 너무 많았다! 과대광고가 넘쳐났다! 인터넷이 하루아침에 세상을 바꿔 놓으리라는 믿음이 지나쳤다!

그러나 닷컴 열풍 때 부화된 많은 아이디어가 실제로 결실을 얻었다. 그저 예상보다 오래 걸렸을 뿐이다. 예를 들어서 기업 간 전자상거래에 엄청난 가치가 있다는 아이디어가 입증됐다. 실행을 하다보니 온라인 쇼핑보다 훨씬 복잡해서 제대로 이해하느라 시간이 훨씬 지연되긴 했다. 또 인터넷이 음악 산업과 비디오 산업을 완전히 변화시키리라는 예상도 맞았다. 고속 인터넷 접속이 널리 확산된 이후에야 그런 변화가 일어나긴 했지만 말이다. 결국 닷컴 열풍이 실패한 정확한 이유는 '훌륭한 아이디어'를 제대로 실행해 주지 못한 '마구잡이식 실행'에 있었다. 더 신중하게 실행했다면 자금 손실이 훨씬 적었을 것이다.

우리가 연구를 완료한 2010년, 전 세계는 더 심한 불황에 빠졌다. 그러나 이번에는 문제의 원인을 혁신으로 보지 않았다. 오히려 혁신이 문제의 해결책으로 여겨졌다.

미국의 자동차 산업이 새로 태어날 수 있을까? 혁신적인 신제품이 없으면 불가능하다. 의료 산업이 질을 높이고 비용을 낮출 수 있을까? 완전히 새로운 접근법을 상업화하지 않으면 불가능하다. 세계 에너지 산업이 화석 연료에 훨씬 덜 의존하는 미래형 연료를 만들 수 있을까? 재생 에너지 분야에서 획기적인 발견을 하지 않으면 불가능하다.

이런 대대적인 난관을 해결할 방안을 담은 훌륭한 아이디어는 끝이 없다. 가장 중요한 질문은 이런 것이다.

"과거에 실패한 혁신에서 무엇을 배웠는가?"

"좋은 아이디어를 시장에 충격을 줄 상품으로 만들어낼 준비가 돼 있는가?"

"혁신의 또 다른 면을 대비하고 있는가?"

일상적인 혁신, 어려운 혁신

혁신의 의미를 정의해 보자. 그러면 이 책의 영역도 규정된다. 우리는 최대한 폭넓은 관점을 취하려 한다. 이 책에서 말하는 혁신 프로젝트란 당신에게 새롭고 결과가 불확실한 모든 프로젝트를 말한다.

사람들은 자신들의 프로젝트를 설명하고 나서 우리에게 묻는다.

"이 프로젝트가 혁신적인가요?"

이런 질문을 받을 때마다 웃음이 나온다. 우리 두 사람은 스스로를 프로젝트의 혁신성을 구분하는 분야의 전문가로 생각해 본 적이 없다.

우리는 금을 긋는 게 별 의미가 없다는 점을 잘 알고 있다. 우리가 보기에는 작고 간단한 프로젝트에서부터 야심차고 대담한 도박에 이르기까지 모두 혁신이다. 영업사원이 새로운 홍보 방법을 실험하는 것도 혁신이다. 회사가 수억 달러를 들여서 위험성이 큰 새 사업을 시작하는 것도 혁신이다.

물론 다른 것에 비해 실행하기가 더 힘든 혁신 프로젝트도 있다. 혁신의 또 다른 면은 때에 따라서 놀라운 도약이 될 수도, 레이니어 산에서 내려오는 것처럼 매우 위험한 하강이 될 수도 있다.

우리는 혁신 프로젝트를 관리하는 난이도를 여러 평가 도구로 실험해 왔다. 실험 결과 난이도의 등급은 딱 두 가지다. 일상적인(routine) 혁신과 어려운(difficult) 혁신이다. 중간 등급은 거의 없다. 잘 운영되는 기업은 일상적인 혁신을 실행하는 방법은 완전히 익혔다. 그러므로 이 책은 다른 혁신, 즉 최고로 운영이 잘되는 회사도 고전을 면치 못하는 어려운 혁신의 해결책을 다룬다.

그러나 설명을 시작하기 전에 여러 기업이 이미 통달한 내용을 간략하게나마 이해해야 한다. 무슨 방법이 효과가 있을까? 이유가 무엇일까? 무엇보다, 한계는 무엇일까? 두 회사 뉴코(Nucor)와 디어 앤 컴퍼니(Deer

& Company)의 사례를 살펴보자.

철강회사 뉴코의 점진적 개선

뉴코라는 회사는 유명하진 않지만, 이 회사는 쇠퇴하는 산업에 혁신의 힘을 불어넣는 놀라운 역할을 한 기업이다. 미국의 철강 회사인 뉴코는 1970년에 별 볼일 없는 규모였지만 연평균 17%씩 성장해 2000년에 매출이 40억 달러를 넘었고 자기자본이익률이 20%에 달했다. 같은 기간 미국의 철강 산업은 해외 업체와의 경쟁, 다른 원자재의 위협, 껄끄러운 노사관계 때문에 고전하고 있었다. 사실 이때 철강 산업은 최악의 수익성과 성장률 하락을 기록했다.

뉴코의 성공은 획기적인 전략 덕이 아니다. 이 회사의 전략은 평범하고 단순했다. 회사를 효율적으로 운영하고 비용절감으로 경쟁하자는 것이었다. 뉴코는 일상적인 혁신만으로 성공한 케이스다.

뉴코의 혁신 모형은 간단했다. 뉴코는 아래의 두 가지 주요 정책을 통해서 직원들의 에너지와 독창성을 활용했다.

- 직원들이 아이디어를 많이 낼 수 있도록 하기 위해 뉴코는 직원들에게 다양한 분야를 교육시켰고 여러 공장에서 순환 근무토록 했다.
- 각 직원들이 생산효율을 개선할 혁신적인 방법을 찾도록 동기를 부여하기 위해 뉴코는 성과급 제도를 도입했다. 기본급은 업종 평균에 비해 낮았지만 기본급의 80~150%를 보너스로 추가 지급했다. 보너스는 매주 품질 기준을 통과한 제품의 톤(t) 단위로 지급했다.

뉴코의 혁신 모형은 아래의 간단한 공식으로 정리된다.

혁신 = 아이디어 + 동기부여

이런 조합은 현장 직원들의 행동을 통해서 혁신이 일어나는 환경을 조성했다. 직원들은 실적을 향상하는 방법을 발견하는 즉시 계획을 세우고 실행했다.

우리는 관리가 잘되는 몇몇 회사가 혁신 = 아이디어 + 동기부여 모형을 성공시키는 모습을 봐왔다. 사실 회사들이 흔히 말하는 '혁신 문화'는 바로 이런 모형을 의미하는 듯하다. 이 모형은 창의적인 아이디어가 풍성하고 직원들이 그 아이디어를 실행할 권한과 동기가 넘치는 환경을 만든다.

뉴코가 입증했듯이 이 혁신 모형은 효과가 강력하지만 한계도 크다. 이 모형은 빠르게 벽에 부딪힌다. 직원이 일반 업무를 마무리하고 여가 시간에 진행하기에 너무 큰 혁신 프로젝트가 있다면 어떻게 될까?

당신이 뉴코의 공장에서 근무하는 현장 직원이며 훌륭한 '향상 아이디어'가 있다고 해보자. 철강 공장 전체에서 생산의 흐름을 대대적으로 재배치하는 아이디어라고 해보자. 아이디어가 아무리 좋더라도 당신이 일반 업무를 하면서 혼자서 진행하기에는 너무 벅차다. 당신은 동료 몇 명에게 시간과 에너지를 투자하라고 말할 것이다. 동료들이 당신의 설득에 넘어오더라도 당신이 활용할 수 있는 자원이 너무 적다. 자원이라고는 직원 몇 명과 그들의 남는 시간뿐이다. 그보다 많은 자원이 필요한 프로젝트는 금세 시들해지고 실천에 옮기지 못한다. 아이디어 개발 단계를 넘기가 힘들다는 얘기다.

지속적인 프로세스 향상을 목표로 하는 혁신은, 혁신 = 아이디어 + 동기부여 모형으로 가능하다. 뉴코의 경험에서 볼 수 있듯이 수천 명의 작은 발걸음이 합해져서 강력한 결과가 나온다. 그러나 이보다 규모가 큰 혁신 프로젝트에는 다른 접근법이 필요하다.

디어 앤 컴퍼니의 제품 개발 혁신

디어 앤 컴퍼니의 제품 라인에서 가장 중요한 것은 세계 정상급 수준의 농업용 대형 트랙터다. 이런 트랙터는 굉장히 복잡하다. 설계와 마케팅에 관여하는 인원이 수백 명에 달하며 제품 하나를 설계하는 데에 4년 동안 1억 달러가 소요된다.

디어 앤 컴퍼니처럼 관리가 잘되는 회사는 1억 달러를 함부로 지출하지 않는다. 이 회사는 그 임무에 최대한의 규칙을 적용한다. 사실 이 회사는 제품 개발을 비즈니스 프로세스처럼 취급하여 제품 개발이 효율적이고 믿을 만하게 진행되도록 노력한다.

실제로 디어 앤 컴퍼니는 트랙터 신제품을 개발하는 비법을 완성하려고 수년 동안 물불을 가리지 않았다. 제품 개발 프로세스를 정리한 문서는 말 그대로 수 주 동안 읽어야 하는 분량이다. 그 결과로 제품 개발팀의 모든 구성원이 자신의 역할을 확실하게 이해한다. 모두가 설계 프로세스의 각 단계를 정해진 시간과 예산에 맞춰서 완료할 책임이 있음을 잘 알고 있다.

디어 앤 컴퍼니가 트랙터 신제품을 빠르고 효율적으로 출시하는 능력은 대단히 놀라울 정도다. 혁신 방법론에 있어 세계 정상급 회사들과 어깨를 나란히 한다. 이를 정리하면 다음의 간단한 공식이 나온다.

$$\text{혁신} = \text{아이디어} + \text{프로세스}$$

반복해서 사용할 수 있는 단계별 프로세스를 만들어서 실행의 어려움을 줄일 수 있다. 이런 접근법은 효과가 매우 좋다.

그러나 정형화된 프로세스의 경우 그 응용력이 편협하고 너무 전문적이어서 이전 제품의 한계를 뛰어넘는 제품을 출시하지 못하는 경우도 있다. 대대적으로 설계를 변경하면 아무리 능률적인 혁신 프로세스라도 순조롭게 돌아가지 않는다. 따라서 보다 강력한 실행 모형이 필요해진다.

한계를 극복하라

혁신 = 아이디어 + 동기부여 공식은 수천 개의 소형 혁신 프로젝트를 만들어내지만 몇몇 사람과 그들의 여가 시간보다 많은 자원이 필요한 대형 프로젝트에는 적합하지 않다. 혁신 = 아이디어 + 프로세스 모형은 여러 혁신을 연속해서 빠르고 효율적으로 진행할 수 있지만, 대개 과거의 방식을 반복하는 경향이 있다.

관리가 잘되는 회사는 두 가지 혁신 모형을 능숙하게 활용한다. 이 책에서는 이제부터 두 모형은 더 이상 다루지 않을 것이다. 우리는 이런 모델로는 해결이 안 되는 혁신 프로젝트에만 중점을 두려 한다.

오늘날처럼 빠르게 변하는 세상에서는 두 모형의 한계를 넘는 혁신이 매우 중요하다. 그렇다면 어떤 모형이 대안일까?

우리가 조사 과정에서 흔히 접하는 사례를 하나 들어 보겠다. 당신도 많이 들어온 이야기일 것이다. 우리가 연구한 많은 회사가 혁신 과정에서 겪는 어려움이 이 이야기에 혼합돼 있다.

한 CEO가 어려운 상황에 봉착했다. 핵심 시장의 성장이 감소세다. 고객의 요구가 드세다. 경쟁이 격렬해지고 있다. 이윤이 줄어들고 있다. CEO는 실적을 회복하기 위해 혁신과 조직 성장에 대대적인 노력을 벌이겠다고 발표한다. 몇 달 동안 아이디어를 내서 조사하고 개선하고 분석하고 검토하고 다시 심사숙고하고 비교하고 테스트하고 그 아이디어들로 여러 사업 계획을 만든다. 그러고 나서 드디어 CEO는 그가 전념할 '위대한 아이디어' 하나를 선택한다.

다음은 어떻게 될까? 이때부터 일이 상당히 힘들어지면서 여러 문제가 제기된다. 무엇보다도 아이디어를 누가 진행해야 할까? 모든 직원은 이미 맡은 일이 있다. 사실 회사에서 가장 유능한 간부들은 성과달성 조직의 실적 유지에 결정적인 업무를 맡고 있다. 그렇지만 CEO는 혁신 프로젝트가 매우 중요하다고 여긴지라 빠르게 승진가도를 달리고 있으며 야심이 많고 장래가 유망한 한 간부에게 혁신 프로젝트를 맡으라고 설득한다. CEO는 그 간부에게 자유 재량권을 많이 주겠다고 말한다. 필요한 모든 조치를 마음대로 취하라고 구슬린다. CEO는 어쩔 수 없는 상황이면 조직의 규칙을 깨도 좋다고 말한다.

젊은 간부는 그 기회를 잡아 잔뜩 들뜨게 된다. 그는 그 혁신 프로젝트가 동료들을 따돌리고 승진가도를 달릴 수 있는 절호의 기회라고 여긴다. 게다가 그는 제한이 없는 특별조치에 흥분돼 있다. 더군다나 권한도 아주 많다! 혁신 프로젝트를 실행하기만 하면 된다! 자신이 꿈꿔 온 일이 바로 이것이라고 생각한다.

그러나 현실은 그렇지 않다. 출세를 꿈꾸는 이 간부는 어차피 실패하게 돼 있다. 그 현실을 아직 깨닫지 못했을 뿐이다. 처음 몇 달은 잘 돌아가지만 곧 현실이 드러난다. 한 사람이 대기업에 변화를 불러일으키기란 쉽지 않다. 1년쯤 지나면 이 간부는 모든 면에서 그와 싸우려고 작정한 조직 안에서 자기 혼자만 혁신을 실현하려 발버둥치고 있음을 느끼게 된다.

회사에서 가장 규모가 큰 제품 라인의 총괄 관리자는 혁신 때문에 혹시 자기 자리가 없어지지 않을까 더 걱정이다. 마케팅팀은 신제품이 실패로 돌아가면 회사의 브랜드에 먹칠이 될까 봐 비협조적이다. 제조팀은 신제품 때문에 비효율적이고 자잘한 일정을 잡아야 해서 화가 나 있다. 영업사원은 입증된 실적이 없는 신제품을 판매하기를 꺼린다. 인사팀은 프로젝트에 절실히 필요한 전문가 몇 명을 고용하려고 기존과 다른 봉급 규정을 적용하는 게 마땅치 않다. 재무팀은 수익이 줄어들까 봐 우려한다. 정보기술팀은 표준 시스템과 프로세스에서 예외로 하기에는 프로젝트의 규모가 너무 작다고 불만을 제기한다.

우리의 영웅은 이에 굴하지 않고 모든 에너지와 용기와 정력을 쏟아붓는다. 그는 점점 강하게 밀어붙인다. 그러나 좀처럼 상황이 나아지지 않는다. 좌절한 그는 한발 나아가 반항적인 체제 전복자처럼 행동한다. 대담하게, 어찌 보면 무모하게, 권위를 과시한다. 그는 허락을 구하기보다 용서를 구하는 편이 수월하다고 매일 혼잣말을 한다. '모든 규칙을 무너뜨려라' 라는 말을 주문처럼 되뇐다.

그러나 결국 무너지는 것은 규칙이 아니라 책임을 맡은 혁신 리더이고 혁신은 실패로 돌아간다. 안타깝지만 영웅적인 반항아가 강적에 맞서 승리하는 이야기는 판타지 영화나 동화에서나 가능하다. 현실에서 그런 반항아는 실패하고 그와 함께 회사도 실패한다.

혁신 리더의 잘못이 아니다. 회사의 혁신 모형이 너무 간단하다는 점을 탓해야 한다. 이 모형은 사업을 실행하는 모든 짐을 담당자인 혁신 리더에게 지운다.

혁신 = 아이디어 + 혁신 리더

이런 모형은 흔하디 흔하다. 많은 회사가 훌륭한 아이디어를 찾는 데 전념한 뒤에는 훌륭한 리더를 찾는 데 역점을 둔다. 이런 방식에는 재능이 풍부하고 권한이 많은 리더는 성과달성 조직이 세워놓은 각종 장벽을 극복할 수 있다는 가정이 깔려 있다.

이런 생각은 편리하고 마음이 끌린다. 사실 20여 년 전만 해도 혁신의 또 다른 면에 대한 공식 연구 대부분이 혁신 리더의 리더십 특징에 초점을 맞췄다. 우리가 경영진과 대화를 나눌 때 가장 자주 들어온 질문도 '회사에서 최고의 혁신 리더를 구별할 방법이 무엇인가요?' 다.

혁신 리더가 중요하지 않다는 게 아니다. 그러나 우리는 혁신 리더가 지나치게 강조되고 있다고 생각한다. 유능한 리더를 선정하는 것으로는 부족하다. 한 사람이 '제도' 와 싸워서 이길 가능성은 거의 없다.

회사란 성과를 목표로 진화하게 돼 있다

그렇다면 이길 가능성이 없는 이유는 무엇일까? 경쟁사가 아닌 혁신 리더 자신이 회사를 최대의 적으로 여기는 이유가 무엇일까? 답은 간단하다. 회사 조직은 혁신을 위해서 구성되지 않는다. 오히려 그 반대로 회사 내 조직은 매일 계속되는 운영을 위해 구성된다.

처음부터 그런 것이 아니다. 처음 회사를 설립할 때 매일 계속되는 운영이라는 건 존재하지 않는다. 모든 사업이 혁신이다. 그러나 이런 상황은 빠르게 변한다. 신설 회사가 첫 번째 성공을 거두고 나면 바로 새로운 난관이 등장한다. 수익을 가능하면 많이 낼 수 있도록 운영해야 한다는 사실이다. 회사가 성장하고 성숙해질수록 수익을 올려야 한다는 요구가 거세진다. 이런 진화는 자연스럽게 일어나며 피할 수 없다. 초기 투자자들은 혁신과 흥분, 그리고 성장을 원한다. 이에 반해 후기 투자자들은 오히려 안정적인 수익을 원한다.

회사는 투자자를 만족시키기 위해 생산성과 효율성을 높이려 노력하고, 회사의 조직은 이를 위해 진화한다. 각 조직은 고객에게 경쟁사보다 나은 서비스를 제공하는 데에 중점을 둔다. 정해진 시간과 예산과 사양에 맞추는 것에 익숙해진다. 매일, 매달, 매년 실력이 향상되고 실행 속도가 빨라지며 비용이 줄어든다. 계급을 막론하고 모두가 기강이 잡히고 책임감이 강해진다.

모든 분기마다 안정적인 수익을 내야 한다는 압박감은 회사의 구조에 큰 영향을 미친다. 회사는 결국 성과달성 조직(Performance Engine : 반복되고 예측이 가능한 일반 업무를 담당하는 기존의 부서를 통칭_ 옮긴이)으로 진화한다.

피할 수 없는 갈등

강하고 잘 운영되는 회사에는 강하고 잘 운영되는 성과달성 조직이 있다. 그러나 성과달성 조직이 강해질수록 혁신이 어려워진다. 혁신의 첫 번째 규칙은 간단하다. 혁신 프로젝트와 일반 사업은 필연적으로 항상 갈등을 빚는다.

가장 두드러지는 갈등은 단기적인 우선 사항과 장기적인 우선 사항 사이의 긴장이다. 모든 회사가 이 문제로 고전한다. 성과달성 조직은 매일 수익을 올려야 한다는 압박에 시달리므로 당장 성과가 나오지 않는 혁신 프로젝트를 본능적으로 거부한다. 분기마다 엄격한 실적 목표를 달성해야 하는 중하급 관리자는 이런 반사적인 반응을 극복하지 못한다.

그러나 당장 수익을 내야 한다는 끊임없는 압박감은 혁신을 거부하는 부분적인 이유일 뿐이다. 조직의 상층부인 경영진은 단기적인 압박감을 극복하고 장기적인 프로젝트에 자금을 배분하기 때문이다.

그러므로 혁신을 거부하는 더 심오한 이유가 있음이 틀림없다. 알고 보면 혁신과 일반 사업 사이에 벌어지는 심한 갈등은 흔히 간과된다. 그런 갈등은 감지하기가 어려우며 성과달성 조직의 운영 방법에 가려져 있다. 운영 방법은 모든 업계와 회사에서 동일하다. 성과달성 조직은 결과를 극대화할 목적으로 모든 업무와 프로세스와 활동을 최대한 반복될 수 있고 예측될 수 있게 만들려고 노력한다.

반복 가능성과 예측 가능성의 힘은 자명하다. 비즈니스 프로세스의 반복성이 높아질수록 부서 업무들을 처리하기가 수월해진다. 2세기 전에 산업화가 시작된 이후로 업무 전문화는 효율성을 높일 수 있는 가장 훌륭한 방법으로 인정받아 왔다. 이 못지않게 예측성도 효과가 크다. 과거의 실적을 미래 예상치의 기준으로 삼으면 모든 직원에게 명료하고 입증된 실적 표준을 달성하도록 책임을 지울 수 있다.

반복 가능성과 예측 가능성을 끊임없이 추구하는 방법으로 성과달성 조직을 관리하는 기법은 익히 알려져 있다. 이런 기법은 수십 년 동안 다듬어지고 개선되어 왔다. 사실 비즈니스 용어 자체가 성과달성 조직에서 쓰이는 것들이다.

자, 사업에서 성과가 나아지는 과정을 한번 보자. 회계 담당자는 사업을 계속 진행 중인 일로 여긴다. 올해 활동의 일부는 작년 활동의 반복일 것이며 작년 실적은 올해 실적을 예측할 수 있는 가장 적합한 기준이다.

반복 가능성과 예측 가능성은 효과가 있다. 현대 기업은 성과달성 조직을 구성해 완벽하게 만드는 과정에 통달했다. 그 과정에서 효율성을 끌어올렸으며 이에 따라서 전 세계의 생활수준이 대단히 향상되었다.

그렇지만 성과달성 조직의 최고 강점인 반복 가능성과 예측 가능성의 추구는 커다란 한계를 만든다. 혁신은 그 정의부터가 반복되거나 예측되지 않는다는 것을 뜻한다. 오히려 완전히 정반대다. 이 점이 혁신과 일반 사업의 근본적인 차이다. 이런 차이점은 리더 교육, 조직 구성, 실적 평가 척도 등에서 확실하게 드러난다. 이런 차이점 때문에 성과달성 조직은 프로세스 개선(효율적인 성과달성 조직에조차 항상 존재하기 마련이며 여가 시간 내에 처리할 수 있을 정도의 소규모 프로젝트)이나 반복적인 제품 개발(성과달성 조직과 같은 프로세스를 따를 수 있는 프로젝트)을 제외한 혁신 프로젝트를 처리하기가 불가능하다.

모든 규칙을 무너뜨려라?

혁신과 일반 사업은 이렇게 갈등의 골이 깊다. 이런 상황이니 혁신 리더가 성과달성 조직을 가장 큰 경쟁자로 보는 것이 어쩌면 당연하다. 혁신 리더가 스스로 성공하려면 모든 규칙을 무너뜨려야 한다고 믿는 것도 이해가 간다. 또 너무 많은 혁신 리더가 스스로를 관료적인 기존 조직과 가능성이 없는 싸움을 벌이는 영웅으로 여기는 것도 당연해 보인다.

모든 규칙을 무너뜨리자는 신념은 어느 면에서는 타당하며 많은 사람이 이런 신념을 지니고 있다. 그러나 도움이 되기보다는 독이 될 가능성이 높다. 세 가지 이유가 있다.

첫째, 혁신 리더에겐 성과달성 조직이 필요하다. 무엇보다 사업 자금을 성과달성 조직에서 조달한다. 성과달성 조직을 적으로 대하면 얼마 지나지 않아서 자금줄이 끊길 것이다. 게다가 혁신 계획은 대부분 브랜드나 영업사원처럼 성과달성 조직이 관리하는 자산이나 역량을 활용해야 한다.

둘째, 일반 사업의 관리자에게 '모든 규칙을 무너뜨려라'라는 말은 '성과달성 조직을 무너뜨려라'라는 말이나 마찬가지다. 혁신 리더는 성과달성 조직의 적대감을 불러일으키는 행동을 하면 안 된다는 점을 명심해야 한다. 성과달성 조직의 담당 간부는 위험을 감지하면 맞대응을 하는데, 이때 성과달성 조직이 혁신팀보다 규모가 크고 구조가 탄탄하기 때문에 당연히 성과달성 조직이 이긴다. 그 과정에서 혁신 프로젝트는 사라져버린다.

셋째, '모든 규칙을 무너뜨려라' 라는 말은 '규칙이 필요 없다' 라는 말처럼 들린다. 사실 대체로 혁신 리더가 하는 말은 자신의 꿈을 자유롭게 추구할 자격이 있다고 생각하는 것처럼 들린다. 말하자면 "우리 혁신가는 축복받은 월등한 집단이다. 우리는 관료적인 규칙이나, 일상적인 효율성과 책임감에 대한 요구에서 면제돼야 한다"는 식이다.

물론 이런 발상은 적대감을 부채질한다. 게다가 이런 태도는 혁신가에게도 도움이 안 된다. 혁신은 당연히 성과달성 조직과 다르게 평가돼야 하지만, 혁신가가 성과달성 조직과 달리 규율과 책임을 지지 않아도 될 이유는 없다.

모든 규칙을 무너뜨리자는 사고방식은 젊은 혁신 리더에게 가장 인기가 있다. 젊은 리더는 성과달성 조직을 존경할 가치가 없는 어리석은 관료적 기구로 여기는 경향이 있다. 반면에 자신은 주변을 둘러싼 막강한 세력을 무찌를 능력이 있는 슈퍼히어로라고 생각하기 쉽다. 이는 젊은이 특유의 공상에 불과하다. 혁신을 실현하기에 적합한 접근법이 아니다.

상호존중하고 협력하라

혁신 리더는 성과달성 조직과 싸우는 대신에 협력해야 한다. 서로 존중하는 관계가 형성돼야 한다. 혁신가 스스로, 아무리 대규모 혁신 프로젝트라도 실험에 불과하다는 점을 인정할 때 오히려 존중을 받을 수 있다. 물론 혁신은 회사의 미래에 중요할 것이다. 그러나 성과달성 조직은 이미 오랜 시간에 걸쳐서 입증된 기반이며 성과달성 조직이 무너지면 아예 미래가 없다.

또 혁신가는 변화에 반대하는 파벌싸움이 없다는 판단이 서면 성과달성 조직과 건전한 관계를 쌓으려 노력해야 한다. 성과달성 조직과의 갈등은 나태함, 소심함, 현실 안주, 편의주의, 보수주의에서 나오는 게 아니다.

정반대로 성과달성 조직과의 갈등은 유능한 사람들의 노력 때문에 생긴다. 갈등은 매 순간 모든 사업부(생산, 유통, 판매, 마케팅, 서비스 등)가 가장 기본적인 목표를 빠르고 효율적으로 달성하려 노력하는 과정에서 나온다. 성과달성 조직의 활동이 판에 박힌 일처럼 여겨질 것이다. 과연 그럴까? 현대 글로벌 기업은 놀랄 만한 곡예를 펼친다. 여러 나라에 퍼져 있는 각종 사업체를 아무 문제없이 순조롭게 운영한다. 성과달성 조직은 독일의 고속도로를 질주하는 포르쉐처럼 멋지다.

사실 혁신 리더는 성과달성 조직을 공경해야 한다. 혁신 리더는 자신의 프로젝트에 전념하는 것은 물론 성과달성 조직이 우수한 실적을 유지하도록 돕는 데에도 전념해야 한다. 우리 두 사람은 이 책에 담을 조언을 구상할 때 성과달성 조직이 지닌 역량에 피해를 주면 안 된다는 점을 최우선 과제로 삼았다.

성과달성 조직이 겸손한 자세를 지니는 것도 중요하다. 성과달성 조직은 놀라운 역량을 지니지만 그렇다고 꼭 강하지는 않으며 영원한 생명력을 지니지도 않았다. 성과달성 조직이 처리할 수 있는 혁신의 영역은 몹시 한정돼 있다. 성과달성 조직이 지닌 역량 안에서만 운영되는 회사는 발전하지 못하며 결국 사라져버린다.

혁신가에게 성과달성 조직이 필요하듯이 성과달성 조직에도 혁신가가 필요하다. 이 둘은 서로 의존하는 관계이며 상호존중이 필수적이다.

혁신팀은 규율 있는 특별 조직이다

'모든 규칙을 무너뜨려라' 라는 말은 혁신 리더에게 독이 되기도 하지만 어느 정도는 옳은 말이기도 하다. 혁신의 규칙은 성과달성 조직의 규칙과 다르기 때문이다.

사실 이미 자리를 잡은 회사가 혁신 프로젝트를 실행하면서 고전하는 가장 흔한 이유는 혁신 프로젝트를 일반 사업과 다르게 다뤄야 한다는 점을 모르기 때문이다. 혁신 프로젝트를 진행하는 그룹은 그저 더 창의적인 문화를 지닌 팀이거나, 틀을 벗어나서 생각하는 사람들의 집단에만 그치면 안 된다. 물론 유용한 특성이지만 이것만으로는 부족하다. 이외에 근본적인 변화도 일어나야 한다. 혁신 프로젝트를 관리하는 근본 원칙은 성과달성 조직을 관리하는 근본 원칙과 비슷한 것이 거의 없다. 혁신팀은 성과달성 조직과 분명하게 구분이 돼야 한다.

그렇다고 해서 혁신 프로젝트를 관리하지 않아도 된다는 뜻은 아니다. 회사는 무질서, 우연성, 예측 불가능성 때문에 혁신을 관리할 수 없다고 생각하지만 이는 잘못된 생각이다.

혁신 프로젝트를 예측할 수 없다는 점은 사실이며 특히 초기 단계에 이런 경향이 강하다. 그렇지만 혁신 프로젝트는 관리돼야 한다. 혁신 리더는 책임을 회피하는 변명으로 불확실성을 이용한다. 그러나 혁신은 방종이나 반항이 아니다. 또한 혁신팀이 성과달성 조직이 지켜야 하는 까다로운 의무에서 면제돼서도 안 된다. 혁신팀은 성과달성 조직과 마찬가지로 기강이 확실히 잡혀야 한다. 회사는 성과달성 조직과 다르되 규율이 확실한 접근법을 혁신에 적용해야 한다.

혁신 프로젝트와 일반 사업의 근본적인 차이점

뚜렷이 다르되 규율이 확실한 철학을 실행에 옮기려면 혁신 프로젝트와 일반 사업의 근본적인 차이점을 다시 살펴봐야 한다.

- 일반 사업은 반복할 수 있지만, 혁신 프로젝트는 일상적이지 않다. 따라서 혁신 프로젝트의 리더는 일반 사업과 다르게 조직을 구성해야 한다.
- 일반 사업은 예측할 수 있지만, 혁신 프로젝트는 매사에 불확실하다. 따라서 혁신 프로젝트의 리더는 일반 사업과 다르게 계획을 수립해야 한다.

안타깝게도 대부분의 회사가 혁신 프로젝트를 시작할 때 운영이나 계획 수립을 신중하게 생각하지 않는다. 대체로 '대박 아이디어다!'에서 '실현시키자!'로 바로 넘어간다. 그러면서 성과달성 조직의 운영 방식과 계획 수립 방식을 혁신에 적용하면 될 것이라고 가정한다. 이는 극도로 빈약한 가정이다.

일부 상황에서 사람들은 운영과 계획 수립을 상당히 신중하게 생각한다. 이때 대부분의 관리자는 회사 전체의 논리를 고려하여 세 단계로 나눈다. 첫 단계는 사명과 전략이고, 중간 단계는 조직 설계이며, 세 번째인 전략 단계는 실행 정책과 프로세스다.

그렇지만 대부분의 관리자가 혁신을 생각할 때 중간 단계를 완전히 간과한다(〈도표 I-1〉 참고). 향상된 혁신 모형에는 조직 구성과 계획 수립이 반드시 들어가야 한다.

혁신 = 아이디어 + 리더 + 팀 + 계획

사실 혁신 = 아이디어 + 리더 모형은 위 모형의 딱 절반이다. 그런 절반 모형이 워낙 널리 퍼져 있어 대부분의 회사가 아이디어를 지나치게 많이 생산하고 리더를 선정할 때 필요 이상으로 노력한다. 그러다보니 조직을 구성하고 계획을 수립할 때는 별로 신경을 쓰지 않는다. 별개의 세심한 모형이 없는 혁신 프로젝트는 첫날부터 죽은 것이나 마찬가지다. 이 책에서 제시하는 근본적인 규칙을 한마디로 정의하자면 모든 혁신 프로젝트는 특별팀과 계획이 필요하다는 것이다. 특히 각 혁신 프로젝트는 맞춤형 조직 모형과 계획이 있는 팀이 필요하며 철저한 학습 과정을 통해서만 계획을 수정해야 한다. 위의 서술에서 각 혁신 프로젝트를 강조했다는 점에 유념하기 바란다. 이 장은 단독 혁신 프로젝트를 실행하는 방법에 초점을 맞춘다. 기업에 있는 사람은 종종 한 가지 생각에서 많은 생각으로 바로 넘어간다. '무척 중요한 이 혁신 프로젝트를 어떻게 실현할까?'라고 질문하는 대신에 '회사 전역에서 혁신을 어떻게 실현할까?'라고 질문한다. 그러나 달리는 법을 배우려면 걷는 법부터 배워야 하는 법이다.

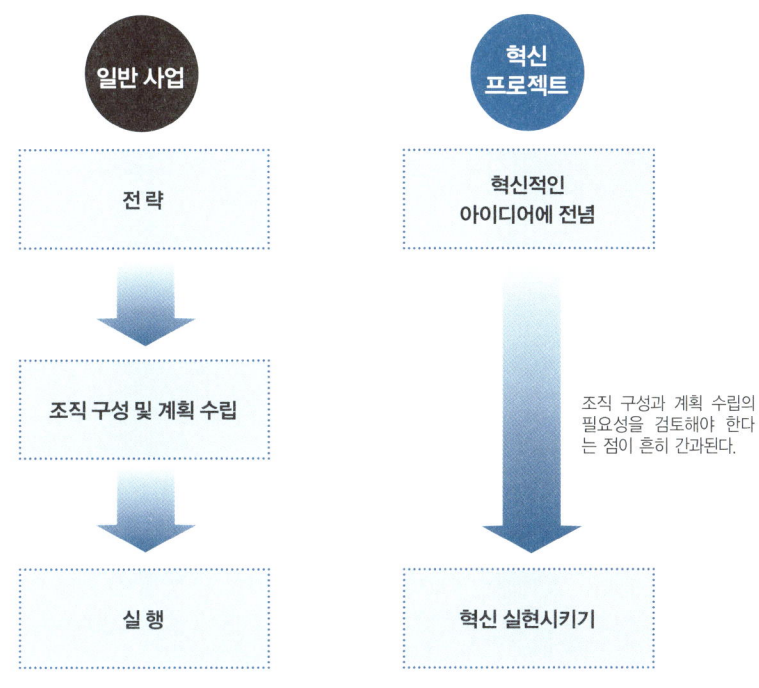

맞춤형 조직 모형을 갖춰라

맞춤형 조직 모형이 있는 팀을 구축하는 일은 매우 중요하고 어렵다. 처음부터 완벽하게 선택하는 회사는 거의 없다. 대체로 실패를 걱정하거나 성과달성 조직 외의 조직 모형에 익숙지 않아서 이 일을 피한다.

회사가 올바른 팀을 제대로 구성하는 일에 착수하더라도 일반적으로 이 일의 난이도를 무시한다. 오늘날 대부분의 경영진은 많은 혁신 프로젝트는 분리된 조직이 필요하다는 조언을 받는데, 이는 일반적인 통념이며 올바른 조언이지만 의미가 모호하다. 분리된 조직은 정확히 어떤 일을 하는 것일까? 얼마나 분리돼야 할까? 분리는 격리라는 뜻일까? 아니면 독립이라는 뜻일까? 설상가상으로 이 조언은 흑백논리, 찬반논리로 결정해야 한다는 잘못된 인상을 준다.

그러나 그저 '분리할 것이냐, 분리하지 않을 것이냐' 보다 훨씬 많은 결정을 해야 한다. 제대로 된 팀이라면 일반적으로 자산에 있어서도 자체 자산과 성과달성 조직의 자산을 모두 활용할 수 있다. 그리고 이외에도 많은 고려 사항이 있다.

올바른 팀을 구성하자면 새로운 전문가를 고용해서 권한을 주어야 할 때도 있다. 때로는 기존 직함과 직무 기술서를 무시하고 처음부터 새로 만들어야 한다. 그리고 중역으로 특별 위원회를 구성해 혁신과 일반 사업 사이의 갈등을 완화하는 역할을 맡겨야 할 때도 있다.

중역과 혁신 리더가 만나 혁신 프로젝트의 운영 방법을 논의할 때 편리한 지름길을 걷지 않겠다는 약속을 먼저 해야 한다. 팀을 구성하면서 빠르고 쉬운 방법을 선택해 버리면 팀이 약해진다. 그런 팀은 제대로 통솔되지 않는다.

이 책은 각 혁신 프로젝트에 맞는 올바른 조직 모형을 갖춘 올바른 팀을 구성하는 원칙을 중점적으로 설명한다. 우리는 다음 질문의 답을 찾아볼 것이다.

- 리더 외에 또 어떤 사람이 팀에 필요할까? 사내에서 영입해야 할까, 아니면 사외에서 고용해야 할까?
- 혁신 프로젝트의 참가자가 모두 전임으로 일해야 할까? 일부는 성과달성 조직의 업무를 계속해도 될까?
- 팀을 어떻게 조직해야 할까? 이 팀은 성과달성 조직과 어떻게 다를까?
- 혁신 프로젝트와 일반 사업 사이에 어떤 갈등이 생길까? 어떤 방법으로 갈등을 예상하고 해결해야 할까?
- 팀은 누구에게 보고해야 할까? 감독을 맡은 중역의 가장 중요한 책임은 무엇일까?

계획 수정은 철저한 학습 과정을 거쳐라

앞서서 많은 회사가 조직 구성의 중요성을 간과한다고 말했다. 마찬가지로 많은 회사가 혁신 프로젝트를 계획할 때 필요한 변화의 중요성을 과소평가한다. 혁신 프로젝트를 계획하고 실행하는 방법은 이미 입증된 사업을 계획하는 방법과 많이 다르다.

성과달성 조직의 계획은 수많은 데이터로 구성돼 있다. 이미 안정된 단계에 접어든 사업도 불확실성에 부딪힌다. 그러나 이 경우는 알려진 사항이 알려지지 않은 사항보다 훨씬 많다. 또 전례를 바탕으로 예상할 수 있으며 과거는 미래로 안내해 주는 합리적인 지표다. 관리자는 달성할 수 있다고 입증된 수준과 동일하거나 더 나은 성과를 올려야 한다.

반면에 혁신 계획은 수많은 가정으로 구성돼 있다. 물론 확실한 사실이 어느 정도 들어가지만 알려지지 않은 사항이 알려진 사항보다 훨씬 많다. 과거의 전례가 없다. 그러므로 어느 수준까지 달성할 수 있는지 입증된 기준이 없다. 가정을 지식으로 전환하는 방법을 통해서 최대한 빠르고 저렴하게 학습할 수 있는 내용이 무엇인지 발견해야 한다.

일부 혁신 프로젝트는 실패로 돌아가겠지만 어쩔 수 없는 일이다. 그러나 잘못된 결론을 도출하는 것과 실망에 빠져 전혀 배우지 못하는 것은 용서할 수 없다.

혁신가는 계획을 세우고 수정하는 작업이 철저한 학습 과정을 통해서 이뤄질 때 교훈을 얻을 수 있다. 학습 과정을 제대로 뒷받침하려면 혁신 프로젝트마다 독립적인 자체 계획이 있어야 한다. 혁신 프로젝트는 일반 사업과 다르기 때문에 성과를 분석하고 해석하기 전에 일반 사업의 성과와 분리해 놓는 게 중요하다.

또 혁신 프로젝트를 시작할 때 중역과 혁신 리더는 혁신 프로젝트의 결과를 정확하고 공평하게 해석하기로 약속해야 한다. 이는 말하기는 쉽지만 실천하기는 몹시 어렵다. 실험 결과를 해석하는 작업은 이미 입증된 사업을 분석하는 것보다 훨씬 복잡하며 수많은 선입견이 개입하는데, 이를 피하기도 어렵다. 성과달성 조직의 잘 다듬어진 계획 수립 방법도 오히려 방해가 될 수 있다.

이 책에서 우리는 철저한 학습 과정을 밟는 데 필요한 중요한 원칙들을 핵심적으로 설명하려고 노력했다. 우리는 다음과 같은 질문에 대한 해답을 찾아 이 책에 담았다.

- 혁신 프로젝트의 올바른 계획 수립 과정은 무엇일까?
- 혁신 프로젝트의 계획 수립 과정과 성과달성 조직의 계획 수립 과정은 어떤 면에서 연계돼야 할까?
- 과정을 어떻게 평가해야 할까? 어떤 측정 기준과 표준을 사용해야 할까? 회사의 기존 측정 기준이 적용되는 때가 있을까?
- 혁신 리더를 어떤 방법으로 평가해야 할까? 회사의 일반적인 평가 기준과 어떻게 다를까? 어떤 부문의 책임을 물어야 할까?

강력한 해결책

이때쯤이면 아마 이런 생각이 들 것이다.

"다 옳은 소리야. 그렇지만 잠깐만! 우리 회사는 날마다 혁신을 하지만 이런 단계를 밟지 않잖아. 맞춤형 조직 모형을 갖춘 특별팀이 필요하다고? 철저한 학습 과정을 통해서 전용 계획을 수정해야 한다고? 상당히 복잡하고 비용이 많이 들겠군. 매번 그렇게 해야 한다면 우리 회사는 혁신을 중단해야 할 거야."

물론 이 책에서 설명하는 단계를 밟은 적이 없는 회사라도 혁신적일 수 있다. 앞서 설명했듯이 지속적인 프로세스 향상 프로젝트 및 과거와 유사한 제품 개발 프로젝트를 비롯한 일부 형태의 혁신은 성과달성 조직 내에서 진행될 수 있다는 점을 명심하기 바란다.

성과달성 조직은 모든 혁신 프로젝트를 처리할 수는 없지만 능력은 뛰어나다. 성과달성 조직은 효율성과 안정성과 품질 유지에 통달해 있다.

그리고 지역 확장, 약한 경쟁자들로부터 시장 점유율 빼앗기, 그리고 인수 작업 등을 통해 때로는 폭발적인 성장도 할 수 있다.

그러나 성과달성 조직은 반복 가능성과 예측 가능성을 추구하기 때문에 많은 혁신 프로젝트가 성과달성 조직의 영역 밖에 있다. 그런 혁신 프로젝트는 특별팀과 특별 계획이 필요하며 다른 대안은 없다. 특별한 팀과 계획이 강력한 해결책이냐고 반문하고 싶은가? 그렇다. 꼭 필요한가 하는 생각이 드는가? 물론이다.

혁신 프로젝트를 담당하는 특별팀을 구성해야 한다는 점을 사람들이 거부하는 이유는 이 발상이 조직과 혁신에 대한 일반적인 가정 두 가지와 충돌하기 때문이다.

첫째, 이상적인 조직은 완벽하게 정렬돼 있어야 한다는 가정이 넓게 퍼져 있다. 표면적으로 보면 타당한 가정이다. 간단히 말하자면 모두가 동일한 방향으로 향해야 한다는 뜻이다. 반면에 맞춤형 조직 모형을 갖춘 특별팀을 구성한다는 말은 완벽하게 정렬된 줄에서 의도적으로 떨어져 나간다는 뜻이다. 그렇지만 이 단계는 일반적이고 필수적이다. 완벽하게 정렬하려고 너무 노력하다 보면 혁신이 사라진다.

둘째, 흔히 혁신 리더들은 혁신이 언제 어디서나 실현되도록 조직의 기본 구조에 혁신을 깊이 박아 넣고 싶다고 말한다. 매우 솔깃하지만 결함이 있는 말이다. 혁신 프로젝트와 일반 사업 사이에 갈등이 극심하기 때문에 혁신을 일반 사업에 박아 넣기란 아예 불가능하다.

한편, 복잡한 혁신 프로젝트와 일반 사업이 한 회사에 공존할 수도 있다. 사실 이 책은 불가능해 보이는 이런 조합을 가능하게 하는 방법을 다룬다. 그러나 이 둘은 한 회사의 도처에 공존할 수 없다. 혁신 프로젝트와 일반 사업을 의도적으로 분리하고 둘 사이의 상호작용을 신중하게 관리해야 한다.

이 책을 읽는 방법

우리가 제시하는 근본적인 규칙은 혁신 프로젝트마다 특별한 형태의 팀과 계획이 필요하다는 것이다. 이 책의 제1부는 팀에 초점을 맞추고 제2부는 계획에 초점을 맞춘다. 제1부와 제2부는 개념상 독립돼 있으며 순서를 바꿔서 읽어도 상관없다. 팀을 먼저 다룬 이유는 이해하기가 더 쉽기 때문이다.

제1부와 제2부 모두 간략하지만 중요한 서론으로 시작되며 이어서 각각 세 장이 나온다. 각 장은 순서대로 읽어야 한다. 제1부의 각 장은 앞에 나온 장의 내용을 바탕으로 한다. 제2부의 첫 장은 우리가 제시하는 방안을 전체적으로 개관하고 이어지는 두 장은 그중에서 특히 어려운 부분을 자세히 살핀다.

각 장의 순서는 혁신 프로젝트의 실행 일정과는 상관이 없다. 독자가 책의 전체 내용을 완전히 소화하고 나서 그때그때 필요할 때마다 참고하면 된다. 언젠가 이 책에 나온 거의 모든 원칙이 당신과 관련돼 있다고 생각하게 될 것이다.

특정한 회사의 특정한 혁신 프로젝트를 담은 사례가 이 책에 여러 개 나온다. 우리는 이런 사례를 다양한 목적으로 사용한다. 예를 들어서 설명할 내용을 쉽게 전달해 주는 간략한 사례로 각 장을 시작한다. 때로 본문에 짧은 일화를 넣어 흥미를 유발하고 중요한 요점을 강조한다.

또 각 장의 주요 조언을 강조하는 사례가 대부분의 장에 나온다. 다양한 독자와 업종, 혁신 형태에 최대한 적중할 목적으로 일부 경우에는 필요 이상의 사례도 넣었다.

경영진과 관리자는 협력해서 혁신에 도전해야 한다. 회사에서 맡은 직책에 따라서 이 책에서 얻는 혜택이 다를 것이다.

아래에 해당하는 사람들은 이 책의 모든 장을 자세히 읽어야 한다.

혁신 리더 : 이 책이 대상으로 삼은 독자는 혁신 프로젝트의 리더다. 이 책에서 '당신' 은 혁신 리더를 지칭한다.

우리가 말하는 혁신 리더는 중급 관리자로서 혁신 프로젝트의 한 측면은 물론 전체 프로젝트를 책임지는 사람이다. 당신은 거의 모든 경우에 완전한 통제권은 없지만, 팀을 구성하고 효율적으로 만드는 일을 담당할 것이다. 모든 팀원이 당신에게 직접 보고할 것이다. 일부 팀원은 성과달성 조직의 업무와 혁신 프로젝트의 업무를 동시에 진행할 것이다. 따라서 당신은 성과달성 조직의 담당 간부와 협력해야 할 것이다.

또 우리는 당신이 혁신 프로젝트의 계획 수립에 가장 많은 역할을 할 것이라고 가정한다. 당신은 혁신 프로젝트를 실행하는 데 필요한 모든 활동이 포함된 계획을 전적으로 책임지며 일부 활동을 직접 통제하거나 사내 협력자를 통해서 관리할 것이다. 혁신 프로젝트의 진행 상황과 당신의 실적은 계획을 기반으로 평가된다.

팀원 : 만반의 준비가 된 팀원은 리더가 당면한 난관을 완전하게 이해한다. 그리고 팀원은 다음 사항을 고려해야 한다. 내가 이 프로젝트에서 성공하려면 부서(혹은 다른 조직)에서 일하면서 익힌 경험 중에서 무엇을 버려둬야 할까? 혁신 프로젝트에 적용되지 않는 실적 측정 기준은 무엇일까? 동료에 대한 내 기대치를 어떻게 조정해야 할까?

혁신 리더보다 계급이 높은 관리자는 제1장부터 제6장까지 읽으면서 혁신과 일상적으로 진행하는 사업 사이의 가장 중요한 차이점에 중점을 둬야 한다. 이들은 이 책의 가장 마지막에 나오는 결론에 특히 흥미가 있을 것이다.

감독을 맡은 중역 : 우리는 혁신 리더가 보고하는 사람을 '감독을 맡은 중역(supervising executive)'이라고 지칭한다. 제1장부터 제6장까지 각 장의 끝에 나오는 조언은 혁신 리더의 처지에 맞춰져 있다. 그러나 혁신 리더가 직접 통제할 수 있는 영역을 초월한 조언도 종종 나온다. 우리는 혁신 리더에게 필요한 사항과 회사에 당연히 요구해야 하는 사항을 개략적으로 서술하며 감독을 맡은 중역이 그런 필요 사항에 응해야 한다고 함축적으로 조언한다. 감독을 맡은 중역을 직접 대상으로 하는 조언이 결론에 나온다.

우리는 흔하게 사용되는 후원자(sponsor) 대신에 감독을 맡은 중역이라는 이름을 사용했다. 우리가 후원자라는 명칭을 싫어하는 이유는 작업이 쉽거나 사소하다는 느낌을 주기 때문이다. 후원자는 가끔 지원을 한다. 그러나 감독을 맡은 중역은 매우 중요한 역할을 맡는다. 중역이 깊이 개입하지 않은 혁신 프로젝트는 거의 성공하지 못한다.

CEO와 혁신 담당 임원 : CEO와 혁신 담당 임원은 단일 혁신 프로젝트의 성공에서 일상적인 혁신의 성공으로 목표를 점차 높여야 한다. 이들은 혁신을 제도화해야 한다. 이는 커다란 포부이지만 단일 혁신 프로젝트를 관리하는 핵심 원칙을 숙달하면 혁신을 제도화하는 과정이 훨씬 짧아진다.

따라서 우리는 결론에서 유사한 여러 혁신을 관리하는 몇 가지 지침을 제공한다. 또 결론에서 CEO와 혁신 담당 임원이 전체 조직과 공유할 수 있는 혁신에 대한 관점을 제공한다.

일부 독자는 특정 장이 특히 흥미로울 것이다.

혁신 프로젝트를 지원하는 성과달성 조직의 리더 : 이들은 혁신과 일반 사업 사이의 갈등에 중점을 둔 제3장에 가장 관심이 갈 것이다.

인사 담당자 : 혁신 프로젝트가 성공하려면 회사의 관례와 다른 고용 방법이 꼭 필요하다. 그 중요도를 이해하려면 제1장, 제2장, 제3장을 읽으면 된다.

재무 담당자 : 혁신 결과를 해석하는 것은 일반 사업의 결과를 해석하는 방법과 달라야 한다. 혁신 프로젝트의 평가에 영향을 미치는 재무 담당자는 제4장, 제5장, 제6장을 읽으면 그 방법을 이해할 수 있을 것이다.

이 장의 핵심 내용

1. 혁신에서 가장 큰 난관은 아이디어 도출이 아니다. 진짜 난관은 상상력에서 실행으로 이어지는 길고 힘든 과정이다.

2. 성과달성 조직은 권한이 많고 유능하다. 생산성과 효율성을 높일 수 있고 성장을 이끌어 갈 수 있으며 혁신할 능력도 어느 정도 있다. 지속적인 프로세스 향상 프로젝트 및 과거와 유사한 제품 개발 프로젝트를 진행할 수 있다.

3. 성과달성 조직은 2번에서 말한 두 혁신 프로젝트 이외에는 자체적으로 혁신 프로젝트를 진행할 수 없다. 그 이유는 혁신 프로젝트와 일반 사업 사이의 근본적인 차이점 때문이다.

4. 두 사업의 근본적인 차이점 때문에 혁신 리더는 스스로를 체제와 싸우는 반항아로 상상하는 경향이 있다. 그러나 혼자서 관료적인 문어발식 조직에 대항한다는 사고방식은 매우 위험하다.

5. 이 책의 근본적인 규칙은 다음과 같다. 각 혁신 프로젝트는 맞춤형 조직 모형과 계획이 있는 팀이 필요하며 철저한 학습 과정을 통해서만 계획을 수정해야 한다.

6. 혁신팀과 성과달성 조직 사이에는 필연적으로 긴장감이 고조된다. 그러나 혁신 리더는 성과달성 조직과 상호존중하는 관계를 쌓으려고 노력해야 한다.

PERFECT INNOVATION

Part 1

혁신 조직,
올바르게 구축하라

혁신 프로젝트의 종류가 다양하듯이 혁신 프로젝트를 진행하는 팀의 종류도 다양하다. 그러나 다들 사내 협력 관계라는 공통점이 있다.

협력을 하는 양측은 기존의 성과달성 조직과 전담팀(Dedicated Team)이다. 우리는 성과달성 조직의 직원이면서 혁신 프로젝트의 실행에 직접 참여하는 사람을 공유 직원(Shared Staff)이라고 부를 것이다. 따라서 다음의 공식이 나온다.

$$\text{프로젝트팀} = \text{전담팀} + \text{공유 직원}$$

이 책에서 나오는 용어를 명료하게 정의해 보겠다.

• 프로젝트팀은 전담팀과 공유 직원이 협력하는 관계다.
• 전담팀은 말 그대로 전임으로 혁신 프로젝트를 맡아서 진행한다.
• 공유 직원은 성과달성 조직원이다. 공유 직원은 시간제로 혁신 프로젝트의 일부를 실행하거나 지원한다. 동시에 일반 사업의 실적도 유지해야 한다.

전담팀과 공유 직원은 근본적으로 다르기 때문에 서로 협력하기가 까다롭다. 전담팀은 해당 프로젝트에 맞춰서 구성되며 새롭고 낯선 조직 모형을 지닌다. 반면에 공유 직원의 조직 모형은 이미 존재하며 변화가 없다.

〈도표 1-1A〉에 나온 조직 연합 모형은 상황에 따라 융통성 있게 적용된다. 전담팀과 성과달성 조직 사이의 책임을 다양하게 나눌 수 있다. 예를 들어서 전담팀이 혁신 프로젝트의 거의 모두인 90%를 전담하는 방법이 있다. 혹은 전담팀과 성과달성 조직이 책임을 50대 50으로 나누거나 10대 90으로 나눌 수도 있다. 책임 분담 방법은 혁신 프로젝트의 특성과 성과달성 조직의 역량에 달려 있다.

● 도표 1-1A 혁신 프로젝트 조직 구성하기

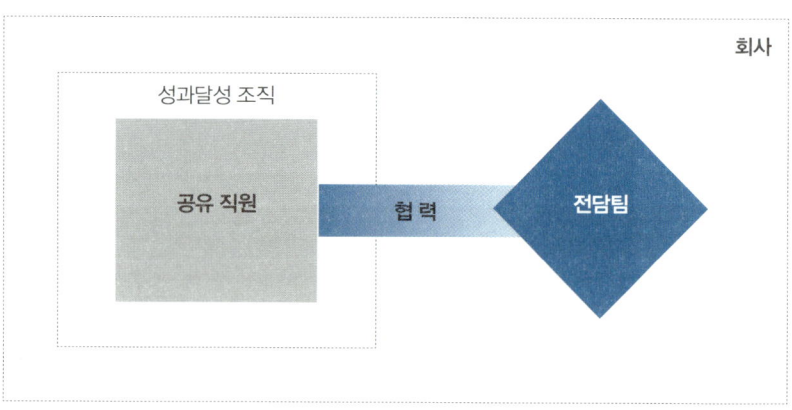

프로젝트팀 = 전담팀 + 공유 직원
전담팀은 혁신 프로젝트에 맞춰 새로 구성된다.
공유 직원은 성과달성 조직원이며 혁신 프로젝트를 지원한다.

프로젝트팀을 구성하는 전체 단계는 이해하기 쉽다.

1. 업무를 명확하게 나눠라 : 혁신 프로젝트를 실행하는 책임을 전담팀과 공유 직원 사이에 어떻게 배분할지 결정하라.
2. 전담팀을 확실하게 구성하라 : 누가 전담팀에 들어갈지를 정하고, 각자의 역할과 책임을 정의하라.
3. 협력할 수 있도록 세심하게 관리하라 : 서로 상대방에 대한 기대치를 명확하게 정리하고 전담팀과 공유 직원 사이에 필연적으로 생길 갈등을 완화하라.

이어지는 제1장, 제2장, 제3장에 걸쳐서 이 세 단계를 자세히 살펴볼 것이다.

제1장

―――

업무를 명확하게 나눠라

2004년 11월, 미국에서 개최된 '슈퍼컴퓨팅 2004'에서 IBM은 세계에서 가장 빠른 컴퓨터인 블루 진(Blue Gene)을 개발했다고 발표했다. 블루 진의 설계는 혁신적이었다. 세계에서 가장 강력한 마이크로프로세서가 아닌 그저 평범한 컴퓨터 칩의 대규모 네트워크로 작동됐기 때문이다. IBM이 이 제품을 설계한 과정은 이전의 제품 개발 과정과 달랐다. IBM은 성과달성 조직에 의지하지 않고 전담팀을 따로 구성해서 작업을 맡겼다.

2005년 후반, 디어 앤 컴퍼니는 유명한 산업 컨퍼런스에 대규모 농업용 트랙터를 출품해 금메달을 땄다. 이는 출시를 앞두고 있는 8030 트랙터였으며 동급 최고의 기술이 적용된 최첨단 제품이었다. 디어 앤 컴퍼니는 4년 이상을 투자해 개발한 8030 트랙터를 대단히 자랑스러운 혁신으로 여겼다. 그러나 이 회사는 전담팀을 따로 구성하지 않고 원래 있던 부서에서 작업을 진행했다.

성과달성 조직의 한계

혁신 프로젝트를 시작할 때 첫 단계는 전담팀이 필요한 업무인지, 공유 직원에게 맡길 수 있는 업무인지 결정하는 것이다. 이 점을 올바로 선택하려면 성과달성 조직의 역량을 정확히 평가해야 한다. 이 선택은 혁신 프로젝트에서 매우 중대하다. IBM처럼 일부 혁신 프로젝트에는 작업 대부분에 전담팀이 필요하다. 반면에 디어 앤 컴퍼니처럼 일부 프로젝트는 전담팀이 전혀 필요하지 않다.

전담팀을 구성하자면 시간과 에너지와 돈이 많이 들어가기 때문에 전담팀의 필요성을 무시해 버리고 싶은 마음이 들기 마련이다. 또 혁신 작업을 시작할 때는 여러모로 자못 흥분이 되는데, 전담팀을 조직할 방법을 고심하자면 일에 방해가 된다고 여겨질 수도 있다.

따라서 많은 회사가 자연스레 혁신 프로젝트에서 최대한 많은 업무 혹은 전체 업무를 성과달성 조직에 맡기는 방식을 선호한다. 그럴 경우에 안타깝게도 성과달성 조직의 역량을 과대평가하기가 쉽다. 일반적으로 대부분의 회사가 혁신 업무를 성과달성 조직에 배정한다. 게다가 성과달성 조직에 너무 무리한 요구를 하는 상황이 흔하다. 더구나 경영진과 이야기를 나누다 보면 혁신 프로젝트에서 까다로운 특정 부문이 성과달성 조직의 역량을 벗어난다는 점을 흔쾌히 인정하는 경우가 거의 없다. 어쩌면 경영진이 성과달성 조직에 자부심을 갖는 것도 당연하다. 원래 경영진은 눈에 띄는 역량을 보기 마련이다. 그리고 '하면 된다'는 정신을 지니고 있다. 어떤 경영진도 "아니요, 우리는 할 수 없습니다"라고 말하기를 싫어하는데, 이는 대부분의 상황에서 긍정적인 특성이긴 하다.

그러나 혁신 프로젝트에서 성과달성 조직이 부가적으로 맡는 역할이 무엇이든지 평소에 하는 일반 업무의 실적을 계속 유지해야 한다는 점을 명심해야 한다. 그러자면 성과달성 조직은 효율성 증진을 위해 끊임없이 노력해야 한다. 그러다 보면 필연적으로 성과달성 조직의 효율성이 높아지면서 전문성이 더욱 강해진다. 반면에 혁신 업무를 융통성 있게 지원하는 능력이 줄어든다.

성과달성 조직에 전문 분야와 다른 일을 하라고 요구하는 것은 실수다. 부서마다 업무의 한계점이 분명히 정해져 있기 마련이다. 그러니 해당 부서원에게 그저 다르게 생각하거나 행동하라고 요구하는 방식은 효과가 없다. 결국 부서의 한계를 벗어난 새 업무를 지시하면 실패할 게 빤하며 설사 새 업무를 성공리에 마치더라도 그만큼 기존 업무에 소홀해진다.

결과물도 만족스럽지 않다. 따라서 전담팀을 구성하는 편이 낫다. 물론 전담팀을 구성하자면 부가적인 노력이 필요한데다가 성과달성 조직을 활용하면 별도의 비용이 안 들지만 전담팀에는 공식적으로 예산을 따로 배정해야 하기 때문에 소요비용이 막대하다고 여겨지겠지만 말이다.

기존 조직의 한계를 넘어라

성과달성 조직은 두 가지 한계에 부딪힌다. 첫째는 누구라도 생각할 수 있는 것이다. 성과달성 조직이 혁신 업무를 맡으려면 부서원이 그 업무에 필요한 기술을 갖추고 있어야 한다.

이 규칙을 말하기는 쉽지만 따르기란 만만치 않다. 전혀 모르는 사람을 고용하는 위험을 무릅쓰느니 이미 잘 아는 직원의 역량을 과대평가하게 되는 게 인지상정이다. 이쯤에서 회사의 상태를 점검해 볼 수 있는 간단한 질문을 해보자.

"혁신적인 사업을 담당할 새 회사를 하나 더 세운다면 현재 운영하고 있는 회사의 직원들을 우선적으로 스카우트할 것인가?"

'그렇다'고 대답했다면 성과달성 조직이 첫 시험을 통과한 셈이다. 그 부서의 구성원들은 혁신 프로젝트에 필요한 기술을 갖추고 있다는 뜻이기 때문이다.

그러나 성과달성 조직이 두 번째 한계를 극복하지 못할 수도 있다. 이는 제약이 훨씬 많으면서도 너무 자주 간과되고 있다. 사실 회사가 성과달성 조직의 역량을 과대평가하는 가장 흔한 이유는 직관적이되 결함이 있는 논리, 즉 부서의 역량은 부서원의 역량을 모두 더한 총계와 같다고 생각하기 때문이다. 부서원 각각이 지닌 뛰어난 능력만 보고 그들이 속한 부서가 거의 모든 일을 해낼 수 있다고 결론을 내리기가 십상이다.

그러나 개별 부서원의 기술은 물론 부서원들 사이의 작업 관계가 성과달성 조직의 한계에 영향을 미친다. A라는 직원과 B라는 직원이 함께 달성할 수 있는 성과는 단순히 A의 기술과 B의 기술의 상관 작용으로만 결정 나지 않는다. 여기에는 A와 B가 협력하는 방법도 중요하게 작용한다.

결과적으로 부서의 역량은 부서원의 역량을 모두 합한 값보다 훨씬 적다. 그간 부서원들은 협력해서 업무를 해왔다. 다시 말하자면, 그들의 활동은 해당 부서의 특정한 목적을 위해 조직되어 왔다.

작업 관계는 부서의 필요성을 충족하는 방향으로 발전하며 업무의 전문화와 반복을 통해서 효율성을 달성하도록 조율된다. 성과달성 조직의 작업 관계는 개인별 책임 및 권한과 권위에 대한 공식적인 이해와 합의를 통해서 결정된다. 반면에 비공식적인 측면에서도 발전한다. 누군가와 한동안 일하다 보면 그 사람과 협력하는 방법에 여러 면에서 무언의 동의가 생기기 마련이다.

일단 두 부서원 사이에 작업 관계가 정착되면 이를 바꾸기가 매우 어렵다. 아무리 이상적인 환경이라도(예 : 두 부서원에게 원래 부서에서의 역할과 책임을 미뤄두고 혁신 업무만을 전담하도록 지시) 작업 관계를 변경하자면 의식적이고 분명하며 단호한 노력이 필요한데, 오랫동안 몸에 밴 관성이 남아 있기 때문이다. 당연히 두 사람은 맡은 일이 대대적으로 바뀌더라도 여전히 성과달성 조직에서 유지해 오던 관계를 바탕으로 작업할 것이다.

게다가 항상 이처럼 최고의 환경이 주어지는 게 아니다. 성과달성 조직이 원래의 일반 업무를 잘 진행하는 동시에 혁신 업무까지 맡아야 하는 경우가 허다하다. 이런 상황에서 작업 관계를 변경하기란 불가능하다. 일반 업무는 끊임없이 생기고 시급하며 기존 관계를 변경하기는커녕 강화시킨다. A와 B가 성과달성 조직에서 중압감에 시달리는 한 두 사람의 작업 관계가 바뀔 가능성은 없다. 따라서 성과달성 조직 내의 작업 관계가 혁신 프로젝트의 특정한 부분에 필요한 요소와 일치하지 않으면 그 부분을 반드시 전담팀에 배정해야 한다.

이는 모든 혁신 프로젝트에서 전담팀과 공유 직원 사이의 책임을 구분해 주는 규칙이다. 이 규칙은 혁신의 목표가 새로운 공정이든 신제품 개발이든 완전히 새로운 사업이든 상관없이 다 적용된다. 또한 이 규칙은 혁신이 점진적이든 급진적이든, 갈등을 유발하든 발전의 밑거름이 되든 상관없이 모든 혁신에 적용된다. 그렇다면 성과달성 조직의 작업 관계가 혁신 프로젝트에 필요한 작업 관계와 일치하는지 어떻게 평가해야 할까?

작업 관계에 필수적인 세 가지 측면이 있다. 이는 심도(depth), 힘의 균형(power balance), 작업 주기(operating rhythm)다. 이 장의 나머지 부분에서는 세 측면을 분명하게 정의하고 여러 사례를 통해서 각 측면의 중요성을 설명하겠다. 일단 제품 개발 부문에서 성과달성 조직의 한계를 보여주는 몇몇 실례로 시작해 보자. 이런 예를 선택한 이유는 한계점이 확연히 드러나기 때문이다. 이 장의 뒷부분으로 가면서 설명하겠지만, 여기에서 예로 든 제품 개발뿐만 아니라 모든 부문에서 동일한 규칙이 적용된다.

디어 앤 컴퍼니, 제품 개발 조직에서 드러난 한계점

대체로 제품 개발팀은 회사에서 혁신의 중심지로 여겨진다. 따라서 혁신 프로젝트를 실시할 때 자연스레 막중한 책임을 기존의 제품 개발 그룹에 배정한다.

여기서 주의할 점이 있다. 제품 개발팀은 다른 모든 성과달성 조직과 마찬가지로 부서원들 간 작업 관계의 특성과 결부된 한계점을 안고 있다.

공업형 대규모 농업에 사용되는 8030 트랙터를 개발해 금메달을 딴 디어 앤 컴퍼니(이하 디어)의 제품 개발 그룹이 좋은 사례다. 이 개발 그룹은 성과달성 조직을 이용해서 탁월한 혁신을 이뤄냈다. 8030이 나오기 전에 세 모델 8000, 8010, 8020이 약 4년 간격으로 출시됐다. 약 15년간 네 모델을 반복해서 설계하는 동안에 개발 그룹은 혁신 = 아이디어 + 프로세스라는 공식에 통달했다.

디어가 각 모델의 설계를 맨주먹으로 시작한 것은 아니다. 각 설계는 그전에 나온 모델의 설계를 향상하는 식으로 진행됐다. 근본적인 설계를 그대로 둔 채 새 기능과 기술을 포함시켰다. 그렇지만 각 모델을 개발할 때마다 위험도가 높았다. 특히 8030은 디어의 역사상 가장 자본 집약적인 개발 프로젝트였다. 게다가 디어는 힘겨운 시간의 제약에 부딪혔다. 외부 상황으로 8030의 출시 시기가 의도치 않게 정해져 버렸던 것이다. 엄격해진 정부의 가스 배출 규제 때문에 2006년 1월부터 8020 트랙터를 판매할 수 없는 판국이었다.

따라서 8030의 개발은 정해진 시간과 예산과 사양에 맞춰서 마무리돼야 했다. 요컨대 성과달성 조직이 맡아야 할 업무였으며, 디어의 제품 개발팀은 어느 모로 보나 성과달성 조직이었다. 개발 그룹은 반복해서 진행할 수 있도록 설계 프로세스를 상세하게 기록했다. 또한 프로세스를 예측할 수 있도록 각 모델을 설계하는 동안에 방대한 자료를 수집했다. 경영진은 프로세스에서 각 단계의 구체적인 시간과 예산의 기대치를 정했다.

이 그룹은 기강이 잘 잡혀 있었고 책임감이 강했으며 기대대로 결과물을 내놓았다. 디어는 가스 배출 규정이 변경되는 2006년 1월 1일 이전에 제품을 출시했다. 고객의 반응은 뜨거웠다. 더구나 유가가 오르던 때라 8030의 뛰어난 연료 효율성이 특히 호평을 받았다.

디어의 제품 개발 역량은 매우 소중하다. 그렇지만 디어는 해당 시장에서 정상의 자리를 지키려는 일환으로 이 제품 개발팀의 역량을 벗어난 수많은 혁신 프로젝트에 도전하고 있다. 따라서 이 회사는 잘 정착된 제품 개발 프로세스 내에서 작업할 시점과 그 프로세스를 벗어나서 작업할 시점을 끊임없이 결정해야 한다.

디어의 제품 개발 조직을 제대로 알려면, 즉 이 조직이 할 수 있는 일과 불가능한 일을 이해하려면 어느 정도 배경지식이 필요하다.

◉ 현대식 공업용 트랙터

현대식 기계는 농업을 대단히 효율적으로 개선했으며 현장에서 수백만 명의 노동력을 대신해 왔다. 트랙터를 그저 '커다란 잔디 깎는 기계' 쯤으로 생각하는 사람이 있다. 그런 사람은 짐을 가득 실은 30만 달러짜리 8030을 실제로 타보면 두 눈이 휘둥그레질 것이다.

예를 들어서 뒷바퀴의 높이가 거의 2.1m나 되는지라 얼핏 쳐다보려고만 해도 고개를 치켜들어야 한다는 사실에 놀라게 된다. 사다리를 딛고 올라서서 사방이 막힌 거대한 운전석으로 들어가면 컴퓨터 스크린을 비롯해서 여기저기에 장착된 전자기기에 다시 깜짝 놀라게 된다. 일단 트랙터가 움직이면 예상치 못했던 편안한 승차감에 당황한다. 트랙터가 도로의 돌출부와 홈 혹은 바위 위를 지나갈 때 독립적인 전동유압식 완충장치가 위아래로 흔들리는 진동을 90%나 제거해 준다.

또한 엄청나게 거대한 차량치고는 회전 반경이 대단히 좁다. 엔진을 높이 달고 아래에서 바퀴를 조정하게 해주는 특수 드롭 박스 변속기 덕에 달성한 공학 기술의 위업이다. 그나저나 트랙터의 방향을 직접 조정해야 한다고 생각했는가? 계속해서 조정해야 한다는 생각은 구식이다. 8030에 장착된 컴퓨터는 논밭의 곳곳에서 가장 효율적인 루트를 찾아줄 뿐만 아니라 보통은 자동으로 운전한다.

8030 트랙터는 농장에서 쓰기에 매우 편리한 기계다. 그러나 트랙터가 아무리 정교한 기술을 갖추고 있더라도 단독으로 사용되지는 않는다. 원래 트랙터는 경운기, 파종기, 분무기, 절단기, 굴삭기를 비롯해서 모든 작물과 계절에 사용되는 각종 농기구를 끌거나 미는 목적으로 사용된다.

◉ 농업의 경제적인 측면

생계수단이나 취미로 소규모 농업을 하는 사람이 여전히 많지만, 오늘날 대규모 농업은 일종의 사업이다. 그리고 농업에 꼭 필요한 트랙터를 구입하자면 막대한 자본을 투자해야 한다. 농업의 경제성은 트랙터의 소유 및 작동의 경제성과 밀접하게 연관돼 있다. 예측할 수 없는 날씨와 변동이 심한 물가로 어려움을 겪는 농민이 그나마 실제로 제어할 수 있는 몇 안 되는 경제 요소 중 하나가 트랙터다.

농민은 최대한 효율적으로 농장을 운영하기 위해 연료 효율이 높고 대형 농기구를 끌 정도로 엔진의 힘이 강한 트랙터를 찾는다. 트랙터가 이동하는 총거리를 최소로 줄이기 위해 정확한 경로 파악과 자동 운전 기능이 필요하다고 생각한다. 그리고 운전자가 새벽부터 해질녘까지 거의 쉬지 않고 일할 수 있도록 승차감이 편한 트랙터를 선호한다.

그래도 농민에게 트랙터에서 가장 중요한 점을 물으면 뭐니 뭐니 해도 안정성이라는 답이 곧바로 나온다. 다음으로 고장이 날 때 신속한 수리가 중요하다고 답한다. 농민이 가장 걱정하는 비용은 특히 궂은 날씨가 지속되는 짧은 수확기에 예상치 못한 고장 때문에 발생하는 비용이다.

◉ 디어 앤 컴퍼니의 제품 개발 조직

모든 성과달성 조직과 마찬가지로 디어의 제품 개발 조직은 인력의 전문화를 통해서 효율성을 높이는 방향으로 발전했다. 트랙터의 모든 부분에 전문적인 지식을 지닌 직원은 거의 없었다. 다시 말하자면, 직원 대부분이 서로 다른 부문에 깊이 있는 전문 지식을 갖추고 있었다. 따라서 직원들 사이에 긴밀한 지원과 협력이 필요했다.

일반적으로 신설된 소규모 제품 개발 조직은 임기응변식으로 업무를 조정한다. 그러나 효율성의 최대화를 목적으로 삼은 조직은 경험에 비추어서 직무 내용과 일정과 공식 프로세스 내에 협동 업무를 정착시킨다.

시간이 지나면서 디어에 그런 경향이 발생했다. 수많은 작업 단계 하나하나가 서면으로 작성됐다. 부품 단계 전문가들 사이에 공식 관계가 규정됐다. 사실 일부 관리자는 프로세스를 구체적으로 명시하고 향상하는 작업에 모든 시간을 쏟아부었다. 또 여러 직원이 2인 1조로 협동 작업을 하면서 비공식적인 작업 관계도 발전했다.

디어의 제품 개발 조직 내 작업 관계망은 심도, 힘의 균형, 작업 주기라는 중요한 세 측면으로 더욱 상세하게 서술될 수 있다.

심도 : 제품 개발 조직에서 일부 조는 작업 관계가 강하게 구축된 반면에 친분이 거의 없는 조도 있었다. 예를 들어서 부품 전문 그룹 내의 조들은 대단히 긴밀하게 작업하는 경향이 있었지만 각 전문 그룹 간의 연계는 약했다.

그러나 일부 전문 그룹 간 연계는 훨씬 강했다. 트랙터의 부품을 맡고 있는 각 그룹 중 기계담당, 전기담당, 그리고 공간담당 그룹은 작업상 연관성이 있어 전문가들끼리 업무를 공유해야 하는 부분이 생기므로 자연스레 작업 관계가 발생한다. 예를 들어서 엔진 설계자는 구동렬 설계자와 공식적인 관계를 맺고 정기적으로 교류했다. 이들의 작업은 서로 종속돼 있었다.

힘의 균형 : 작업 관계에서 힘의 균형은 주로 고객의 우선 사항에 따라서 결정됐다. 주요 고객의 요구사항을 구현하는 작업에서 중요한 역할을 한 전문가는 그렇지 않은 전문가보다 권한이 강했다.

예를 들어서 디어의 고객은 기계의 안정성을 중요하게 생각했기 때문에 품질 및 안정성 전문가의 인원이 많았고 영향력이 컸다. 이들은 모든 기술자가 본능적으로 안정성 문제를 고심하도록 촉구했으며 1,500개가 넘는 검증과 확인 단계를 비롯해 안정성을 검사하는 방대한 공정을 개발했다.

작업 주기 : 대규모 농업용 트랙터를 개발하는 작업은 복잡하고 여러 해가 걸린다. 따라서 제품 개발팀은 규모가 크고 진행 기간이 긴 프로젝트의 현실과 일치하는 운영 관례와 습관을 도입했다. 예를 들어서 전문 그룹 내 기술자들은 매일 공동으로 작업했지만, 부품 전문 그룹 간의 협력은 필요할 때만 이뤄졌으며 협력 터울이 길었다.

또한 제품 개발팀과 다른 부서들 사이의 교류도 장기적인 주기로 조정됐다. 예를 들어서 대형 트랙터 사업을 담당하는 국장은 설계 프로세스가 개시되고 나서 거의 5년 동안 매출액이나 고객의 평가와 같은 시장의 피드백을 받지 않는다. 또 회사의 인사 관리 기획 및 예산 수립 프로세스와의 연계도 여러 해에 걸친 작업 주기가 가능하도록 지원해 주었다.

● 한계점 찾아내기

8030 프로젝트에서 제품 개발 조직 내 작업 관계망은 커다란 강점이었다. 그러나 개발 중인 제품이 바뀌면 강점이 약점이 된다. 변경된 내용이 성과달성 조직의 제한된 전문 분야에서 벗어나면 전담팀이 필요하다. 다음에 나오는 세 가지 예를 고려해 보자. 현재 디어에서 활용되는 작업 관계의 심도, 힘의 균형, 작업 주기가 각각 한계점을 드러내는 과정을 보여준다.

심도 : 디어가 트랙터의 설계를 대대적으로 수정할 계획이라면 어떻게 될까? 새 프로젝트는 시스템 단계의 설계를 아예 변경해서 트랙터 부품의 연결 방법을 바꾼다고 해보자. 부품 단계의 전문가들이 새 방식으로 협력해야 한다. 새 설계의 새로운 부품 연결법을 고려해 새로운 작업 관계를 개발해야 한다. 디어는 기존 인력에 익숙하지 않은 부품 연결법을 담당할 전담팀이 필요하다.

힘의 균형 : 디어가 기존 제품과 장점이 다른 제품을 설계할 계획이라면 어떻게 될까? 운영이 잘 되는 제품 개발 조직은 구성원 간의 힘의 균형이 고객의 우선 사항에 따라 결정된다. 회사가 아예 설계를 바꿔서 새로운 장점이 있는 제품을 개발하고자 하면 적어도 설계에 영향을 받는 작업은 전담팀에게 맡길 필요가 있다.

예를 들어서 디어가 안정성보다 엔진의 힘에 관심이 많은 새 고객층을 대상으로 판매하려 한다고 해보자. 그렇다면 엔진과 구동력 전문가의 수와 권한을 늘리는 반면에 안정성 전문가의 수와 권한을 줄여서 전문팀을 구성해야 한다.

작업 주기 : 디어가 사업 규모나 소요 기간을 변경해서 설계할 계획이라면 어떻게 될까? 수억 달러 규모로 5년 동안 진행하는 프로젝트에 익숙한 제품 개발팀은 수천만 달러 규모로 5개월 동안 진행하는 프로젝트를 관리하자면 어려움을 겪는다. 이렇게 규모나 기간을 축소하려면 각 전문 분야의 기술자 수가 적고 각 분야 사이에 교류가 잦은 전담팀을 구성해야 한다. 사실 디어에는 잔디 깎는 기계처럼 소요 기간이 훨씬 짧고 개발이 단순한 트랙터 유사 제품을 담당하는 제품 개발팀이 여럿 있다.

이런 팀의 한계를 분명히 밝힌 이유는 디어의 제품 개발팀을 깎아내리자는 게 아니다. 이 회사의 직원 모두가 노련하고 유능한 기술자다. 이들이 협력하면 잔디 깎기에서부터 기관차에 이르기까지 다양한 제품을 얼마든지 설계할 수 있다. 그러나 각 제품 개발팀은 한 가지 임무를 위해 조직된다. 그 임무는 시스템 설계가 8030과 비슷한 대규모 농업용 최첨단 트랙터를 설계하는 것이다. 따라서 다른 설계를 하려면 제품 개발팀이 다시 조직돼야 한다. 기존의 작업 관계를 없애고 새 작업 관계를 처음부터 다시 만들어야 한다.

◐ 한계를 넘어

작업 관계 때문에 생기는 한계는 개인의 기술력 때문에 생기는 한계보다 제약이 훨씬 심하다. A와 B가 같은 부서의 직원이고 혁신 프로젝트의 지원에 동원됐다고 해보자. 이들은 원래 부서에서 작업 관계를 맺고 있다. 그런데 혁신 프로젝트의 업무에서는 작업 관계를 변경하는 동시에 부서의 일반 업무에서는 원래의 작업 관계를 유지하라고 요구하는 것은 말이 안 된다. 그렇게 되면 A와 B는 동시에 두 개의 작업 관계를 맺게 된다.

설사 A와 B가 성과달성 조직에서 맺은 작업 관계가 없어도 혁신 프로젝트를 지원하면서 새 작업 관계를 구축하는 과정에서 어려움을 느낄 게 당연하다. 근본적인 문제는 일정이다. A와 B가 혁신 프로젝트를 지원하려면 한가한 시간이 필요하다. 그리고 A와 B가 긴밀하게 협력하려면 두 사람의 한가한 시간대가 같아야 한다. 그러나 A와 B가 정기적으로 공동 작업을 하지 않으면 일정이 동일해질 가능성이 없다. A가 한가할 때 B는 바쁠 것이다.

당신 회사의 경우를 직접 떠올려보자. 평소에 공동 작업을 하지 않던 두 사람 혹은 두 그룹 이상이 공동으로 작업해야 했던 새 프로젝트가 있었는가? 일반 부서 업무에 그들 중 한 직원 혹은 한 그룹이 필요했을 때 어떤 일이 벌어졌는가? 해당 직원이나 그룹이 부차적인 일을 모두 중단하고 부서 업무로 돌아갔을 가능성이 크다. 그 결과로 새 프로젝트의 가속도가 떨어졌을 게 확실하다.

이는 성과달성 조직이 혁신 프로젝트를 지원하기 위해 떠맡은 작업은 그 부서가 원래 진행하는 업무와 평행해야 한다는 의미다. 그렇게 돼야 혁신 프로젝트가 부가되더라도 성과달성 조직의 업무량이 늘어나는 수준에 그친다. 다시 말하면 새로운 작업 흐름이나 새로운 작업 관계가 부과되지 않으며 이미 자리를 잡은 작업 관계가 바뀌지 않는다. 〈도표 1-1〉 은 이런 기준을 충족하는 업무 분담의 한 예를 제시한다.

혁신 프로젝트의 작업은 기존 성과달성 조직이 시행하는 일반 사업 작업과 평행해야 한다.

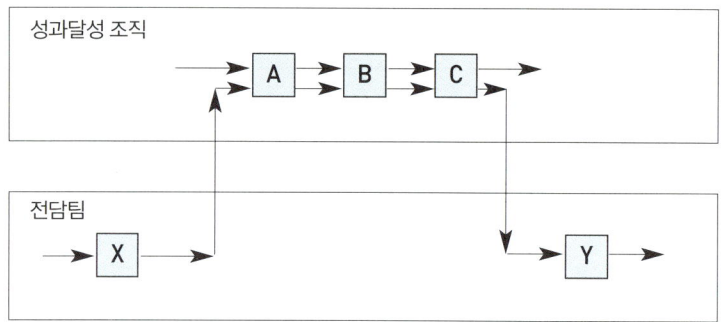

이제 세 회사가 작업 관계의 중요한 세 가지 측면 때문에 생긴 한계점을 해결하려고 전담팀을 만드는 과정을 보여주는 보충 사례를 살펴보겠다.

심도 : BMW, 하이브리드 자동차용 브레이크 개발

BMW의 디자인 총괄 임원인 크리스 뱅글(Chris Bangle)은 시스템 단계의 설계를 변경해야 하는 공학적인 문제에 부딪히자 전담팀을 만들어야 했다. 문제를 해결하자면 긴밀한 작업 관계가 있어야 했지만, 성과달성 조직에는 그런 관계가 존재하지 않았다.

뱅글은 회생 제동 기술을 향상하는 작업을 하고 있었다. 개념상으로는 간단하며 특히 하이브리드 자동차에 있어 흥미로운 발상이다. 전통적인 브레이크는 자동차의 운동 에너지가 마찰을 통해서 소멸되며 불필요한 열이 발생된다. 반면에 회생 브레이크는 낭비되는 에너지를 포착해서 재활용한다. 자동차의 속도가 느려지면 브레이크에 장착된 전기 발전기가 배터리를 재충전한다.

물론 새 시스템을 설계하는 어려움은 BMW에 근무하는 각 기술자의 역량으로 충분히 해결할 수 있었다. 그러나 오랜 역사를 지닌 BMW의 설계 프로세스는 이미 확립돼 있었다. 공식적인 구조와 프로세스에서 배터리 전문가는 브레이크 전문가와 굳이 협력할 이유가 없었다. 배터리와 브레이크는 자동차에서 물리적으로 연결돼 있지 않기 때문에 두 부문의 전문가들은 조직 내에서 연계돼 있지 않았다.

만약 배터리 그룹이나 브레이크 그룹 내의 창의적인 선지자가 나서서 두 그룹이 유기적으로 협력해 회생 브레이크를 만들 수 있도록 노력했다면 진전이 있었을지도 모른다. 그렇더라도 직원들은 성과달성 조직에서 하는 업무의 수준을 이전처럼 유지했어야 할 것이다. 따라서 업무를 제대로 처리하려고 거의 모든 여유 시간을 부서 내 동료와의 공동 작업에 쏟아 부어야 했을 것이다.

부품별 전문화는 제품 설계의 효율성을 높여준다. 그러나 시스템 단계의 설계를 바꿀 경우에 전문화라는 특성 때문에 제품 설계팀이 설계 변경에 본격적으로 달려들기가 힘들다. 따라서 뱅글은 전담팀을 구성해서 이런 어려움을 극복했다. 그는 전담팀의 이름을 '에너지 체인팀'으로 정했다. 이 팀에는 새로운 하이브리드 브레이크 설계 및 디자인 프로세스를 창출하는 데 필요한 모든 부품 전문가들이 합류했다.

힘의 균형 : 일렉트로룩스, 고급 시장 진입

유럽의 가전제품 제조사인 일렉트로룩스(Electrolux)는 2002년에 제품 개발을 대대적으로 탈바꿈해야 할 상황에 봉착했다. 몇 년 동안 이 회사는 기능이 단순하되 성능이 좋은 중간 가격대 제품을 판매해 왔다. 크기 조절을 통해 생산의 효율성을 높일 수 있는 제품이었다. 그러나 고객의 우선순위가 바뀌고 있었다. 고객은 시장에서 최저가나 최고가에 이끌리고 있었다. 일렉트로룩스의 주 소득원인 중급 시장이 사라지고 있었다.

일렉트로룩스가 시장 점유율을 유지하려면 제품 개발 목표를 바꿔야 했다. 그러나 중급 제품을 찾는 소비자를 겨냥한 구조는 수십 년 동안 안정적으로 유지됐었다. 그 결과 제품 개발팀의 작업은 매우 효율적으로 이뤄져 왔다. 이 개발팀은 성과달성 조직이며, 기술자들은 최신 기술을 도입해서 내구성과 효율성을 향상시켰고 가격을 낮추려 노력했다.

CEO인 한스 스트라버그(Hans Stråberg)는 고급 제품을 개발할 새 역량을 확충하기로 결단을 내렸다. 회사의 미래에 매우 중대한 작업이었다. 새로 구성된 전담팀인 '고객통찰팀' 은 일렉트로룩스에 존재하던 많은 표준을 뒤집어 놓았다. 과거에는 특히 기술과 실행에 초점을 둔 엔지니어링 전문가들이 회사에서 지배적인 위치를 차지했다. 엔지니어링 전문가에게 부여됐던 권한이 이제는 신생 전담팀으로 이동됐다. 회사는 신제품 설계를 위해 폭넓은 목표를 설정하는 역할을 맡은 전담팀에 더욱 많은 권한을 줬다.

주로 외부에서 영입된 인력으로 구성된 고객통찰팀은 고객의 요구와 필요사항을 정밀하게 진단해서 고급형 제품 시장에서 가능성이 있는 영역 20개를 찾아냈다. 여기에는 주요한 한 가지 공통점이 있었다. 고객은 제품의 원활한 작동뿐만 아니라 실내 인테리어에 미치는 영향에도 관심이 있었다. 일렉트로룩스는 고객의 이 새로운 요구 사항을 실현하기 위해 전담팀의 두 번째 주요 역할을 산업디자인으로 정했다.

고객통찰 부문 및 산업디자인 부문의 새 기술로 권한을 이동해야 한다는 점은 명확했지만, 세부사항은 불분명했다. 예를 들어 일렉트로룩스는 기존 기술자와 새 디자이너의 작업 관계를 어떻게 규정해야 할까? 제품개발 프로세스에서 새로운 산업 디자이너의 투입이 가장 중요한 시점이 언제일까? 일렉트로룩스의 전담팀은 시간과 경험을 통해서 이런 문제를 해결했다.

권한의 대대적인 이동은 모든 회사에 대단한 충격을 던져준다. 일렉트로룩스의 CEO는 수년에 걸쳐 노력한 끝에 부서 사이의 권한 이동에 성공했다. 맥킨지 앤 컴퍼니(McKinsey & Company)의 연구에 따르면, 일렉트로룩스는 2007년까지 신제품 출시 빈도를 두 배로 늘렸고, 성장률을 두 자릿수로 회복했으며, 주주에게 돌아간 총수익이 두 배 이상 늘었다.

작업 주기 : 팀버랜드 컴퍼니, 산악 경주용 특수 신발 개발

2002년까지 신발 산업은 특히 야외 활동과 스포츠 부문에서 주기적으로 새로운 하위 범주가 생기는 관례가 있었다. 달리기와 등산에서 래프팅에 이르기까지 거의 모든 범주에서 특수 신발이 개발됐다. 팀버랜드 컴퍼니(Timberland Company)는 연간 계획 수립과 시장 분석을 통해서 특수 신발을 선호하는 경향이 중요하다는 사실을 인식했다.

노련한 제품 개발팀이 있었지만 새로운 전문 분야의 신상품 개발 프로 젝트를 맡길 수는 없었다. 제품 개발팀은 정기적으로 기존 제품의 디자인 을 향상시킨 제품을 내놓는 업무만으로도 버거워했다. 이 팀은 1년에 두 번씩 신발 산업 박람회에 신제품을 출품하느라고 엄청난 시간의 압박을 받으며 작업을 했다.

따라서 팀버랜드는 전담팀을 구성해 '발명공장팀'이라는 이름을 붙였 다. 팀버랜드는 발명공장팀을 완전히 다른 주기로 운영하기로 결정하고 수년이 소요되는 장기 프로젝트를 맡겼다. 이 팀은 매달 마감의 압박에 시달릴 필요가 없다.

발명공장팀의 첫 작업은 산악 달리기용 신발 개발 프로젝트였다. 이런 신발에는 특수한 필요사항이 많다. 도로에서 달리는 사람은 관절에 오는 충격과 좌상을 최소로 줄이는 데에 가장 신경 쓴다. 발이 아스팔트에 닿 으면서 생긴 압박이 쌓여서 결국 부상을 유발하기 때문이다. 반면에 산에 서 달리는 사람은 단기적인 걱정을 한다. 넘어지는 것이다. 도로를 달리 는 사람은 상체를 최대한 고정하지만 산악 경주자는 경사진 곳을 올라가 거나 바위와 나무뿌리를 건너뛰면서 균형을 유지하기 위해 끊임없이 체 중을 이동하고 팔을 움직인다.

따라서 발명공장팀은 산악 경주자들이 두 발로 지탱하려고 힘겹게 노 력할 필요가 없도록 안정적인 굽을 개발하는 목표를 최우선 순위로 설정 했다. 이 목표는 처음부터 등산화나 러닝화의 디자인을 수정하는 방법으 로는 달성할 수 없다는 점이 분명했다.

처음부터 완전히 새로 디자인해야 했으며 그러자면 시간이 오래 걸릴

게 당연했다. 사실 팀버랜드는 2007년이 돼야 산악 경주용 신발을 소비자에게 선보일 수 있을 것이었다. 발명공장팀에서 사업기획국장을 맡은 헬렌 켈로그(Helen Kellog)는 기존 제품 개발팀의 작업 주기와 별개인 디자인 프로세스를 감독했다. 궁극적으로 작업 기간이 각기 다른 여러 단계가 결합된 프로세스였다.

- 며칠 동안 지속된 브레인스토밍 회의 : 발명공장팀은 따로 시간을 내서 산악 경주용 신발이 다른 산업계의 디자인과 유사한 점을 조사했다. 이들은 비포장도로 경주용 자동차를 연구하다가 중요한 사실을 깨달았다. 이런 자동차는 차체가 안정적으로 유지되는 가운데도 아랫부분을 맹렬하게 움직이게 해주는 서스펜션이 달려 있었다. 팀버랜드는 산악 경주용 신발에도 유사한 기능을 넣고 싶었다. 그러나 전통적인 러닝화와 등산화는 바닥층이 상당히 단단하며 중간층은 신축성이 있다. 결국 발명공장팀은 기존 디자인을 완전히 뒤집어서 신발의 바닥을 신축성이 있으며 압축된 재질로 제작했고 나머지 부분은 안정감을 유지하게 만들었다.
- 자재를 광범위하게 모색함 : 이를 위해서 자재에 전문 지식이 풍부하고 다른 산업계의 전문가들과 공동으로 작업할 기술자를 새로 고용해야 했다.
- 출시 전에 대대적인 테스트를 실시함 : 실제 경주자를 통한 실험과 생물 역학 연구실의 실험을 동시에 실시했다. 실험실에서는 단기간에 수백 킬로미터를 달린 것과 동일한 상황에 신발을 노출하는 시험 장비로 테스트했다.

• 출시 후 피드백 분석 : 산악 경주용 신발 출시 후에는 시장의 피드백을 장기간에 걸쳐 신중하게 분석했다.

팀버랜드가 산악 경주 프로젝트를 기존 제품 개발팀에 맡겼다면 급박한 다른 사안 때문에 이처럼 주기가 긴 여러 단계를 제대로 진행할 수 없었을 것이다. 한 경영진은 "개발팀에 오늘까지 마무리해야 하는 일과 내일까지 마무리해야 하는 일을 동시에 지시하면 안 된다. 시급한 일을 먼저 하느라고 중요한 일을 미뤄두기 마련이다"라고 말했다.

실제로 어떤 팀이라도 주기가 완전히 다른 두 일을 동시에 진행하면서 효율성을 높이기는 어렵다. 켈로그 국장은 팀버랜드의 제품 개발자들이 발명공장팀으로 이동하면서 가장 힘들었던 변화는 훨씬 길어진 작업 기간에 적응해서 그 장점을 완전히 활용하는 것이었다고 털어놨다.

성과달성 조직 역량에 대한 과대평가

앞서 든 사례들은 성과달성 조직으로 구성된 제품 개발 그룹이 혁신 프로젝트와 관련된 제품 개발 임무를 모두 혹은 일부 처리할 수 있거나 전혀 처리하지 못한다는 점을 보여 준다. 디어의 성과달성 조직은 모든 제품 개발 업무를 담당했다. BMW의 성과달성 조직은 일부를 처리했다. 일렉트로룩스와 팀버랜드의 성과달성 조직은 전혀 관여하지 않았다.

물론 대부분의 혁신 프로젝트는 단순히 제품 개발만이 아니라 여러 기능을 아우른다. 따라서 전담팀과 공유 직원 개개인 사이의 책임 분담을 올바르게 선택하는 게 중요하다. 여기에 적용되는 규칙은 모든 경우에 동일하다. 공유 직원은 성과달성 조직의 기술 및 작업 관계와 결합된 업무를 맡으면 된다. 전담팀은 그 밖에 모든 업무를 담당하면 된다.

지금까지 이 장 전체에서 전담팀과 공유 직원 사이의 업무 분담을 결정하는 방법만 다룬 이유는 그 주제가 그만큼 중요하기 때문이다. 회사가 업무를 잘못 분담하면 그 실수를 회복하기가 어렵다.

우리가 연구한 아날로그 디바이스(Analog Devices, Inc. ADI)는 힘든 경험을 통해서 혁신 프로젝트에 맞지 않는 조직 구성으로는 일하기가 어렵다는 교훈을 깨달았다. ADI는 매사추세츠에 있는 자본금 20억 규모의 반도체 회사다. 이 회사를 이해하려면 먼저 약간의 배경지식이 필요하다.

오늘날 전자 장치는 컴퓨터에서 카메라와 자동차에 이르기까지 어디서나 볼 수 있다. 반도체 산업은 이런 제품에 들어가는 핵심 부품을 생산한다. 반도체 산업에서 만드는 장치는 여러 종류이지만 가장 두드러지며 중요한 공통적인 특징이 두 가지 있다.

첫째는 디지털 칩과 아날로그 칩의 차이점이다. 컴퓨터 마이크로프로세서와 같은 디지털 칩은 이론 수학에 뛰어나다. 디지털 칩 내부의 모든 구성은 2진법으로 돼 있다. 1 아니면 0, 작동 아니면 중지다. 그러나 현실 세계는 아날로그다. 다시 말하면 끊임없이 변한다. 따라서 디지털 장비와 현실 세계 사이에 서로 영향을 주고받는 접점이 존재하는 모든 영역에 아날로그 칩이 필수적이다. 구체적으로 예를 들자면 컴퓨터 주변 장치, 스테레오 시스템, 디지털 카메라, 온도나 압력을 측정하는 기구 등에 아날로그 칩이 꼭 필요하다.

둘째는 순차 처리와 신호 처리의 차이점이다. 참고로 말하자면 신호 처리는 실시간 처리라고도 한다. 순차 처리 방식인 컴퓨터 마이크로프로세서는 소요 시간이 얼마나 길든 상관없이 지시를 받아들인 순서대로 실행한다. 이와 달리 신호 처리는 시간의 지연을 용납하지 않는다. 신호 처리는 가능한 한 최고 속도로 그리고 정보를 실시간으로 출력한다.

ADI는 1960년대에 설립된 이래 30년 동안 아날로그 신호 처리의 설계와 개발에 탁월한 실력을 자랑했다. 이 회사는 1990년대에 특히 개인용 컴퓨터와 주변 장치 부문에서 왕성하게 성장한 덕에 사업 규모가 빠르게 확대됐다.

1990년대에 ADI는 견실하게 성장했지만 자사의 사업 영역을 잠식할 조짐을 보이는 디지털 신호 처리(DSP)의 발전 경향을 우려했다. 아날로그 칩에 전적으로 집중하는 방식으로는 더 이상 살아남을 수 없었다. 회사의 경쟁력을 보호하고 미래에 안전한 위상을 확보하려면 결정을 내려야 했다. ADI의 중역인 레이 스타타(Ray Stata)와 제리 피시맨(Jerry Fishman)은 대대적으로 투자해 새로운 DSP를 개발하기로 결정했다.

당시에 ADI의 제품 카탈로그에는 특수 용도로 설계된 아날로그 칩이 수천 개나 나열돼 있었다. ADI는 매년 새 디자인을 수없이 생산했다. 그러나 이와 달리 DSP를 수천 개씩 만들 필요가 없었다. 단 하나의 DSP를 여러 범위에 적용하도록 프로그램을 짤 수 있었기 때문이다. 그런데 DSP 하나를 설계하는 프로젝트가 아날로그 칩 수천 개를 설계하는 작업보다 훨씬 규모가 크고 비용이 많이 들며 위험했다.

❐ 개발 활동의 조직화

ADI는 DSP를 설계하려면 전담팀을 구성해야 한다는 사실을 깨달았다. 이 회사의 엔지니어들이 개별적으로 최고 실력을 갖췄지만 이미 다들 아날로그 칩을 개발하는 부서에 배정돼 있었다. 설상가상으로 ADI의 경영진들은 DSP 설계팀을 조직할 방법을 정확히 모른다는 점을 절감했다. 과거에 DSP를 설계해 본 경험이 전혀 없었던 것이다.

ADI는 이런 이유 및 디지털 처리기의 개발 비용을 다른 회사와 공동으로 투자하려는 목적으로 인텔(Intel)과 협약을 맺었다. 두 회사에 모두 이익이 되는 협력이었다. ADI는 신호 처리 부문을 잘 알았지만 디지털 제품의 설계에 경험이 별로 없었다. 인텔은 디지털 부문을 잘 알았지만 신호 처리에 경험이 별로 없었다. 따라서 두 회사는 공동으로 전담팀을 구성했다. 대략 2년 뒤에 최초의 설계 작업이 완료되자 ADI는 상품화를 위한 활동에 나섰다.

❐ 상품화 활동의 조직화

ADI는 신제품을 설계할 전담팀을 조직할 필요성을 인식했었다. 그러나 신제품의 상품화 작업은 성과달성 조직에 너무 과도하게 의존했다. ADI의 성과달성 조직은 핵심 고객에게 서비스를 제공하는 목적에 맞춰서 발전해 왔다. 이 회사의 고객은 엄밀히 따지자면 최첨단 고품질 칩을 요구하는 수준 높은 구매자였다. 일반적으로 구매하려는 제품을 정확하게 아는 설계 엔지니어였다. 한마디로 이들은 사양이 명확하게 규정된 아날로그 신호 처리기를 원했다.

ADI의 조직은 제품 라인에 따라 구성돼 있었다. 제품 범주별로 부서가 나뉘었고 각 부서장은 기술적으로 월등한 부품을 개발해서 상품화하는 목표에 초점을 맞췄다. 이런 특성은 시장에서 ADI의 전통적인 강점이었다. 각 부서 내에 깊은 작업 관계가 형성돼 있었지만, 부서들 사이의 관계는 훨씬 피상적이었다.

ADI에서는 영업팀 한 곳에서 모든 제품의 유통을 담당했다. 영업사원은 엔지니어 대 엔지니어의 대등한 입장에서 고객과 대화를 나눴다. 이들은 고객이 필요한 제품을 구입하도록 지원했으며 계약 조건을 협상했다. 또한 영업주기가 짧았다.

이런 조직 구성은 수십 년 동안 문제없이 잘 돌아갔다. 그런데 새로 개발한 DSP를 구입하는 고객의 요구 사항과 행동은 기존 고객과 달랐다. 예를 들어서 새 고객은 일정한 사양의 칩 하나가 아니라 주변 기기와 디자인 도구와 소프트웨어가 모두 한 패키지에 들어 있는 형태를 요구했다. 심지어 많은 고객이 자사 제품을 설계하는 작업을 공급 회사가 전폭적으로 도와주기를 기대했다. 일부는 전자 장치의 설계 공정 전체를 단 한 곳의 공급 회사에 모두 맡기기까지 했다.

한마디로 말하자면 새로운 고객은 단순한 부품이 아니라 완벽한 솔루션을 요구했다. 예를 들어서 휴대전화 단말기를 만드는 제조사들은 ADI가 아날로그 칩, 디지털 칩, 메모리 칩, 무선 송신기를 비롯한 모든 부품이 하나의 통합 패키지로 작동하도록 미리 설계된 제품을 제공해 주기를 원했다.

또 DSP의 구매자들이 내리는 결정은 위험 부담이 훨씬 컸다. 공급 회사로 선정될 경우에 호환이 되는 부품과 소프트웨어의 개발에 장기적으로 전념해야 한다는 암묵적인 요구가 깔려 있었다. 기존 고객사는 설계를 담당하는 엔지니어가 공급 회사를 결정했다. 그러나 DSP 고객사는 중역이나 심지어 CEO가 직접 나서서 공급 회사를 결정했다. 이런 경영진은 ADI가 단순히 부품 하나를 제공하는 차원이 아니라 고객사의 성공을 도와야 한다는 관점으로 생각하기를 기대했다.

따라서 DSP는 영업 프로세스가 훨씬 복잡했고 시간이 오래 걸렸으며 영업사원이 폭넓은 기술을 갖춰야 했다. 영업사원은 사업적인 부문과 엔지니어 부문 둘 다에서 고객의 관심을 사로잡아야 했다. 더구나 시스템 단계의 설계에 필요한 각종 부품을 조립하고 통합하는 엔지니어링 작업이 영업 프로세스에 훨씬 많이 포함됐다.

디지털 제품의 상품화 과정은 ADI의 성과달성 조직에 잘 들어맞지 않았다. 다시 말하자면 작업 관계에 필수적인 세 가지 측면에서 전혀 조화가 이뤄지지 않았다.

- 심도 : ADI의 성과달성 조직은 제품의 범주에 따라서 운영됐다. 이는 기존의 고객에게 가장 효과적인 방법이었다. 그러나 DSP 고객이 요구하는 시스템 설계 작업을 마무리하려면 긴밀한 협력이 필요했다.
- 힘의 균형 : ADI의 조직은 부품 단계의 엔지니어들에게 상당한 권한을 부여했다. 그러나 DSP 고객에게 제대로 서비스를 제공하려면 시스템 엔지니어들과 영업사원이 주도권을 잡아야 했다.
- 작업 주기 : DSP를 판매하는 프로세스는 여러 분기가 소요될 수도 있다. 그러나 ADI의 성과달성 조직은 1주일 주기로 운영됐다. 당연히 이미 정착된 사업에서 당면한 우선순위가 DSP의 상품화 과정에 필요한 업무를 압박했다.

ADI는 경험을 통해서 기존의 조직 구성이 DSP에 적합하지 않다는 교훈을 얻었다. 복잡한 시스템 단계를 개발하는 부문에서 사업 기회가 생겨 고객에게 회사의 전체 역량을 보여줘야 할 때 비효율적인 구조였다.

ADI는 몇 가지 차선책을 시도해 봤지만, 결과가 만족스럽지 않았다. 예를 들어서 DSP 제품 개발의 담당자들이 사실상 영업사원의 역할을 해 보았으나 이미 성과달성 조직에서 해야 하는 업무가 있었기 때문에 문제가 많이 발생했다. 그리고 일부 직원은 시스템 설계 활동에서 고객과 협력할 수 있는 역량을 높이려고 새 직책, 즉 영업직에 대한 직무 기술서를 작성해 보았지만, ADI의 영업은 전통적으로 중앙 집중식이었기 때문에 새 직책을 승인받기가 어려웠다.

우리가 ADI에 대한 연구를 완료할 즈음에 이 회사는 전담 인력에 업무 책임을 더 많이 이동하는 방향으로 DSP 조직을 재설계하고 있었다. 물론 해당 조직의 명칭은 ADI의 상황에 맞춰서 앞으로 다르게 정해지겠지만 우리 두 사람은 일단 일반적이고 포괄적인 용어를 사용해서 '부품이 아니라 솔루션을 판매하도록 허가받은 전담팀'이라고 그 조직을 지칭하려 한다.

이 전담팀은 장기적인 영업과 시스템 설계를 위해 조직됐으며 완전히 설계된 솔루션을 찾는 고객이 이 회사에서 처음 접촉하는 조직이 될 것이다. 전담팀은 ADI의 기존 영업팀에서 내부 회계 대체를 통해서 부품을 구매할 것이다. 이렇게 되면 성과달성 조직은 원래의 업무에 집중해서 성과를 향상시킬 수 있을 것이다. ADI의 성과달성 조직은 다른 모든 고객을 대하는 방식과 동일하게 전담팀을 대하게 될 것이다.

전담팀은 혁신팀이 아니다

업무 분담 방법을 결정하고 나면 해당 팀에 이름을 붙이고 싶어질 것이다. 어쨌든 우리가 만든 '전담팀'과 '공유 직원'이라는 포괄적인 명칭을 사용할 회사는 별로 없을 것이다. 이쯤에서 사소하지만 중요한 충고를 하나 하고 싶다. 전담팀은 혁신 프로젝트를 목적으로 만들어졌으므로 으레 '혁신팀'으로 여겨진다. 그러나 이런 식으로 생각하면 여러 문제가 발생한다.

첫째, 전담팀을 혁신팀이라고 부르는 것 자체가 적절하지 않다. 일부 혁신 프로젝트에서는 결국 공유 직원이 거의 모든 일을 한다. 예를 들어서 BMW에서는 대략 10대 90으로 업무가 분담된다. 전담팀은 회생 브레이크의 설계만을 담당하는 반면에 성과달성 조직이 나머지 설계 작업에다가 상품화까지 떠맡는다. 분담 비율을 어떻게 하든지 간에 전담팀의 책임 범위는 혁신 프로젝트의 범위보다 훨씬 좁다. 그리고 프로젝트는 늘 협력을 통해서 실행되는 법이다.

또한 전담팀을 '혁신팀'이라고 부르면 협력의 기반이 약해진다. 전담팀만이 혁신적이라는 관점이 형성되면 전담팀과 성과달성 조직이 서로를 존중하는 관계가 확립되지 않을 것이다. 의도적이든 아니든 혁신팀이라는 이름에는 성과달성 조직이 혁신적이지 않다는 암시가 명백하게 함축돼 있다.

당신이 혁신 프로젝트의 리더라고 해보자. 건전한 협력을 유지하려면 당신의 정체성을 조심스럽게 정립해야 한다. 어쩌면 전담팀에 더 많은 신경을 써야겠다는 마음이 자연스레 들 것이다. 그러나 당신은 협력 사업의 리더이므로 성과달성 조직과 전담팀 중 한쪽에 더 긴밀하게 관여하면 안 되며 프로젝트 전체의 리더로서 위상을 잡는 게 최선이다.

전체 규칙 복습

전담팀과 공유 직원 사이의 협력을 설명했으므로 이제 이 책의 전체적인 규칙을 복습해 볼 것이다. 각 혁신 프로젝트에는 맞춤형 조직 모형과 계획이 있는 전담팀이 필요하며, 그런 팀은 엄밀한 학습 과정을 통해서만 변경된다. 이런 방법은 일반 사업과 혁신 프로젝트 사이의 근본적으로 상반된 점 두 가지를 해결해 준다.

- 일반 사업은 반복할 수 있지만, 혁신 프로젝트는 일상적이지 않다. 따라서 혁신 프로젝트의 리더는 일반 사업과 전혀 다르게 조직을 구성해야 한다.
- 일반 사업은 예측할 수 있지만, 혁신 프로젝트는 매사에 불확실하다. 따라서 혁신 프로젝트의 리더는 일반 사업과 전혀 다르게 계획을 수립해야 한다.

어떤 경우든 맞춤형 조직 모형은 전담팀과 공유 직원이 협력하는 형태다. 앞서 말한 두 가지 차이점 중 전자를 해결하려면 전담팀은 혁신 활동 중에서 반복적이지 않은 부분을 담당해야 한다. 공유 직원은 반복되는 부분, 즉 성과달성 조직의 개별적인 기술 및 작업 관계와 일관된 활동을 담당해야 한다. 심도, 힘의 균형, 작업 주기는 작업 관계에 결정적인 측면이다.

두 가지 차이점 중 후자는 사업 계획으로 해결된다. 계획은 사업 전반을 아우른다는 점이 중요하다. 다시 말하자면 전담팀만의 계획이 아니라 프로젝트 전체의 계획이다(〈도표 1-2〉 참고).

● 도표 1-2

혁신 프로젝트를 실행하는 협력 관계, 전담팀만 해당하는 게 아님.

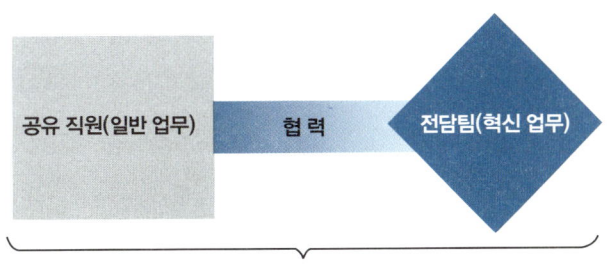

하나의 프로젝트 계획

공유 직원이 반복적이지 않은 임무를 담당할 수는 없지만, 결과가 불확실한 임무는 담당할 수 있다는 점에 주목하기 바란다. 전담팀과 공유 직원 사이의 적절한 업무 분담은 결과의 불확실성과 아무런 관계가 없다. 예를 들어서 BMW의 하이브리드 자동차를 생각해 보자. 전담팀의 회생 브레이크 개발뿐만이 아니라 신제품 출시 전체의 결과가 불확실했다.

이 장의 핵심 내용

1. 혁신 프로젝트를 실행하려면, 전담팀과 공유 직원 사이에 협력 관계를 구축해야 한다. 전담팀은 혁신 프로젝트를 위해 따로 구성된 팀이며, 공유 직원은 성과달성 조직의 일반 업무를 계속 담당하는 동시에 혁신 프로젝트를 지원하는 직원이다.

2. 공유 직원은 혁신 프로젝트의 업무를 최대한 많이 담당해야 한다. 그러나 회사가 성과달성 조직의 역량을 과대평가하기 십상이라는 점을 명심해야 한다.

3. 성과달성 조직은 효율성을 발휘하도록 구성된다. 그렇지만 조직의 효율성이 높아질수록 전문성이 강화된다. 성과달성 조직이 일반 업무의 성과를 뛰어나게 유지하는 동시에 해당 부서의 전문 영역과 상관없는 혁신 업무까지 완벽하게 실행할 수는 없다. 성과달성 조직에 두 역할을 다 맡기려 했다가는 한쪽 업무 혹은 양쪽 업무가 모두 실패로 돌아간다.

4. 성과달성 조직이 지닌 역량의 한계는 부서원 각자의 기술과 부서원들 사이의 작업 관계로 결정된다.

5. 작업 관계에는 결정적인 측면이 세 가지 있다. 이는 심도, 힘의 균형, 작업 주기다. 세 가지 측면에서 성과달성 조직의 작업 관계와 연관성이 없는 혁신 업무는 전담팀이 맡아야 한다.

6. 전담팀은 '혁신팀'이 아니며 혁신팀으로 여겨져서도 안 된다. 혁신 프로젝트는 전담팀과 성과달성 조직 사이의 협력으로 이뤄지며 프로젝트 전체는 단 하나의 계획으로 관리된다.

제2장

전담팀을 확실하게 구성하라

1995년에 뉴욕타임스 컴퍼니(The New York Times Company)는 인터넷 사업인 뉴욕타임스 디지털(New York Times Digital, NYTD)을 시작해 자체의 조직 모형이 있는 팀을 만들었다. 전담팀은 인터넷 사이트의 설계 및 제작, 일상적인 운영 관리, 사이트의 마케팅, 광고 판촉을 맡았다. 공유 직원은 NYTD가 뉴욕타임스의 브랜드와 신문 콘텐츠를 유용하게 활용하도록 지원했다.

1998년에 이르자 전담팀은 경쟁 신문사들에 비해서 상당히 잘 운영되고 있다고 확신했다. 동시에 전담팀은 새로운 미디어 사업에서 많은 기회를 놓치고 있다는 점이 불만스러웠다. 예를 들어서 해당 업계 전체가 기존에 신문 광고를 통해서 직원을 채용하는 방법의 대안으로 대두된 구직 사이트 몬스터닷컴(Monster.com)의 위협에 느리게 대응하고 있었다.

간단하게 말하면 전담팀이 성과달성 조직처럼 행동했다는 점이 문제였다. 전담팀은 자체의 사업을 '뉴스페이퍼닷컴'이라고 지칭하기까지 했다. 조직을 대대적으로 정비하고 난 다음에야 NYTD는 단단한 발판을 찾았고 훨씬 강력한 성장 궤도에 진입했다.

이런 일반적인 현상은 어느 회사에나 일어날 수 있다. 원래 조직은 변화하기가 힘들다. 대체로 과거에서 벗어나느라 고전한다. 업무를 제대로 분담하더라도 전담팀이 성과달성 조직의 아류처럼 행동하게 만들어버리기 십상이다.

전담팀은 우리가 '조직의 관성'이라고 이름 붙인 현상을 극복할 수 있어야 성공한다. 물론 조직은 사람과 같은 방식으로 과거를 기억하지 않는다. 조직은 이미 존재하는 조직을 그대로 흉내 내는 하위 집단을 만드는 경향이 있다. 의식적으로 그렇게 하지 않으려고 할 때조차 말이다. 이를 조직의 관성이라고 하며 이런 경향은 모든 회사에서 드러난다.

이 장은 전담팀이 조직의 관성을 극복할 수 있도록 팀을 구성하는 몇 가지 간단한 원칙을 먼저 소개한다. 즉 올바른 사람을 선발해서 업무를 제대로 분담하는 방법이다. 사실 우리가 제공하는 원칙은 그리 놀라울 게 없다.

그러나 많은 회사가 얼마나 자주 그리고 쉽게 실수를 하는지는 놀랄 정도다. 여기서 제시할 원칙은 말로 하기는 쉽지만 실천하기가 어렵다. 그러므로 이 장의 대부분을 할애해서 각종 함정을 경고하고 최고의 회사조차 그런 함정에 빠지는 과정과 이유를 설명할 것이다.

몇 가지 기본 원칙

전담팀을 구성하는 방법을 몇 가지 조언해 보겠다.

(1) 필요한 기술을 파악하라.
(2) 찾을 수 있는 최고 직원을 고용하라.
(3) 조직 모형을 전담팀의 직무와 연결시켜라.

각 조언을 한 단계 깊이 파고들어가 보자.

우선, 전담팀에 필요한 특수 기술과 일반 기술을 모두 고려해 보자. 특수 기술이란 해당 혁신 프로젝트에 특정하게 필요한 개별적인 노하우와 역량과 경험이다. 예를 들어서 팀버랜드는 첨단 재질 분야의 전문가가 발명공장팀의 프로젝트에 꼭 필요하다는 사실을 깨달았다. 말하자면 특수 기술을 갖춘 사람을 영입해야 했다.

그리고 모든 전담팀에는 일반적인 혁신 기술도 필요하다. 혁신가를 파악하는 방법이야 이미 수많은 책에서 다뤘고, 그런 책에서 하는 말이 옳다. 혁신가는 창조적이고 가설에 의문을 제기하며 예전과 다른 해결책을 내놓는다. 혁신가는 아이디어를 풍성하고 다양하게 고안할 수 있으며 포부가 크다. 또한 불확실한 상황에 부딪혀도 의연하다. 프로젝트의 결과 및 자신의 역할이나 책임과 관련된 불확실성을 잘 극복한다.

이런 선발 기준은 벤처 회사 창업을 비롯해서 혁신을 위한 모든 활동에 유용하다. 여기에 우리는 이미 구조가 정착된 조직의 혁신에 필요한 두 가지 고려 사항을 추가하려 한다. 첫째, 정착된 조직에 새로운 하위 조직을 설립해 운영한 과정을 최소한 한 번 이상 경험해 본 직원 몇 명이 전담팀에 포함돼야 한다.

둘째, 전담팀의 최고 리더는 정치 수완이 좋고 협력 체계를 구축하는 기술이 노련해야 한다. 다음 장에서 자세히 설명하겠지만 간단히 짚고 넘어가자면 전담팀과 공유 직원 사이의 협력을 관리하기가 상당히 어렵다.

이상적인 후보자의 특성을 파악하고 나면 그중에서 최고 인재를 고용해야 한다. 사내 직원 이동, 외부 인사 고용, 소기업 인수를 비롯해 가능한 모든 방안을 고려해 봐야 한다.

인재를 고용하고 나면 앞으로 진행할 혁신 업무에 맞는 '자체 모형'으로 구성된 전담팀에 그 직원을 배치한다. 이때 조직의 보고 구조, 결정권, 직위, 직무 기술, 작업 프로세스, 업무 수행 평가, 봉급 체계, 문화를 포함한 조직 설계의 모든 측면을 고심해야 한다. 혁신 프로젝트는 수없이 많으므로 전담팀의 조직 모형 역시 무수히 많다. 그러니 성과달성 조직의 조직 모형을 따라하는 것은 올바른 선택이 아니라는 말 외에는 일반화시켜서 설명하기가 어렵다.

혁신 프로젝트는 엄청난 불확실성에 부딪히기 마련이다. 사업을 시작할 때는 전담팀을 운영할 최적의 방법을 예견하기가 어려울 것이다. 그러므로 너무 서둘러서 조직을 고착하지 않도록 주의해야 한다. 성과달성 조직은 효율성을 최고로 높이기 위해서 최대한 빨리 조직 구조와 작업 프로세스를 체계적으로 정리하려는 본능이 있다. 그런 본능은 전담팀에서 부작용을 일으킨다.

전체적으로 이런 원칙은 간단하다. 그렇지만 우리 두 사람은 회사들이 원칙을 빈번히 어기는 모습을 숱하게 봐 왔다. 실제로 혁신 활동의 리더가 되면 잘못된 선택을 유발하는 각종 압박감에 부딪힌다. 그런 압박감에 굴복하면 성공하는 전담팀을 만들지 못한다. 그저 성과달성 조직의 아류를 만들게 되고 그러면 혁신 프로젝트가 실패로 돌아간다.

이제 혁신 프로젝트를 실패로 돌아가게 만드는 일반적인 함정 일곱 가지를 살펴보자.

함정 1 : 사내 직원에 편중된다

무엇보다 가장 일반적인 함정은 사내 직원을 지나치게 많이 기용하고 외부 인물을 적게 고용하는 것이다. 이 첫 번째 함정은 너무 만연돼 있기 때문에 나머지 여섯 함정보다 자세히 설명하겠다. 사내 직원에 편중되는 이유는 여러 가지다.

- 자부심 : 확고히 자리 잡은 회사의 자신감 넘치는 경영자는 자연스레 내부 인력으로 모든 일을 마무리할 수 있다고 믿는다. 이들은 외부에서 도움이 필요하다는 점을 인정해야 하는 상황에 부딪히면 무력감을 느낀다.
- 친숙함 : 고용을 결정하는 경영진은 대부분 필요한 기술을 생각해 보기도 전에 원래 아는 사람을 본능적으로 떠올린다. 대기업에서 수년 동안 근무하다 보면 업무와 관련된 연락망에서 주를 이루는 사람이

내부 인사이기 마련이다.

- 안정성 : 특히 영향력이 큰 직책일 경우에 외부 인사를 고용한다는 결정은 변화가 생긴다는 징조이며 당연히 직원들은 위협을 느끼게 된다. 외부 인사 영입은 기존의 권력 구조를 뒤흔들어 놓을 게 확실하다.

- 편의성 : 일반적으로 사내에서 적당한 직원을 찾아 전담팀으로 이동하는 편이 외부 인사를 새로 고용하는 방법보다 훨씬 빠르다. 혁신 프로젝트를 맡은 대부분의 리더는 시장 경쟁에서 이기기 위해 빠르게 움직이려 한다. 진이 빠지는 고용 과정을 거치느라 업무가 중단되는 상황이야말로 기피대상 1호다.

  게다가 전담팀의 직원을 외부에서 고용하는 과정은 일상적인 고용보다 훨씬 부담이 많아진다. 대체로 전담팀에는 과거에 회사에 필요하지 않았던 기술이 필요하다. 그러므로 잘 정착된 기존의 고용 경로는 거의 도움이 되지 않는다. 해당 직책을 수행할 수 있는 최고 적임자를 찾으려면 개인적인 인맥을 총동원하거나 중역 전문 헤드헌터 업체에 새로 의뢰해야 한다.

- 봉급 기준 : 이미 정착된 봉급 기준을 혁신 프로젝트 담당자에게 적용할 수 없는 상황이면 외부 인사를 고용하기가 특히 더 어렵다. 예를 들어서 닷컴 열풍이 불었을 때 인터넷 벤처 사업을 시작했던 많은 대기업은 자사의 봉급 규모가 IT 전문가를 고용하기에 턱없이 낮다는 점에 놀랐다.

- 자사 직원에게 좋은 기회를 주고 싶은 욕심 : 대체로 사내 직원은 혁신 프로젝트에 참여할 기회를 얻고 싶어 한다. 일반적으로 혁신 프로젝트에 성공하면 경력에 도움이 되기에 직원이 간절히 원하던 자리에

외부 인사를 고용하면 직원이 실망하는데다가 의욕이 꺾일 것이다.

이처럼 전담팀을 구성할 때 사내 직원을 선택해야 한다는 압박감을 거부하기가 힘들다. 그러나 사내 직원을 선택하는 방법에 안주하면 대체로 만족스러운 결과를 얻지 못한다. 그런 방법은 전담팀을 두 가지 위험에 노출시킨다.

첫째, 전담팀의 기술이 부족해진다.

둘째, 전담팀이 이른바 조직의 관성에 사로잡혀 버린다.

◐ 기술 부족에 봉착할 위험성

전담팀의 리더는 '내 목적이 이 작업을 담당할 세계 최고의 팀을 구성하는 것이라면 팀원을 사내에서만 모집할 것인가?' 라는 질문을 항상 해봐야 하는데 일반적으로는 '아니다' 라는 답이 나온다. 사내 직원에게 전적으로 의존해서 전담팀을 구성하면 대부분 특수 기술과 일반 혁신 기술이 모두 부족해진다.

특히 성장형 프로젝트를 비롯한 많은 혁신 프로젝트는 사업 영역을 확장할 목표로 시작되며 새로운 시장에 진입하거나 새로운 고객을 확보하거나 새로운 기술을 개발하려고 한다. 이때 사업을 확장하려면 회사가 보유한 기술 목록을 확대해야 한다. 그러므로 과거에 회사에 필요하지 않았던 기술을 갖춘 전담팀이 필요하다.

게다가 일반적으로 이미 기틀이 잡힌 대기업은 일반 혁신 기술이나 깊이 있는 전문 기술을 지닌 사람이 부족하다. 대기업에 지원하는 사람은 대체로 위험 부담을 감수하는 성향이 없고 모호한 사안을 다루는 데에 익숙하지 않다. 반면에 선천적인 혁신가는 신설 회사나 소형 회사에 입사하는 경향이 있다.

우리 두 사람은 미국의 유명한 오토바이 제조사인 할리데이비슨(Harley-Davidson)을 비롯한 몇몇 회사에서 외부 인사를 고용하기로 한 선택이 성공에 결정적인 역할을 하는 과정을 지켜봤다. 대부분의 회사는 할리데이비슨처럼 지명도가 높은 브랜드를 갖게 되면 좋아서 어쩔 줄 모를 것이다. 할리데이비슨의 많은 고객은 평생 충성을 바친다. 그러나 고객 기반을 확대하려고 노력하는 할리데이비슨의 처지에서는 지명도가 높은 브랜드 자체가 골칫거리였다. 할리데이비슨 오토바이의 애호가로 구성된 공동체는 유대가 너무 강한데다 행동이 과격해서 초심자에게 위협적인 존재였다.

그래서 할리데이비슨은 할리 공동체에 관심이 있지만 겁을 집어먹은 초심자가 편하고 쉽게 공동체에 진입할 수 있는 혁신적인 방법을 모색했다. 이 회사는 신참 운전자들이 올바른 본보기를 배울 수 있도록 교육 강좌, 안전 강좌, 여행 패키지, 대여 프로그램, 컨설팅 서비스를 비롯해 다양한 서비스를 제공했다.

그렇다면 과거에 고품질 오토바이의 제조에 중점을 뒀던 할리데이비슨이 오토바이와 관련된 고품질 서비스를 개발해서 전달할 수 있었던 방법은 무엇이었을까? 제조에 중심을 둔 일부 회사는 오토바이에서 전문 기술의 중요성을 과대평가해 왔다. 그러나 할리데이비슨은 서비스 사업을 관리하면서 경험이 훨씬 중요하다는 사실을 깨달았다.

혁신 프로젝트의 리더인 라라 리(Lala Lee)는 깊이 있는 고객 서비스의 경험이 많은 인력이 여러 명 포함된 강력한 전담팀을 구성하고자 전력을 기울였다. 리는 할리데이비슨의 인사팀이 도움을 줄 여건이 안 된다고 파악했다. 이미 인사팀은 자사 핵심 사업의 성장 속도를 따라가느라고 야근을 밥 먹듯 하고 있었다. 게다가 인사팀은 리가 원하는 유형의 직원을 고용해 본 경험이 거의 없었다. 따라서 리와 전담팀은 자체적으로 고용 방법을 고안해서 꾸려나갔다. 이들은 적임자를 파악하려고 회사의 전통적인 고용 경로를 벗어나서 과거에 사용하지 않았던 새 길을 찾아다녔다.

회사가 자사의 강점과 약점을 동등하게 인식하고 주어진 상황에서 최고 인재를 찾아서 고용하려 노력하면 혁신 프로젝트가 성공할 가능성이 훨씬 커진다. 최근 10년 동안 할리데이비슨의 빠른 성장은 이런 접근법이 발휘하는 힘을 보여주는 명백한 증거다.

NBC와 폭스(Fox)가 합작 회사 훌루닷컴(Hulu.com)을 설립했을 때 많은 비평가가 비웃었다. 훌루닷컴은 두 방송사에서 제작하거나 저작권을 갖고 있는 콘텐츠를 제공하는 사이트로 유튜브에 대항해서 만들어졌다. 비평가들은 이 구식 미디어 회사가 인터넷을 이해하지 못할 것이며 경쟁 관계인 NBC와 폭스의 협력이 지속되지 못할 것이라고 예측했다. 그러나 비평가들의 생각은 빗나갔다. 2008년에 훌루닷컴은 유튜브보다 많은 수익을 올렸다.

이 경우에 외부 인사를 고용하기로 한 선택이 성공에 결정적으로 이바지했다. 대체로 합작 사업을 맺은 양측은 영향력이 가장 큰 지위에 자사 직원을 배치하려 갖은 책략을 쓴다. 그러나 훌루의 창업자들은 이런 갈등을 현명하게 피했다. 그들은 인터넷 전문 기술을 지닌 외부 인사를 물색했다. 그리고 아마존(Amazon)의 전문가 제이슨 킬라(Jason Kilar)와 마이크로소프트(Microsoft)의 연구원 에릭 펭(Eric Feng)에게 웹사이트 개발을 맡겼다. 제이슨 킬라는 나중에 훌루닷컴의 CEO 자리에 올랐다.

○ 조직의 관성에 빠질 위험성

사내 직원으로만 구성된 전담팀은 조직의 관성이 지니는 강력한 속성 두 가지 때문에 고전을 벌일 가능성이 있다.

첫 번째 속성은 본능이다. 많은 기업에 있는 사람은 매사에 자료를 중심으로 합리적이며 의도적으로 행동하려 한다. 그렇지만 누구나 제2의 천성이 돼버린 버릇과 선입견과 행동방식과 사고방식을 지니고 있다. 물론 이런 본능은 경험을 바탕으로 생긴다. 사람들은 과거에 효과가 있었던 방법을 계속하려는 경향이 있다.

일반적으로 성과달성 조직에서 경험은 향상을 위한 자산이다. 그러나 전담팀에서 경험은 골칫거리다. 원래 혁신 프로젝트는 의도적으로 과거에서 벗어나려는 활동이다. 그러므로 경험에서 얻은 교훈은 혁신과 별로 관계가 없다.

따라서 전담팀의 리더는 본능을 의심하라는 조언을 많이 듣는다. 그러나 이를 실천하기란 어렵다. 사람들은 불확실하고 부담감이 많은 상황에 직면하면 가장 먼저 본능에 의존한다. 게다가 혁신에는 불확실성과 부담감이 많이 존재한다.

본능은 사람들의 수가 늘어날수록 강력해진다. 전담팀의 모든 팀원이 성과달성 조직에서 동일한 승리와 패배를 통해 얻은 동일한 교훈에서 영향을 받았다면 그런 영향들이 하나로 합해진 팀 본능에서 벗어나기가 더욱 어려워진다.

조직의 관성에서 두 번째로 강한 속성은 기존의 작업 관계다. 제1장에서 작업 관계는 성과달성 조직이 할 수 있는 일과 할 수 없는 일을 결정짓는다고 설명했다. 따라서 이미 정착된 작업 관계를 전담팀으로 옮겨놓으면 성과달성 조직의 문제점이 그대로 드러나는 게 당연하다.

당신과 오랫동안 작업해 온 동료를 생각해 보자. 시간이 지나면서 두 사람은 협력하는 여러 방법을 은연중에 이해하게 됐을 게 확실하다. 당신은 특정한 분야의 결정을 자연스럽게 동료에게 미룬다. 동료는 다른 분야의 결정을 당신에게 미룬다. 당신은 특정한 정보를 동료에게 정기적으로 전달하며 동료 역시 다른 분야의 정보를 당신에게 정기적으로 전달한다. 당신은 주제에 따라서 일부 회의에서 동료에게 주도권을 주고 다른 회의에서 당신이 주도권을 잡는다. 두 사람 사이에는 힘의 균형이 정착돼 있다.

이제 당신과 동료가 전담팀으로 이동했다고 해보자. 사업 내용이 완전히 바뀌었지만 두 사람이 작업하는 방법은 여러 면에서 기존과 동일할 게 확실하다. 특히 오랫동안 작업 관계를 유지해 온 두 사람 사이에 존재하는 힘의 균형을 이동하기란 더욱 어렵다.

강력한 전담팀을 만들려면 기존의 작업 관계를 무너뜨리고 새로운 작업 관계를 처음부터 만들어야 한다. 안타깝게도 오랫동안 정착돼 온 작업 관계를 바꾸기가 힘들다. 그러니 수년 동안 긴밀하게 협력해 온 사람으로 채워진 전담팀은 성과달성 조직의 아류가 될 게 거의 확실하다.

◉ 외부 인사 및 조직의 관성

우리가 몇 년 동안 인터뷰를 해본 대부분의 혁신가는 "조직의 관성이라는 문제를 경험했다"고 했다. 우리는 "과거 방식의 행동을 중단해야 한다"는 말을 흔히 듣는다.

많은 사람이 이런 문제를 봐왔지만 문제를 해결하려는 활동이 부족하다. 대부분은 격려와 지도로 문제를 해결하려 한다. 다시 말하자면 전담팀의 구성원에게 매일 다르게 생각하고 행동하라고 촉구하는 식이다. 이런 노력은 중요하며 어느 정도 영향력을 발휘하기도 한다. 그러나 이 문제는 훨씬 강력한 대응이 필요하다.

조직의 관성에 가장 효과가 있는 해독제는 외부인을 고용하는 것이다. 외부인은 새로운 시각을 제공한다. 외부 인사의 습관과 사고방식은 다른 조직에서 형성됐다. 따라서 외부 인사는 오랜 세월에 걸쳐 쌓인 제2의 천성과 본능적인 가정에 도전하기에 딱 좋은 처지다. 게다가 이들은 과거에 전담팀의 구성원과 작업 관계를 구축한 적이 없다. 무너뜨려야 하는 작업 관계가 존재하지 않으니 새로운 관계를 형성하는 일만 남았다.

존슨앤드존슨(Johnson & Johnson)이나 프록터 앤 갬블(Procter & Gamble)처럼 여러 사업 부문으로 나뉜 회사는 전담팀의 구성원과 작업 관계를 맺은 적이 없는 '외부 인사'를 다른 사업 부문에서 영입하면 된다. 그러나 여러 사업 부문으로 나뉜 회사라도 전담팀에 무심코 유입될 가능성이 있는 작업 관계의 관행이 있다. 예를 들어서 GE는 모든 사업 부문에서 재정이 역사적으로 강한 기능을 하고 마케팅이 약한 기능을 한다(제프 이멜트가 재직하는 동안에 GE는 마케팅을 강화했다). 여러 사업 부문으로 나뉜 회사에서 '외부 인사' 로 구성된 전담팀이라도 그런 관행에 물들기 쉽다.

다우존스(Dow Jones)의 전 CEO인 리처드 자니노(Richard Zannino) 는 "문화를 바꾸고 싶으면 사람을 바꿔라"고 말했다. 옳은 말이다. 당시 그는 넓은 의미의 변화를 말했지만 그의 말의 본질은 전담팀에도 적용 된다.

조직의 관성을 확실히 극복하고 싶다면 극단적인 방법을 쓰면 될 것이 다. 전담팀을 외부 인사로만 구성하고 성과달성 조직과 전혀 접촉하지 않 게 하는 식이다. 그러나 전담팀의 목적은 조직의 관성을 극복하는 것이 아니라 혁신 프로젝트의 일부를 실행하는 것이다. 그러자면 전담팀에 내 부 인사와 외부 인사가 모두 있어야 한다. 성과달성 조직과 건전한 협력 관계를 유지해야 한다. 그러니 그런 극단적인 해결책은 현명하지 않다.

우리 경험에 따르면 네 명 중 외부인이 한 명 이하인 전담팀은 조직의 관성에 희생될 우려가 있다. 훌루닷컴은 전담팀의 리더를 외부에서 영입 했다. 필수사항은 아니지만 일반적으로 영향력이 있는 지위에 외부 인사 몇 명을 배치하는 게 좋다. 혁신 프로젝트의 리더가 내부 인사라면 그 리 더에게 보고하는 직원 중 상당수는 외부에서 영입된 사람이라야 한다.

외부 인사를 고용하기란 어렵다. 일단 시간이 오래 걸린다. 당신은 경 쟁사보다 먼저 시장에 진입해야 한다는 압박에 시달리고 있어서 그렇게 시간이 오래 걸리는 고용 과정이 내키지 않을 것이다. 그러나 경쟁사 역 시 성공하려면 당신과 비슷한 고용 문제를 겪을 것이라는 점을 명심하기 바란다.

당신 회사의 인사팀이 해당 업무에 필요한 기술을 지닌 사람을 물색해 본 경험이 없을 수도 있다. 그러면 당신의 인맥에 의존하거나 중역 전문 헤드헌터 업체에 의뢰해야 할 것이다. 일단 이상적인 후보자를 찾으면 일반적인 봉급 규모보다 더 많이 지급하도록 인사 담당을 설득해야 할 것이다.

당신은 외부 인사의 필요성을 강하게 주장할 준비를 해야 한다. 일부 직원은 외부 인사의 고용을 회사가 자체적으로 해당 업무를 처리할 수 없다는 암시로 받아들이고 불쾌해할 수도 있다. 일부 직원은 자신이 원하던 직위를 차지한 외부 인사를 질투할 수도 있다. 심하면 전체 직원들이 혁신은 외부 인사들이 해야 하는 일이라고 오해할 수도 있다.

핵심은 간단하다. 성공하는 전담팀은 거의 항상 내부 인사와 새로운 기술 및 관점을 지닌 외부 인사가 혼합돼 있다. 외부 인사를 고용하는 과정이 어렵고 불편하지만 일반적으로 중추적인 단계이다.

팀원 및 팀 구성

혁신 프로젝트의 담당자를 뽑을 때는 일곱 가지 함정 중에서 첫 번째, 즉 사내 직원에 편중되는 문제를 피해야 한다. 담당자를 전담팀에 배치할 때는 나머지 여섯 함정을 피해야 한다. 적당한 수의 외부 인사를 고용하면 조직의 관성을 유발하는 원인을 어느 정도 해결할 수 있다.

결과적으로 전담팀은 '무(無)'에서 시작한 새로운 회사처럼 인원이 구성된다. 백지상태에서 조직이 구성된다. '제로기준 예산 책정'이라는 말을 들어봤을 것이다. 이는 지난해 예산을 기반으로 올해 예산을 정당화하면 안 된다는 의미다. 예산에서 1달러까지도 사업적으로 분명한 근거가 있어야 한다.

제로기준 조직 설계도 마찬가지다. 특히 역할과 책임의 정의, 보고 구조, 작업 흐름을 비롯해 전담팀의 운영 방법에 대한 어떤 결정도 "성과달성 조직이 이 방식으로 운영된다" 혹은 "항상 그런 방법으로 일해 왔다"라는 식의 태만한 근거로 정당화될 수 없다. 조직 설계에 대한 모든 선택은 전담팀의 특정한 역할과 확실히 연관된 증거로 정당화돼야 한다.

전담팀에 제로기준 조직 설계를 적용한다고 해서 회사의 일원으로서 얻는 이익에서 멀어지는 것은 아니다. 전담팀과 성과달성 조직 사이의 협력은 항상 존재한다. 바로 그런 협력을 조성하는 능력이 있기에 이미 자리를 잡은 회사가 신규 업체보다 훨씬 유리한 것이다. 전담팀은 협력을 통해서 브랜드, 전문성, 고객 관리처럼 기존의 강력한 자산을 이용하게 된다.

반면에 전담팀이 절대로 이용하면 안 되는 것은 성과달성 조직의 운영 방법이다. 이런 문제를 피하려면 나머지 여섯 함정을 알아야 한다.

함정 2: 성과달성 조직과 비슷한 역할 및 책임을 지운다

전담팀 구성원은 과거에 긴밀하게 협력한 적이 없더라도 성과달성 조직의 작업 관계와 유사한 작업 관계에 빠지기가 쉽다. 예를 들어서 전담팀이 편의상 성과달성 조직의 직함과 직무 기술서를 차용하는 경우에 그런 일이 생긴다.

이런 문제를 피하기 위해 모든 전담팀은 다음 단계를 밟아야 한다.

● 새롭고 낯선 직함을 사용해야 한다

직함은 단순한 이름표가 아니다. 직함은 개인의 역할·책임·지위가 요약된 명칭이다. 예를 들어서 프록터 앤 갬블(P&G)과 같은 소비재 회사에서 브랜드 관리자라는 직함은 폭넓은 일반 관리 책임과 상당한 권위를 의미한다. 이미 정착된 직함을 사용하면 사람들은 전담팀의 팀원이 성과달성 조직에서 동일한 직함을 가진 직원과 비슷한 역할을 한다고 추측한다. 그러나 전담팀 구성은 기존의 작업 관계를 무너뜨리고 새로 구축하는 과정이다.

당연히 기존 직함을 사용하는 것은 좋지 않은 시작 방법이다. 대신에 새롭고 독특한 직함을 사용해야 한다. 창의성을 발휘해야 한다. 새로운 직함은 자신의 역할과 책임을 처음부터 다시 생각해 보고 다른 이들에게 자신의 역할을 설명하려고 노력을 기울이게 한다. 이는 전담팀에 대단히 도움이 된다.

● 새로운 직무 기술서를 작성해야 한다

형식적이라고 생각하는 사람도 있겠지만 이는 과거를 지우는 과정을 앞당겨준다. 전담팀은 수없이 많은 불확실한 상황에 직면해 있으므로 새로운 직무 기술서를 작성하자면 막연할 것이다. 그러나 이 활동의 목적은 정확하고 상세한 기술서를 작성하는 것이 아니라 과거에 작업을 분배하던 방법을 전담팀의 머리에서 지우는 것이다.

이 활동을 다른 사람에게 위임하면 안 된다. 전담팀의 모든 구성원이 자신의 직무 기술서 초안을 직접 작성해야 한다. 이 활동은 특히 과거에 성과달성 조직에서 긴밀하게 협력했고 현재 전담팀에 한 조로 배치된 직원들에게 중요하다. 각 조는 협력 방법과 관련된 잠재적인 가정을 철저하게 검토한 뒤에 그런 가정을 제거하고 백지상태에서 새로운 작업 관계를 맺기 시작해야 한다.

● 분리된 전담팀 전용 공간을 제공해야 한다

아무리 인터넷으로 인스턴트 대화를 하는 시대라지만 전담팀 구성원들은 정기적으로 직접 얼굴을 맞대고 교류해야 한다. 이런 교류는 기존 작업 관계를 무너뜨리고 재구축하는 과정을 촉진시킨다. 이상적인 상황이라면 전담팀 구성원 전원이 기존 사무실에서 나와 전담팀 전용 공간으로 이동해야 한다. 전담팀 전용 사무실을 만든다고 해서 비용이 많이 들거나 복잡하지 않다. 우리가 연구했던 한 전담팀은 본사 뒤에 주차된 임대 트레일러를 사무실로 사용했다.

함정 3 : 핵심 성과달성 조직의 힘을 오히려 강화한다

대부분의 회사에 구심점인 부서가 있다. 예를 들어서 소비재 회사에서는 대체로 마케팅 기능의 영향력이 크다.

전담팀과 같은 하위 집단을 만들 때 구심점을 변경해야 하는 게 당연하지만 그 구심점이 자연스레 유지되는 경향이 있다. 가령 1990년대 후반에 기존 회사들은 닷컴 업체를 설립하려고 준비하면서 IT 기능이 강한 전담팀을 만들어야 했다. 그러나 쉽지 않았다. 수십 년 동안 영업팀 직원이 장악했던 회사가 만든 닷컴 업체는 처음부터 영업팀과 IT팀이 함께하는 작업 관계에서 영업팀의 권한이 대부분 컸다. 성과달성 조직에서 영업팀 직원의 인맥이 더 강했기 때문이다.

적어도 부분적으로나마 권한을 이동하는 방법이 있다. 전담팀의 조직 표에 계급 체계를 분명하게 표시하는 방법이나 결정권을 명료하게 기술 하는 방법처럼 공식적이고 명확한 수단을 활용하면 된다. 또한 성과달성 조직의 IT 기능이 약하더라도 전담팀에서 가장 권한이 많은 리더가 다양 한 정보기술 분야에서 일한 경력이 있다면 전담팀의 IT 기능이 자연스럽 게 강해질 것이다.

함정 4 : 기존의 기준으로 성과를 평가한다

회사의 실적 평가는 상당히 복잡하고 분석적인 과정이다. 그러나 많은 회사는 직원이 매일 실적을 염두에 두기를 바란다. 그래서 이 과정을 단 순하게 만든다. 실적 평가를 한 개 혹은 몇 개의 간단한 기준으로 압축한 다. 예를 들자면 우리가 연구했던 한 서비스 회사는 모든 고문에게 각 사 업 부문별 직원당 수익률을 파악하라고 지시했다.

이런 방법은 업무 집중도를 높여줄 수 있다. 직원의 봉급이 실적 평가 와 직접 연계된 경우라면 더욱 그렇다. 그러나 성과달성 조직에 가장 의 미가 있는 평가 기준이라고 해서 전담팀에도 의미가 있지는 않다. 어쨌든 일을 하다 보면 실적에 대해 정기적으로 대화를 나누기 마련이며, 전담팀 원들끼리는 물론 성과달성 조직원과도 업무 진행 상황을 빈번하게 이야 기하게 된다. 그런 대화는 회사에서 가장 중심적인 실적 평가 기준으로 자연스레 귀착될 것이다.

가벼운 대화라도 전담팀의 행동 방식에 극적인 영향을 미칠 수 있다. 따라서 당신이 맡은 혁신 프로젝트에 가장 중요한 실적 평가 기준을 확실하게 파악해야 한다. 당신의 실적에 따라 월급을 받는다면 장려금의 지급 기준이 성과달성 조직의 목적이 아니라 전담팀의 목적과 일치되게 만들어야 한다.

함정 5 : 전담팀에 맞는 문화 구축에 실패한다

기업문화란 회사가 성공하기 위해 지켜야 한다고 여기는 행동규범으로 '절약하자', '고객을 우선에 두자', '품질을 희생하지 마라' 등이 있다. 기업 문화를 가장 명확하게 들여다볼 수 있는 창은 흔히 사내에서 회자되는 성공 일화다. 대체로 이런 일화는 회사에 중요한 영향을 미친, 대담하거나 긴박한 결정 혹은 창립자에 관한 이야기다.

경영 컨설팅 기업에서 이런 일화는 젊은 컨설턴트들에게 고객 우선주의를 일깨운다. 언론사에서 이런 일화는 회사가 처음으로 특종을 터트렸던 기회를 축하한다. 이런 이야기는 성과달성 조직에 매우 유익하다. 그러나 이는 전담팀의 목표가 회사의 전통적인 문화에 담긴 교훈과 일치하지 않을 때조차 전담팀의 행동에 영향을 미친다. 그러므로 당신은 회사의 문화를 검토하고 전담팀이 그 문화에서 채택할 요소와 폐기할 요소를 의식적으로 선택하는 단계를 거쳐야 한다.

예를 들어서 항상 고급 브랜드 제품을 판매해 온 회사가 있다고 해보자.

이 회사가 전담팀을 구성해서 개발도상국을 대상으로 삼은 특가 제품을 개발해서 상품화하는 역할을 맡긴다. 이 경우 '항상 최고 수준으로 실행하라'는 기존의 지침을 '한 푼이라도 아껴라'로 바꾸도록 열심히 노력해야 한다. 혁신 프로젝트의 리더는 새로운 가치관을 반영할 새로운 이야기를 만들어서 고착시킬 기회를 찾아야 한다.

한 가지 주의할 점이 있다. 전담팀이 독특하고 획기적인 문화를 지녔다고 주장하면 안 된다. 우리가 연구했던 한 전담팀은 기민하고 창조적이며 반관료적이어야 한다고 생각했다. 당연히 성과달성 조직은 자신들이 느리고 독창적이지 못하며 융통성이 없다는 암시를 달가워하지 않았다.

함정 6 : 기존 프로세스를 그대로 사용한다

성과달성 조직은 비즈니스 프로세스의 각 단계를 체계적으로 정리하고 가장 효율적으로 관리하는 작업에 숙련돼 있다. 공식적으로 정착된 프로세스는 조직의 관성을 유발하는 가장 명백한 원천이다.

본질적으로 전담팀은 새 프로세스를 만들어내는 어려운 임무를 맡게 돼 있다. 성과달성 조직과 프로세스가 비슷하다 싶으면 그대로 따라 하고 싶은 유혹이 생길 것이다. 그러나 성과달성 조직과 동일한 프로세스가 전담팀에 효과가 있다면 애초에 그 업무가 전담팀이 아니라 성과달성 조직에 배정됐어야 한다는 의미다. 전담팀이 성과달성 조직의 프로세스를 그대로 따라 하는 상황은 아예 있을 수 없다.

함정 7 : 획일화라는 압박에 굴복한다

대체로 업무 지원을 담당하는 부서는 비용 절감이라는 측면에서 모든 요소를 표준화해야 한다는 압박을 많이 받는다. 그중에서도 특히 인사팀, 재정팀, 정보기술팀의 표준을 융통성 없이 전담팀에 강요하면 위험할 수 있다.

이런 지원 부서는 자체의 고유한 특성을 보유하고 있으며 전담팀의 행동에 강한 영향력을 미친다. 인사팀은 직함과 직무 기술서와 봉급 정책과 고용 정책을 관리한다. 재정팀은 업무 실적의 보고 방법과 평가 방법을 정한다. 정보기술팀은 비즈니스 프로세스를 표준화하고 자동화한다.

지원 부서의 담당자는 대체로 무슨 수를 써서라도 효율성을 최대화하려고 노력한다. 이들은 전담팀이 조직의 관성을 극복하기가 거의 불가능하게 만든다. 따라서 혁신 리더는 전담팀을 이런 부서들과 별개로 취급해 달라고 주장해야 한다.

전담팀을 만드는 과정은 편하지 않다

다시 말하자면 전담팀을 구성하는 기본 원칙은 간단하다.

(1) 필요한 기술을 분명히 파악한다.

(2) 가능한 한 최고 인재를 고용한다.

(3) 전담팀의 책임과 일치하는 제로기준 조직 모형을 만든다.

그렇지만 많은 회사가 전담팀을 만들 때 이런 원칙을 끊임없이 어긴다. 조직의 관성에 빠져서 전담팀이 아니라 성과달성 조직의 아류를 만들어 버린다.

혁신 프로젝트의 리더가 전담팀을 구성할 때 경험하는 중압감이 적다는 뜻이 아니다. 차라리 성과달성 조직을 따라서 구성해 놓고 나서 전담팀에게 조직의 관성을 버리라고 설득하는 편이 더 쉽고 편할 것이다. 그러나 리더가 아무리 재능이 넘치고 설득력이 있고 감언이설을 하더라도 소용이 없다. 조직의 관성은 너무 강력해서 버리기가 힘들다.

우리가 경험한 바에 따르면 경영자들은 이 장에서 한 조언을 이성적으로는 잘 받아들이지만 감정적으로는 받아들이지 못한다. 이들은 "비용이 많이 들겠군!"이나 "이런 단계를 밟아본 적이 없는데!"나 "많은 사람이 거부할 거야!"라는 식으로 말한다.

우리는 전담팀을 만드는 과정이 편하다고 말한 적이 없다. 편한 쪽을 선택할 것인가, 아니면 성공하는 쪽을 선택하겠는가? 선택은 당신 마음이다.

이제 전담팀의 구성에 성공한 세 회사의 예를 들어 보겠다. 세 사례는 새로운 프로세스, 신제품, 새로운 사업처럼 다양한 범위를 아우르지만 모두 동일한 원칙이 적용된다.

프로세스 혁신 : 다우존스, 유통 마케팅 시도

1990년대 후반, 신문 업계는 두려움에 휩싸였다. 많은 회사가 인터넷의 부상은 신문의 몰락을 불러올 것이라고 예상했다. 그러나 2010년 현재, 신문은 여전히 사방에 존재한다. 신문 업계의 운명과 상관없이 인터넷은 많은 실험의 원동력이 됐다. 일부 실험은 실패했고 일부는 성공했다. 그런 사례에서 배울 점이 많다.

2005년경에 신문 업계 관계자들은 갑자기 온라인 뉴스로 완전히 이동하는 독자가 거의 없다는 점을 알았다. 대부분의 독자는 혼합된 형태의 읽기 습관을 드러냈다. 특히 깊이 있는 분석 기사는 신문을 선호했고 막 터진 뉴스는 인터넷을 선호했다. 일부 경영자는 신문 기사와 온라인 기사가 뚜렷이 구분되되 상호보완적으로 통합된 뉴스 패키지를 만드는 것이 합리적이라고 생각했다.

〈월스트리트 저널〉을 발행하는 다우존스(2007년, 뉴스 코퍼레이션이 인수함)는 그런 기회를 처음으로 인식했다. CEO인 리처드 자니노는 제품뿐만 아니라 조직을 통합하도록 거의 모든 비즈니스 프로세스를 새로 만들어야 한다고 판단했다.

다우존스는 통합을 통해 대대적으로 실적이 향상될 부분은 유통 마케팅(정기구독 영업) 프로세스라고 예상했다. 업계의 다른 회사들과 달리 〈월스트리트 저널〉은 온라인 콘텐츠를 보는 사람에게도 항상 구독료를 청구했다. 신문 사업부와 온라인 사업부는 각자 뚜렷한 차이가 있는 판매 프로세스를 지니고 있었다. 당연히 신문 사업은 신문 광고와 콜센터 등과 같은 전통적인 통로를 통해서 구독자를 모집했다. 반면에 온라인팀은 주로 온라인 마케팅에 의존했다.

2006년에 다우존스의 유통 마케팅팀은 실험의 일환으로 종래에 없었던 구독 상품을 제공했다. 다우존스가 과거에 한 번도 고려해 보지 않은 형태였다. 매일 발행되는 〈월스트리트 저널〉의 1년 구독료를 엄청나게 할인된 99달러로 낮췄으며 웹사이트를 무료로 이용할 수 있는 혜택을 구독자에게 주었다.

실험 결과는 빠르고 분명하게 나타났다. 완전히 대성공이었다. 다우존스는 한발 더 나아가 판매 프로세스를 재구축하는 전면적인 프로젝트를 시작했다.

제1장에서 설명한 기준을 바탕으로 보면 다우존스의 혁신 프로젝트는 분명히 전담팀이 필요했다. 성과달성 조직의 작업 관계는 심도, 힘의 균형, 작업 주기라는 세 측면에 모두 맞지 않았다.

- 심도 : 성과달성 조직은 신문이나 온라인 콘텐츠에 전문적인 사람으로 조직돼 있었다. 그러나 혁신 프로젝트는 신문 전문가와 온라인 전문가 사이에 밀접한 관계가 필요했다.
- 힘의 균형 : 이 회사에서 신문은 온라인 콘텐츠보다 훨씬 역사가 길고 규모가 컸다. 결과적으로 신문 제작 사업부의 힘이 강력했다. 그러나 혁신 프로젝트도 거의 동일한 힘이 필요했다.
- 작업 주기 : 온라인 마케팅은 빠른 피드백 사이클을 제공한다. 오늘 새로운 온라인 구독 상품을 제공하면 바로 다음 날부터 실적을 평가할 수 있다. 따라서 이 회사의 혁신 프로젝트는 성과달성 조직이 익숙해

져 있는 것보다 훨씬 빠른 작업 주기가 필요했다.

전담팀을 구성하려면 급속한 변화가 뒤따르며 변화란 늘 어려운 법이다. 다우존스의 혁신 프로젝트 리더들이 궁극적으로 성공을 거뒀던 이유는 신문 전문가와 온라인 전문가가 협력하는 분위기를 조성하는 과정에서 엄청난 불편과 혼란을 기꺼이 견딜 의지가 있었기 때문이다. 다우존스의 많은 직원은 혁신 프로젝트가 진행됐던 해를 자사 역사상 가장 격동적인 해였다고 말했다. 혁신의 성공을 확신한 회사가 나머지 새 유통 마케팅 프로세스를 대대적으로 확대하는 동시에 과거의 프로세스를 대폭 축소했기 때문에 긴장이 팽팽하게 고조됐다.

이 회사는 전담팀을 만들면서 아래의 특정한 단계를 밟아 앞서 설명한 함정을 피했다.

- 외부 인사 고용 : 다우존스는 온라인 마케팅과 온라인 분석의 전문성을 강화하려고 경쟁관계인 인터넷 출판 업체에서 여러 전문가를 영입했다. 새로운 임무에 적응하지 못한 내부 인사들은 사임하거나 해고됐다. 이 중에는 10년 넘게 근무했던 직원도 있었다.
- 새로운 직무 기술서 작성 : 신문과 온라인을 모두 아우르도록 전 직무를 다시 정의했다.
- 힘의 균형 이동 : 회사는 변화를 일으키려고 온라인 마케팅 전문가인 리베르타 아벤단테(Liberta Abbandante)에게 팀의 리더 자리를 맡겼다. 전담팀의 조직표는 성과달성 조직의 조직표와 판판이었다. 대부분의 역할이 신문과 온라인을 모두 아울렀다. 신문에만 중점을 두는

직원은 영역이 좁고 낮은 수준의 업무를 맡았다.

- 새로운 평가 기준과 장려책 파악 : 각 직원은 신문의 목표와 온라인의
  목표가 둘 다 포함된 책임을 졌다.

- 새로운 문화 조성 : 중심 가치관은 '성공하려면 오프라인과 온라인 둘
  다 필요하다' 였다.

- 새로운 프로세스 공식화 : 전담팀은 구독 상품을 기획하고 실행하며
  평가하는 프로세스를 새로 설계했다. 전 마케팅 경로에서 모든 제공
  조건을 조정했다. 각 제공의 효과를 예상하고 평가하는 새로운 단계가
  모든 종류의 구독에 추가됐다.

아벤단테와 동료들은 이런 변화를 철저하고 적극적으로 강행했다. 한
팀원은 "그 과정에서 얻은 가장 큰 교훈은 변화를 이뤄내기가 매우 힘들
다는 것이다. 대대적으로 개혁해야 하고 회사의 모든 작업 방법에 이의를
제기해야 한다"라고 말했다.

2007년 초반이 되자, 모든 마케팅 경로에서 공동 구독 상품을 강조했
다. 물론 독자가 원하면 신문이나 온라인 중에 한쪽만 구독할 수도 있었
다. 그러나 독자와의 모든 교류에서 월스트리트 저널 자체가 신문과 온라
인이 결합된 언론사이므로 독자가 둘 다 구독해야 한다고 강조했다. 그
해 말에 〈월스트리트 저널〉의 구독자가 9% 이상 늘어 25년 만에 가장 높
은 연매출 증가를 기록했다. 이 와중에도 온라인만 구독하는 독자는 전혀
줄지 않았다. 게다가 신문과 온라인 마케팅 프로세스를 통합해서 회사 운
영의 효율성이 훨씬 높아졌다. 새 구독자 모집에 소요되는 평균 비용이
30%나 줄었다.

제품 혁신 : 톰슨 코퍼레이션, 법률 사무소를 새로운 서비스 고객으로

요즘 영화나 드라마에 투자 은행이나 경영 컨설팅 종사자보다 법조계 종사자가 훨씬 자주 등장한다는 점을 다들 눈치 챘을 것이다. 이 책의 본론에서 벗어난 이야기이긴 하지만, '자유 아니면 투옥'을 걸고 시시비비를 판단하는 쪽이 '수익과 손실'을 두고 갈등을 겪는 쪽보다 훨씬 극적인가 보다.

법정 드라마가 워낙 흔하다 보니 전형적인 변호사 사무소나 판사 사무실의 이미지가 머리에 박혀 있을 정도다. 그 이미지에 두툼하고 무거운 책이 층층으로 꽂힌 위풍당당한 책장이 포함돼 있을 것이다.

그러나 변호사가 그토록 방대한 장서에 철저히 의존하는 이유를 아는 사람이 별로 없다. 미국 법률 중 일부분만이 입법 기관에서 통과된 법률이나 지명된 기관에서 통과된 규정에 적혀 있다. 법률의 많은 부분은 과거의 판결이 누적된 판례법에 뿌리를 두고 있다. 예를 들어 많은 주에서 재산법과 계약법은 판례법으로만 존재한다. 모든 법정에서 내려진 결정은 누적된 과거 판례의 일부분이 된다. 사실 항소가 진행되는 동안에 거의 모든 논쟁은 해당 판결에 관련된 판례가 무엇인지에 초점이 맞춰진다.

법률 전문 출판사의 노력이 없다면 법률 조사가 지극히 지루하고 비효율적일 것이다. 법률 출판사는 전국에 흩어진 모든 관할 구역의 수많은 법률 서류를 수집하고 정리해서 출판해 엄청난 가치를 제공한다.

1990년대 후반에 변호사들은 자료 조사처를 책에서 온라인으로 바꿨다. 톰슨 코퍼레이션(Thomson Corporation, 현 톰슨 로이터)의 온라인 판례법 데이터베이스인 웨스트로(Westlaw)는 이런 변동으로 판매가 급속하게 늘었다. 그러나 2000년에 톰슨 코퍼레이션(이하 톰슨)의 거의 모든 고객이 온라인 데이터베이스로 다시 전환을 했다. 그 결과로 성장세가 정체되자 톰슨은 매출을 확대할 새로운 방법을 찾기 시작했다. 이후로 여러 프로젝트가 실행됐다.

과거에 톰슨은 변호사가 사건을 변호할 때 필요한 사항에 초점을 맞췄다. 그러나 2004년에 톰슨은 법률 사무소의 효과적인 운영에 도움을 줄 새로운 비즈니스 정보 서비스를 제공할 방법을 탐색하기 시작했다. 시장 정보나 경쟁력이 있는 벤치마킹이 여기에 해당한다. 톰슨은 고객의 피드백을 바탕으로 피어 모니터(Peer Monitor)라는 제품에 초점을 맞췄다. 인터넷을 기반으로 한 이 제품은 엄격한 기밀 보장 원칙에 따라 변호사 사무소 회계 시스템에서 데이터를 수집하고 종합해서 벤치마킹 보고서를 작성했다. 이 보고서의 목적은 고객사가 비슷한 규모의 다른 변호사 사무소와 수익률을 비교해 볼 수 있게 하는 것이었다.

톰슨은 이미 법률 사무소들과 긴밀한 관계를 유지하고 있었다. 게다가 19세기에 세워진 변호사 사무소들의 유산 덕에 톰슨의 상표인 웨스트의 평판이 좋았다. 톰슨은 피어 모니터를 변호사 사무소에 판매하기가 신규 벤처회사에 비해서 시기상 훨씬 유리하다고 예상했다.

톰슨은 신규 사업의 대부분을 실행할 전담팀이 필요하다고 판단했다. 여기에는 몇 가지 이유가 있었다. 우선 톰슨의 성과달성 조직은 중요한 기술 두 가지가 없었다.

첫째는 중역에게 판매하는 기술이었다. 그간 톰슨은 변호사 사무소의 사서나 IT 담당자들을 대상으로 영업을 해왔다.

둘째는 새로운 소프트웨어 어플리케이션을 개발하는 기술이었다. 톰슨은 방대한 판례법 데이터베이스를 강화하고 유지하는 기술이 있었지만, 그와 무관한 서비스 어플리케이션을 백지상태에서부터 개발할 기술이 없었다.

그리고 성과달성 조직의 작업 관계가 새 사업에 어울리지 않았다. 예를 들어서 힘의 균형이 맞지 않았다. 성과달성 조직의 제품 개발팀에서 권한이 가장 강한 사람은 판례법 전문가였다. 그러나 새로운 사업은 소프트웨어 개발의 전문성과 변호사 사무소의 운영 방법에 대한 친숙도가 훨씬 중요했다. 게다가 성과달성 조직의 작업 주기가 새 사업에 필요한 작업 주기와 상당히 달랐다. 성과달성 조직의 IT팀은 변호사 사무소에 필수적인 판례법 데이터베이스가 24시간 내내 끊임없이 가동되도록 작업 주기가 맞춰져 있었다. 그런 환경에서 성과달성 조직은 피어 모니터처럼 비교적 규모가 작고, 기간이 오래 걸리며, 변호사 사무소에 필수적이지 않은 프로젝트에 관심을 기울이기가 힘들 것이었다.

톰슨은 마케팅 담당인 앨리슨 귀데트(Allison Guidette)에게 새 사업을 전담해서 이끌라고 지시했다. 그리고 앨런 리치(Alan Rich)에게 프로젝트의 초기 단계에 합류해서 전담팀의 구성에 도움을 주라고 지시했다. 리치는 변호사 사무소에 회계 소프트웨어를 제공하는 엘리트(Elite)의 전 CEO다. 톰슨은 2003년에 엘리트를 인수했다. 귀데트는 리치의 인맥을 활용해서 피어 모니터의 개발을 이끌 기술과 지식을 갖춘 노련한 소프트웨어 설계자들을 외부에서 파악했다. 톰슨은 그런 수준의 인재를 출판사에 고용하기가 대단히 어려울 것임을 알았다. 게다가 톰슨의 일반적인 봉급 규모로는 어림도 없었다. 따라서 톰슨은 소프트웨어 설계 담당자를 임시 계약직으로 고용하고 대부분의 작업을 외부의 소프트웨어 회사에 아웃소싱하기로 결정했다.

　신제품 테스트에 성공하자, 귀데트는 변호사 사무소 경영자를 노련하게 상대할 수 있으며, 법률·기술·사업 면에 지식이 있는 영업팀을 구성하기 시작했다. 법학박사 학위와 MBA 학위가 있는 후보자가 필요했다. 당연히 돈이 많이 들 것이다! 톰슨은 이들을 고용하기 위해 자사의 표준 봉급 기준을 훨씬 웃도는 봉급을 지불하기로 결정했다.

　전담팀은 조직의 관성 때문에 어려움을 겪지는 않았다. 이는 외부에서 고용한 직원은 조직의 관성 문제를 해결하는 힘이 있으며 자체적으로 역할과 책임을 규정해야 한다는 원칙이 중요하다는 점을 보여 준다. 리치와 귀데트는 과거에 톰슨의 직원이었으며 리치는 1년 전에 인수를 통해서 회사에 들어왔다.

　톰슨은 이후에 새 사업을 평가하는 방법에서 조직의 관성을 최소로 줄였다. 톰슨은 성과달성 조직에서 사용되는 평가 기준과 표준을 바탕으로 진행 과정을 평가하는 대신에 별도의 사업 계획에 맞춰서 피어 모니터를 평가했다.

　전담팀은 새 사업을 구축하는 임무의 대부분을 맡았지만 단독으로 활동하지는 않았다. 기존 영업팀 직원과 긴밀하게 협조해 업계와 특정한 변호사 사무소에 대한 정보를 파악했다. 그리고 전담팀은 컨설팅 업체 힐데브란트(Hildebrandt)와 협력해 변호사 사무소의 경영진에게 새 사업을 홍보했다. 힐데브란트는 톰슨의 자회사로 변호사 사무소 및 다른 전문 서비스 회사에 자문을 제공한다.

처음 몇 달 동안은 판매 속도가 느렸지만 곧 가속도가 붙어 첫해에만 고객사가 50곳이나 생겼다. 톰슨은 곧 가격을 올렸다. 새 사업의 성공으로 수익과 이익만 향상된 게 아니었다. 톰슨은 변호사 사무소 경영자에게 브랜드 이미지를 강화해 주는 제품이 있다는 점에 흡족했다. 실제로 톰슨은 곧 변호사 사무소 경영자를 대상으로 신제품 시리즈를 추가로 출시했다.

신사업 런칭 : 루슨트, 서비스 그룹 출범

2006년 후반, 루슨트(Lucent, 현 알카텔 루슨트)는 4년 사이 가장 큰 규모였던 네트워크 전환 서비스 계약을 체결했다. 유럽의 한 주요 통신 회사가 음성, 동영상, 데이터의 인터넷 프로토콜을 완벽하게 실행할 수 있도록 복잡한 정밀 검사를 해주는 작업이었다. 루슨트는 이 작업을 이끌면서 자사와 다른 제공업체들의 장비와 기술을 통합하는 과정을 돕게 돼 있었다.

루슨트는 4년 전인 2002년에 서비스 사업을 시작했을 때만 해도 그런 대형 계약을 상상조차 못했다. 닷컴 거품이 붕괴되면서 가장 충격을 받은 부문은 루슨트가 속한 통신장비 제공 업계였다. 무한한 가능성이 있어 보이던 시장이 하룻밤 만에 생존이 걸린 싸움터로 바뀌어 버렸다. 닷컴 열풍 때 루슨트는 몇 년 뒤에 최고 400억 달러까지 수익을 올릴 수 있다는 예상 아래 계획을 세웠다. 현실은 예상치에 훨씬 못 미치는 100억 달러 이

하에 불과했다.

루슨트에서 성공의 기반은 항상 기술 혁신이었다. 그러나 닷컴 거품의 붕괴 때문에 새로운 성장 모형을 고려해 봐야 했다. 서비스 시장에서 상당한 가능성이 보였다. 새로운 시대를 맞아 통신 네트워크가 재건되고 있었다. 통신 업계는 재건 작업을 위해 매해 컨설팅 서비스에 500억 달러 이상을 투자했고 인터넷 프로젝트에 1,000억 이상을 쏟아부었다.

루슨트는 이미 서비스 그룹이 있었지만 업무 범위가 좁았다. 이 그룹의 목적은 루슨트의 핵심 사업인 네트워크 장비 비즈니스를 지원하는 것이었다. 그러나 서비스팀은 자사 장비를 수리하면서 모든 판매 회사들의 장비에 대해 많이 알게 됐다. 통신장비는 모두 서로 관련돼 있었다.

2002년에 루슨트는 루슨트 스위치를 서비스할 뿐만 아니라 통신 네트워크 전체를 전환하는 복잡한 서비스 시장에 진입할 준비가 돼 있는지 확인하려고 전문 기술의 심도를 평가했다. 평가를 해보니 성공할 만한 기술 지식을 갖췄다는 결과가 나왔다.

그러나 네트워크 전환 서비스에 착수하는 작업은 루슨트의 성과달성 조직에 걸맞지 않았다. 우선 힘의 균형이 적당하지 않았다. 장비 사업은 과학 기술자와 제품 개발자가 상당한 권한을 갖는다. 서비스 사업은 고객 관리부장이 가장 많은 권한을 지녀야 한다. 그리고 작업 주기가 너무 달랐다. 통신장비 사업은 주기가 길고 자본 집약적인 산업이다. 제품 개발 주기와 영업주기는 여러 해에 걸쳐 있다. 반면에 서비스 사업의 주기는 주간 혹은 월간으로 진행된다. 이런 차이점 때문에 프로젝트 대부분에 전담팀이 필요했다. 전담팀은 루슨트의 브랜드 및 기존 고객과의 관계를 활용할 때만 성과달성 조직과 협력하게 될 것이었다.

혁신 프로젝트의 초기 리더였던 스테프 반 알리(Stef van Aarle)는 팀원을 모으기 시작했다. 루슨트는 자사의 핵심 사업을 대대적으로 줄이고 있는 과정이었기 때문에 영입할 수 있는 사내 인재가 많았다.

그러나 이내 반 알리는 제품 판매원을 서비스 판매원으로 재교육하기가 어렵다는 점을 깨달았다. 제품 판매원의 임무는 제품이 필요한 고객을 찾은 다음에 고객이 해당 제품의 사용으로 최고 가치를 이끌어낼 효율적인 사용법을 알아내도록 돕는 것이다. 서비스 판매원의 임무는 고객의 문제를 폭넓게 진단하고 자사 장비와 경쟁사 장비를 모두 동원해서 최상의 해결책을 개발해 내는 것이다.

최고 판매원들은 업무 전환에 잘 적응했지만 다른 많은 직원이 어려움을 겪었다. 그 결과로 루슨트는 외부 서비스 회사에서 새 판매원을 고용하기 시작했다. 이는 사업 성장에 중요한 촉매제 역할을 했다.

또한 반 알리는 장기적인 제품 개발 작업에 익숙해져 있는 일부 기술 전문가를 판매 쪽으로 전근시켰다. 몇몇은 고객의 많은 요구와 단기적인 서비스 환경의 중압감을 잘 견뎠지만 몇몇은 회사를 그만뒀다.

판매와 서비스의 적임자를 찾는 게 무엇보다 중요했지만 이것만으로 전담팀을 효과적으로 운영하기는 부족했다. 루슨트는 조직의 관성을 극복하도록 팀을 구성하려고 몇 가지 추가 단계를 거쳤다.

- 외부에서 리더를 스카우트함 : 루슨트는 파격적인 스카우트를 하기로 결정하고 2003년 중반에 EDS에서 서비스 부문의 베테랑으로 손꼽히

는 존 마이어(John Meyer)를 새 사업 부문의 리더로 영입했다. 이어서 마이어는 여러 서비스 회사에서 중역을 고용했다.

• 인사팀을 따로 구성함 : 전담팀의 인사팀은 다른 회사의 서비스 부서를 모델로 삼아서 직책, 직무 기술서, 봉급 규정을 새로 만들었다.

• 새로운 실적 평가 기준을 적용함 : 루슨트의 제품 부문은 인기 있는 제품에서 높은 이익을 올릴 잠재성이 있었다. 이 회사는 제품별로 투자 수익률을 면밀히 지켜봤다. 반면에 서비스 부문은 본질적인 속성상 위험성과 수익이 모두 낮았다. 수익률보다 인력 활용도가 훨씬 유용한 측정 기준이었다.

또한 루슨트의 경영팀은 두 부문의 인원수를 다른 방식으로 해석해야 했다. 제품 부문의 관리자는 인원수를 최소로 줄일 방법을 지속적으로 모색했다. 그러나 서비스 부문의 수익은 고용된 직원의 수에 비례해서만 증가할 수 있다.

• 새로운 봉급 및 장려책을 규정함 : 서비스를 담당한 각 직원은 활용도와 입찰가가 나온 성과 보고서를 매주 서비스 관리자에게 받았다. 봉급이 성과와 직접 연결됐다.

• 새로운 프로세스를 설정함 : 루슨트의 핵심 사업에서 직원들은 자유롭고 빈번하게 정보를 공유하도록 권장됐다. 반면에 전담팀은 고객의 기밀을 보호하기 위해 정보의 이동을 막아야 했다.

2006년에 서비스 그룹은 20억 달러 이상의 수익을 올렸다. 그러나 재정 이외에도 여러 이익이 있었다. 루슨트는 서비스 사업이 고객의 요구를 잘 이해할 수 있는 창구라는 점을 알게 됐다. 이윽고 루슨트의 제품 개발자들은 폭넓은 새 관점을 도입했다. 이들은 전 네트워크의 운영 및 신제품을 네트워크에 통합하는 복잡성을 판단할 수 있었다.

또한 루슨트는 조직적으로 달성한 성과에 만족했다. 경쟁사들은 1년도 안 돼서 루슨트의 신제품을 모방했다. 그러나 그들이 루슨트의 서비스와 경쟁하는 수준에 오르려면 먼저 수년에 걸쳐서 조직을 구축해야 했다.

이 장의 핵심 내용

1. 효과적인 전담팀을 구성하려면 필요한 기술을 분명히 밝히고, 사내 혹은 사외에서 가능한 한 최고 적임자를 고용해야 하며, 제로 기반 맞춤형 조직모형을 만들어야 한다.

2. 모든 회사는 새로운 하위 조직을 구성할 때 조직의 관성에 영향을 받는다. 성과달성 조직의 아류처럼 활동하는 전담팀을 구성하지 않도록 주의해야 한다.

3. 외부에서 고용한 직원은 전담팀에서 중요한 역할을 한다. 외부 고용자는 필요한 새 기술을 들여온다. 기존 작업 관계를 무너뜨리고 새로 구축하는 과정을 촉진하면서 사내 직원의 본능에 이의를 제기해 조직의 관성을 없애도록 돕는다.

4. 전담팀의 모든 직원을 대상으로 새롭고 낯선 직함을 만들고 새 작업 기술서를 작성한다.

5. 성과달성 조직을 장악하는 주요 기능이 전담팀을 장악하는 경향이 있다. 계급과 결정권 및 경영진의 선택을 통해서 이런 경향을 없앨 수 있다.

6. 전담팀은 자체 측정 기준, 프로세스, 문화를 분명하게 만들어야 한다.

7. 특히 인사팀, IT팀, 재정팀을 비롯한 지원 부서는 전담팀을 기꺼이 예외로 삼아야 한다. 기존의 기준을 전담팀에 강요하면 안 된다.

제3장

협력할 수 있도록 세심하게 관리하라

자산 규모 300억 달러의 건강보험 회사인 애트나(Aetna)는 수십 년 동안 주로 대기업을 고객사로 삼아 고객사의 직원에게 보험 상품을 제공해 왔다. 그러나 2005년에 애트나의 간부인 로리 브루베이커(Laurie Brubaker)는 개인 건강보험 시장을 더 이상 간과하면 안 된다는 결론을 내렸다. 미국인 중 보험 미가입자가 거의 4,500만 명이었고 2,000만 명이 부적절한 보험에 가입된 상태였다. CEO인 론 윌리엄스(Ron Williams)는 그 해 전략 기획의 일환으로 사업 계획 수립을 브루베이커에게 지시했다. 조사 결과 예상 수익이 대단했다. 윌리엄스는 브루베이커에게 새로운 사업을 전담하라고 맡겼다.

2007년, 브루베이커의 사업부는 30개 주로 확대해 고객 25만 명을 유치했다. 애트나에서 성장 속도가 두 번째로 빠른 사업이었다. 브루베이커와 팀원들은 새 사업이 사업적인 측면은 물론 사회적인 측면에도 영향을 미쳤다는 사실을 자랑스럽게 여겼다. 새 고객 중 35%가 기존에 보험에 가입한 경험이 없는 신규 고객이었다.

브루베이커는 자신이 담당한 새로운 사업이 성과달성 조직의 영역 밖이라고 판단했다. 새로운 기술이 필요한 사업이었다. 가령 보험회사들은 기업 고객사의 경우에 통계 방법을 바탕으로 향후 의료비를 예상한다. 그러나 개인 고객의 경우에는 의료 평가를 바탕으로만 예상할 수 있다. 이런 평가 방법은 기존과 다른 전문가가 필요했다. 또 개인 고객을 대상으로 영업하려면 인터넷 마케팅을 비롯한 새 역량이 필요했다.

브루베이커는 새로운 기술을 구축해야 한다고 생각했지만, 동시에 애트나의 강력한 자산도 일부 활용하고 싶었다. 가장 중요한 자산은 애트나와 병원 사이의 관계였다. 신생 기업이 그런 관계를 조성하려면 수년이 걸릴 것이다.

브루베이커는 전형적인 딜레마에 빠졌다. 효과적인 전담팀을 구성하기 위해 성과달성 조직에서 떨어져야 했다. 동시에 기존 자산을 활용할 수 있을 정도의 위치를 유지해야 했다. 그래서 브루베이커는 새 사업에 필요한 사항을 기존 사업에서 당장 필요한 사항보다 우선시하도록 사내 협력자, 즉 공유 직원을 설득해야 했다.

브루베이커는 여러 단계를 거쳐 결국 적절한 균형을 유지하게 만들었다. 그러나 가장 중요한 조치는 성과달성 조직에 협력을 요구하면서 긍정적인 어조를 유지하는 것이었다. 그녀는 대단한 노력을 기울여 전담팀이 사내 협력자, 즉 성과달성 조직의 가장 중요한 동지임을 증명했다. 외교 수완을 발휘했고 늘 공유 직원의 노력을 공식적으로 인정하고 보상했다. 그녀는 공유 직원이 성공에 필요한 중요한 일원이라고 느끼게 하고 싶었다.

모든 리더가 브루베이커처럼 대단한 에너지를 발휘할 수는 없지만 그 사례에서 중요한 핵심을 쉽게 이해할 수 있을 것이다. 간단히 말하자면 브루베이커는 성과달성 조직과의 협력 구축을 꼭 이겨야 하는 싸움이 아니라 전 사업에서 결정적인 고비로 봤다. 우리는 브루베이커가 대기업에서 혁신에 성공한 리더들의 가장 결정적인 특성을 여실히 보여 주었다고 생각한다.

긍정적인 접근법

혁신 프로젝트의 리더는 비좁고 험난한 길을 걸을 방법을 찾아야 한다. 성과달성 조직과 분명히 구별되는 전담팀을 만들어야 한다. 그렇지만 항상 성과달성 조직을 중요한 전략적 협력자로 대해야 한다. 성과달성 조직과 소원해지면 안 되고 반기를 들어서도 안 된다. 성과달성 조직과의 관계에 경쟁이나 반감이 흐르게 하면 안 되며, 적대자로 보고 싶은 마음에 굴복해도 안 된다.

이는 어려운 일이다. 실제로 혁신 프로젝트와 일반 사업 사이에는 상당한 갈등이 존재한다. 종종 혁신 프로젝트는 장기적인 성과를 위해 단기적인 성과를 희생해야 한다. 그러니 성과달성 조직은 혁신 프로젝트에 싸움을 걸 정당한 이유가 다분하다. 사실 성과달성 조직이 분기 수익을 최대화하려면 당연히 그런 태도를 취해야 한다.

회사가 혁신 프로젝트에 투자하기로 승인한 날에 당신은 이제 자원을 두고 벌어지는 싸움이 끝났다고 생각했을 것이다. 그러나 그렇지 않다. 자원을 두고 벌이는 싸움은 이후로도 날마다 벌어진다. 당신은 공유 직원의 지원이 필요한 상황에 빈번히 부딪치게 될 것이다.

안타깝게도 공유 직원은 당신의 직속 직원이 아니다. 공유 직원은 성과달성 조직의 업무도 해야 한다. 그리고 성과달성 조직이 당신보다 권한이 많다. 규모 역시 혁신팀보다 성과달성 조직이 크다. 이뿐만 아니라 성과달성 조직은 자원을 사용하는 데에도 아무런 문제가 없었다. 성과달성 조직의 주장은 단기적이며 확실히 예측된 투자 수익률이라는 증거로 뒷받침된다. 반면에 당신은 혁신 프로젝트에 대대적이고 장기적인 수익이 있을 것이라는 약속 말고는 제시할 게 없다.

당신과 혁신 프로젝트 앞에 놓인 역경은 셀 수 없다. 그래서 브루베이커처럼 설득력이 있고 협력적인 지도자 스타일이 매우 중요하다.

때론 도움을 받아라

솔직히 말해서 일반적으로 그런 특성을 지닌 리더가 부족하다. 혁신 리더들은 대체로 권한이 부족하다. 아무리 기술이 많더라도 계급이 더 높은 중역의 도움을 받아야 한다.

그러나 도움을 받지 못할 때도 많다. 예를 들어서 중역은 사업 계획을 검토하는 초기 단계에만 혁신 프로젝트에 긴밀히 관여한다. 투자 결정이 내려지는 시기에 혁신 프로젝트와 일반 사업 사이의 힘겨운 균형, 즉 현재와 미래 사이의 균형이 가장 도드라져 보인다. 중역은 자신들이 내리는 결정이 주주에게 유익할지 확신하고 싶어 한다.

일반적으로 혁신 프로젝트는 성과달성 조직과 비교해서 보잘것없어 보인다. 일부 중역은 자연스레 자신들의 거의 모든 에너지를 기존의 핵심 사업으로 돌리고 혁신 프로젝트의 모든 책임을 혁신 프로젝트 리더에게 전가해도 된다고 생각한다.

안타깝게도 보통은 성과달성 조직의 중역만이 지속되는 갈등을 효과적으로 중재할 수 있다. 감독을 맡은 중역, 즉 당신의 상관에게 가장 중요한 역할은 당신이 협력을 위해 기울이는 노력을 일상적으로 뒷받침해 주는 것이다.

갈등을 예상하고 미리 대처해야 한다

생산적인 협력을 조성하는 해결책에서 필수적인 요소는 '확신에 찬 지도력'과 '감독을 맡은 중역의 일상적인 관여'다. 이외에도 중요한 요소가 있다.

혁신 프로젝트와 일상적인 사업에 많은 형태의 갈등이 존재한다. 가장 효과가 있는 협력 관계는 진짜 심각한 문제로 커지기 전에 갈등을 예상하고 완화하거나 중화하는 것이다.

많은 갈등이 일반적인 세 가지 문제점으로 집결된다(〈도표 3-1〉 참고).

(1) 당신은 공식적으로 할당된 자원을 놓고 성과달성 조직의 리더와 경쟁하게 된다.

(2) 당신은 성과달성 조직의 리더와 공유 직원의 시간, 에너지, 관심을 놓고 경쟁하게 된다.

(3) 전담팀과 공유 직원은 원래 협력이 잘 안 된다.

● 도표 3-1 **협력의 문제점**

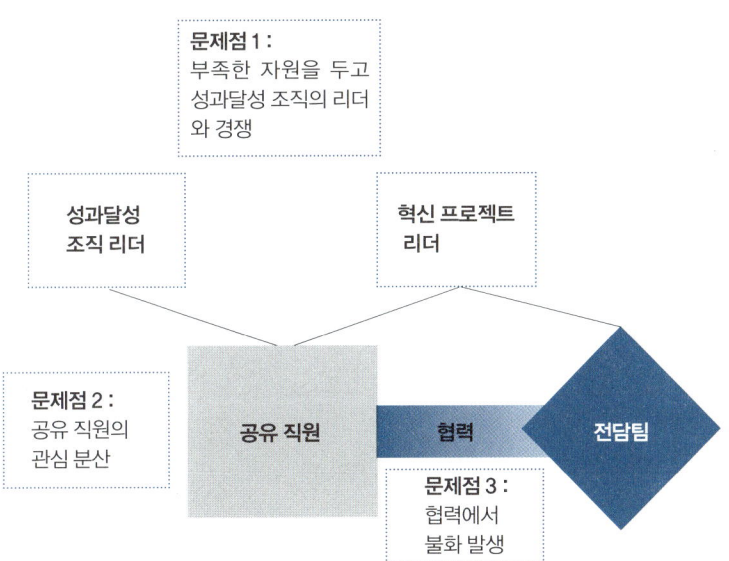

이 장의 나머지 부분은 구체적인 갈등과 각 갈등에 대한 반응에 대해 살펴볼까 한다. 이어서 협력에 성공한 세 회사의 사례로 결론을 맺을 것이다.

문제점 1 : 부족한 자원을 두고 벌이는 경쟁

혁신 프로젝트의 초기 단계에서 전담팀에 공유 직원이 필요한 수준은 성과달성 조직의 기준에서 보면 매우 사소하다. 그러나 혁신 프로젝트가 성공하기 시작해서 조직이 더욱 확대돼야 한다면 어떻게 될까? 당신은 필요한 지원을 얻으려고 열심히 노력해야 할 것이다. 필요한 사항에 우선권을 주장하거나 예산 및 공유 직원을 늘려 달라고 요구해야 할 수도 있다.

이런 상황에서 성과달성 조직의 리더와 협력하기가 어렵다는 사실을 깨닫게 될 것이다. 먼저 당신은 예산 책정 과정에 성과달성 조직 리더와 다른 관점을 갖게 될 것이다. 당신은 혁신 프로젝트의 속성인 불확실성에 익숙하지만 성과달성 조직은 비교적 확실한 요소에 익숙해져 있다. 성과달성 조직의 활동에 배분된 자원은 일반적으로 매년 변경 폭이 몇 퍼센트 정도에 머문다. 그리고 성과달성 조직의 기획자들은 최대한 효율성을 높여야 한다는 중압감을 받지만, 당신은 빠르게 성장할 것이라는 예상 아래 의도적으로 역량을 늘리려고 노력해야 한다.

게다가 직접적인 갈등도 일어날 것이다. 성과달성 조직의 리더는 자체 프로젝트가 우선하기를 원할 것이다. 혹은 이익을 최대로 올리려고 총지출을 축소하려고 할 것이다.

우리는 이런 경쟁의 전형적인 속성을 잘 보여주는 소프트웨어 회사를 연구했다. 이 회사는 새로운 시장을 목표로 신제품을 개발할 전담팀을 구성했는데, 이 팀에서 혁신 프로젝트의 대부분을 담당했다. 혁신 프로젝트 리더는 성과달성 조직의 고객 서비스 그룹을 활용할 수 있겠다고 판단했다.

고객 서비스 부서의 담당자가 우리에게 말했다.

"우리가 전담팀 고객의 전화에 응대하는 것은 문제없다. 그러나 나는 통화량을 정확하게 예측한 수치가 필요하다."

우리는 조사를 하면서 그가 말한 '정확하게'의 의미가 '오차 범위 몇 퍼센트 이내'였음을 알게 됐다. 그러나 당시에 혁신 프로젝트는 초기 기획 단계였다. 타당하게 예상할 수 있는 수치는 플러스마이너스 2배뿐이었다.

또한 혁신 담당들은 고객의 전화에 응대할 역량이 충분한지 확인하려고 노력했다. 그들은 고객 서비스 부서가 많은 직원을 고용해서 새로운 시장의 특정한 필요사항에 맞게 훈련해 주기를 원했다. 반면에 고객 서비스 부서의 담당자는 비용을 최소로 줄이기 위해 고객 서비스 직원을 최대한 활용해야 한다는 강한 압박감에 시달렸다. 고객 서비스 부서의 담당자는 혁신 프로젝트가 빠르게 성장할 경우를 대비한 예비 역량의 확보에 관심이 없었다.

우리는 이런 갈등을 관리하기 위해 다음 원칙을 제안한다.

- 공식적인 모든 자원을 하나의 계획과 하나의 프로세스를 통해서 혁신 프로젝트에 배분한다.

  이 원칙이 중요한 이유를 파악하기 위해 당신이 혁신 프로젝트의 총 예산을 CEO와 이미 협상했다고 해보자. 그 결과 전담팀 내 지출은 간단하지만 공유 직원에 대한 지출은 복잡해진다.

  예를 들어서 당신의 혁신 프로젝트에 IT 시스템 개발 프로젝트와 제조 공장의 변경이 꼭 필요하다고 가정해 보자. 성과달성 조직의 표준 절차는 IT와 제조 담당자의 우선순위에 맞게 정해져 있다. 그들은 타당하고 반론의 여지가 없는 논리를 들어 일반 사업을 지원하는 프로젝트를 우선시하거나 아예 당신의 요청을 거부할 것이다.

이런 방식으로 여러 부서 사이의 자원 배분 결정 과정을 세분화하는 것 자체가 심각한 실수다. 혁신 프로젝트의 예산을 일관성이 없고 엉망진창인 상태로 만들어버리기 십상이다.

CEO가 그동안 신나서 혁신 프로젝트에 자금을 투자해 왔더라도 이런 갈등을 인식하지 못할 수 있다. 대체로 이런 문제는 CEO에게 거의 감지되지 않는다. 하나의 문서와 하나의 프로세스를 통해서 갈등을 해결하면 중역이 계속 긴밀하게 관여하는 체계를 유지할 수 있다.

그리고 중역은 단기 이익과 장기 이익이 균형을 유지하도록 만들어야 한다. 중역이 장기적인 균형을 위해 자원을 배분한 이후에 조직의 단기적인 균형이 성과달성 조직의 목적에 집중되는 상황은 말이 안 된다.

- 혁신 프로젝트는 공유 직원이 제공한 노력에 대가를 지불해야 한다.

공유 직원의 수를 늘리거나 혁신 프로젝트에 참여하는 시간을 늘리도록 협상했다면 대가를 지불해야 한다. 공유 직원이 혁신 프로젝트에 이바지한 모든 부분에 공정한 시장 가치를 지불해야 한다. 사내 직원을 활용한다는 이유로 혁신 프로젝트에 투입한 노동력의 대가를 노골적으로 인하하면 안 된다. 그랬다가는 성과달성 조직의 리더들이 당신이 요구한 사항의 우선순위를 낮게 생각할 것이다.

- 실제 사용된 자원이 아니라 사용이 계획된 자원에도 대가를 지불해야 한다.

당신에게 필요한 사항을 과대평가해서 실제로는 그 노동을 사용하지 않았더라도 계획에 따라 모두 지불해야 한다. 성과달성 조직의 리더는 당신과 싸울 의욕이 줄어들 것이고 당신은 계획의 총비용을 신중하게 검토할 의욕이 생길 것이다.

- 성과달성 조직의 실적 평가표는 혁신 프로젝트의 불확실성과 최대한 분리돼야 한다.

예를 들어서 앞선 소프트웨어 사례에서 고객 서비스 그룹의 활용도를 재검토해서 새로 출시된 제품에 과도하게 투자된 자원의 영향을 바로잡을 수 있다. 이런 조정은 성과달성 조직의 리더가 결과가 불확실한 활동에 지출해야 할 때 느끼는 불안을 줄여준다.

- 만일의 사태에 대비한 계획을 미리 의논해야 한다.

혁신 프로젝트에 필요한 사항을 예상하기가 어려우며 이 점 때문에 공유 직원을 충분히 이용하지 않거나 반대로 혹사하기 십상이다. 혁신 프로젝트가 예상치 못하게 폭발적으로 성공하면 공유 직원이 업무를 따라잡기가 불가능해질 것이다. 반면에 혁신 프로젝트가 갑자기 성공할 경우에 대비해서 인력을 추가해 놓으면 잉여 인력이 생겨 나태해질 것이다. 이런 부조화는 성과달성 조직의 입장에서 중대한 문제이고 마음이 편치 않을 것이다. 건전한 협력을 유지하려면 이런 일이 일어날 경우의 대비책을 미리 의논해야 한다.

문제점 2 : 양쪽 눈치를 봐야 하는 공유 직원

공식적인 자원 배분을 성공리에 마치는 것만으로는 부족하다. 혁신 프로젝트에 투입된 자원은 공유 직원이 매일 내리는 선택에 종속된다.

혁신 프로젝트를 전담하는 그룹(전담팀)과 부분적으로 작업에 참여하는 그룹(공유 직원) 사이에는 협력이 필수적이다. 따라서 각 공유 직원은 업무 시간 중 어느 정도를 혁신 프로젝트에 헌신할지 선택해야 한다. 또 공유 직원 중 권한이 많은 사람은 혁신 프로젝트가 브랜드나 고객 관계 등 성과달성 조직의 중요 자산을 활용하는 범위를 관리할 수 있다.

당신은 자원을 두고 이뤄지는 공식적인 싸움에서 이길 뿐만 아니라 공유 직원의 마음도 얻어야 한다. 당신은 공유 직원의 시간, 에너지, 관심이 필요하지만 이를 얻기가 쉽지 않다. 전담팀에게는 혁신 프로젝트가 전부이지만, 공유 직원에게 혁신 프로젝트는 그저 하나의 업무일 뿐이다. 어쩌면 공유 직원은 혁신 프로젝트를 그저 방해물로 여길 수도 있다.

공유 직원의 동기를 유발하는 게 늘 어렵지만은 않다. 성과달성 조직이 높은 실적을 유지하려고 고전할 때도 있는데, 혁신 프로젝트는 바로 이런 경우에 성과달성 조직이 사내 주도권을 되찾을 좋은 기회가 된다. 그리고 이때 당신의 일 역시 훨씬 수월해진다.

그러나 당신이 단기적으로 성과달성 조직 내의 강한 압력과 싸우는 상황에 놓일 수도 있다. 설상가상으로 공유 직원은 성과달성 조직의 리더에게 충성도가 높고 공식적인 연대가 강하다. 특히 혁신 프로젝트를 지원하는 시간이 업무 시간 중 지극히 일부인 상황이면 더욱 그렇다.

회사가 전담팀에 신제품 개발을 맡기는 일반적인 시나리오를 상상해 보자. 기존 고객을 대상으로 하는 제품이기 때문에 회사는 성과달성 조직의 영업사원을 통해서 제품을 판매할 계획이다. 이런 시나리오에서라면 혁신 프로젝트 전체가 현장에서 활동하는 영업사원이 내린 결정에 좌우되고 말 것이다.

　혁신 프로젝트의 리더가 운이 좋으면, 영업사원들이 고객들과 이야기할 새로운 주제가 생긴 게 반가워서 신제품에 많은 관심을 기울일지도 모른다. 그러나 이렇게 될 가능성은 거의 없다. 오히려 영업사원들은 기존 제품에 비해서 신제품을 설명하는 시간이 훨씬 길어져서 곤혹스러울 것이다. 이들은 달성해야 하는 영업 목표가 있으며, 수수료를 최대한 많이 받아서 수입을 올리고 싶어 한다. 그러나 각 고객과 상대할 시간은 한정되어 있으므로 자연히 쉽게 팔 수 있는 제품을 강조할 것이다. 한편으로는 영업사원들이 신제품 판매로 자신의 평판이 나빠질까 걱정하는 상황이 벌어질 수도 있다. 신제품이 실패로 돌아가면 기존 제품의 향후 판매가 위태로워질 것이기 때문이다.

　이런 상황이 판매에만 국한된 게 아니다. 거의 모든 부서에 발생할 수 있다. 예를 들어서 당신이 성과달성 조직의 제조 공장을 사용해 신제품을 생산하면 일상적인 생산 작업 일정에 의존해야 할 것이다. 그리고 당신이 성과달성 조직 기술 전문가들에게 도움을 요청하면 그들은 당신에게 시간을 내줄지 말지 선택해야 한다.

◑ 상부에서 도움 얻기

감독을 맡은 중역이 전폭적으로 지지해 주면 일이 훨씬 수월해진다. 당신은 혁신 프로젝트가 성공할 것이라는 점을 그 중역이 확실히 이해하도록 설명해야 한다. 그리고 전략 기획 차원과 운영 및 개별 직원의 차원에서 결정을 내릴 때 단기적인 필요사항보다 장기적인 필요사항을 우선시해야 한다는 점도 이해시켜야 한다. 당신은 감독을 맡은 중역이 장기적인 관점으로 사업을 보게 해야 한다.

중역이 공유 직원의 시간과 관심을 놓고 벌어지는 경쟁의 강도를 미리 예상해 놓아야 가장 효과적으로 도움을 줄 수 있다. 예를 들어서 성과달성 조직이 분주한 시즌에 싸움이 고조될 것이다. 또한 혁신 프로젝트가 성과달성 조직의 제조 설비를 활용해야 하는데, 그 설비가 최대 부하로 가동되고 있는데다가 생산 능력이 고정돼 있으면 갈등이 극심해진다. 이런 상황에서 혁신 프로젝트와 일반 사업에 트레이드오프가 생긴다.

혁신 프로젝트가 성과달성 조직의 안정이나 생존에 직접적인 위협을 준다고 여길 확실한 증거가 있으면 공유 직원의 협조를 이끌어내기가 가장 어려워진다. 특히 성과달성 조직은 혁신 프로젝트가 기존 자산을 약화시키거나 일반 사업의 매출을 잠식할까 봐 걱정할 수 있다.

• 자산 약화 : 성과달성 조직은 자산을 보호하려고 한다. 특히 공격받기 쉬운 자산은 이미 강력하게 정착된 브랜드다. 한 경영진이 말했듯이 훌륭한 브랜드를 만드는 데에는 수년이 걸리지만 무너지는 것은 순식간이다. 또한 고객이나 동업자나 부품 제공업체들과의 관계도 공격받기 쉬운 자산이다.

• 매출 잠식 : 성과달성 조직은 회사의 사업을 확장하는 게 아니라 기존 프로세스나 제품, 서비스를 대체할 위험이 있는 혁신 프로젝트를 거부한다. 이런 경우에 성과달성 조직의 일부 직원은 상여금을 못 받게 되거나 심하면 일자리를 잃을 것이라고 걱정한다.

이런 위협이 존재하면 거부감이 깊이 박히며, 이는 종종 혁신 프로젝트에 치명적이다. 당신이 성공할 기회가 조금이라도 생기려면 중역이 일상적으로 당장 필요한 업무보다 장기적인 업무를 중요하게 생각하고 선택을 내리면서 뒷받침해 주어야 한다. 중역은 혁신 프로젝트가 일반 사업에 위협을 주는 게 사실이지만 혁신 프로젝트를 통해서 전진하는 게 장기적으로 회사 전체에 이익이라고 강력하게 주장해야 한다.

브랜드나 고객 관계에 해를 입힐 위험성이 존재하면 회사는 그런 위험성을 최소로 줄이는 조치를 취하는 동시에 혁신 프로젝트를 지원해 주어야 한다. 그리고 혁신 프로젝트가 일반 사업을 실제로 쓸모없이 만들어버린다면 그 사업은 혁신 프로젝트와 상관없이 결국 쓸모없어질 것이라는 점을 부각해야 한다. 어차피 누군가 혁신 프로젝트의 기회를 포착하게 돼 있다.

이런 주장은 누가 봐도 명백히 옳지만 그렇다고 쉽게 받아들여진다는 뜻은 아니다. 특히 직원들이 일자리를 잃을까 봐 겁을 낸다면 더욱 받아들여지기가 힘들다. 이때는 두려움이 현실을 앞지르기 십상이므로 위험의 범위를 측정할 자료를 수집하는 게 도움이 된다. 우리가 연구했던 한 회사는 신제품이 자사의 핵심 제품을 잠식할까 봐 걱정이 이만저만이 아니었다. 그러나 신제품은 기존 제품의 간접적인 대용품에 그쳤다. 자료에 따르면 신제품이 기존 제품의 매출을 잠식하기는커녕 새로운 고객에게 호응을 얻어서 두 제품의 시장이 모두 확대됐다.

● 혁신 프로젝트에 관심을 돌릴 추가 도구

중역은 시간이 부족하다. 이들은 공유 직원의 행동에 영향을 줄 장려책을 활용해서 공유 직원과 전담팀의 관계를 개선시키는 게 이상적이라고 생각할 수도 있다. 장려책은 손익 계산 혹은 개인의 차원에서 조성될 수 있다.

- 사내 거래 관행 확립 : 공유 직원들이 혁신 프로젝트에 기여한 가치에 대가를 기존 조직에 지급한다면 그들은 혁신 프로젝트를 우선으로 생각하게 된다. 사실 당신은 방해물이 아니라 고객 대우를 받게 될 수도 있다. 현실적으로 이는 공유 직원이 혁신 프로젝트를 지원하느라 투자한 총 시간을 측정해야 한다는 뜻이다. 공유 직원의 기여를 정확하게 측정할 필요는 없다. 액수보다 상징성이 더 중요하다.
- 특별 목표 혹은 보너스 : 직원들은 달성할 구체적인 혁신 목표가 있거나 보너스를 받으면 혁신 프로젝트에 더 관심을 기울일 것이다. 영업팀 직원의 경우 수수료 증가가 효과를 발휘할 것이다. 혹은 전담팀의 영업사원이 공유 직원의 영업력에 의존하는 경우에 일부 회사는 전담팀과 공유 직원 모두에게 이중으로 수수료를 지급한다.

문제점 3 : 협력 과정에서 발생하는 불화

처음에 공유 직원에게 협조를 끌어내는 데에 성공하더라도 협력 과정에서 '전담팀 대 우리 부서' 식의 경쟁으로 몰아가는 요소가 생기는 걸 막을 수 없다. 이런 경쟁을 관리하지 않으면 혁신 프로젝트를 망친다.

전담팀의 조직 구성과 운영을 성과달성 조직과 많이 다르게 해야 한다는 점이 경쟁에 더욱 불을 붙인다. 이때 그런 차이점을 제거하는 것은 최악의 해결책이다. 그렇게 하면 전담팀이 성과달성 조직의 아류로 전락한다. 두 조직 사이의 차이점은 반드시 그대로 남아 있어야 한다.

더 나은 대응은 발생할 가능성이 있는 구체적인 분노를 예상하고, 현실로 나타나는지 주의해서 살피며, 문제가 커지기 전에 미리 적극적으로 나서서 완화하는 것이다. 가장 일반적인 갈등은 실제로 존재하든 단순한 느낌이든 전담팀과 공유 직원 사이의 특정한 차이를 중심으로 생긴다.

- 기술력에 대한 인식 : 당신이 그런 생각을 전혀 조장하지 않더라도 일반적으로 전담팀이 유난히 혁신적이거나 우월하다는 소문이 돌기 시작할 것이다. 심하면 전담팀 직원은 '승자' 이고 성과달성 조직에 남은 직원은 '패자' 라는 인식이 생긴다.
- 회사에서 차지하는 중요도에 대한 인식 : 이런 분노는 양쪽에서 발생할 수 있다. 우리 두 사람은 CEO가 혁신 프로젝트에 대해 말을 너무 많이 하는 바람에 성과달성 조직이 자신들의 권위가 떨어졌다고 느끼는 상황을 여러 번 봤다. 또한 우리는 전담팀이 불필요한 실험을 하는 기이한 집단으로 비방 받는 경우도 많이 봤다. 양쪽 경우 모두 협력이 약화된다.

- 실적 평가 : 혁신 프로젝트는 기존 사업과 다른 형태의 측정 기준과 표준, 그리고 인사 고가로 평가된다. 회사는 성과달성 조직이 분기마다 당연히 이익을 내야 한다고 기대한다. 그러나 혁신 프로젝트는 수익을 올리기 전에 많은 돈을 잃는다.
- 봉급 : 회사가 성공을 이끄는 전담팀을 구성하려면 과거에 필요 없었던 새로운 기술을 지닌 인재를 고용해야 한다. 그러자면 그런 인재를 영입하기 위해 회사의 관례보다 많은 봉급을 지불해야 한다.
- 역할과 책임, 구조, 문화 : 전담팀은 설계부터 성과달성 조직과 다르다. 이런 차이점은 의도적으로 만들어진 것이지만 전체적인 불신을 유발하는 데 한몫을 할 수 있다.
- 결정권자 : 성과달성 조직은 수년 동안 특정한 운영 형태로 통제를 받아왔다. 그런데 갑자기 전담팀이 통제권 공유를 요구하면 공유 직원은 위협을 느끼고 저항하게 된다.

앞서 살펴봤듯이 기존 부서와 공유 직원이 전담팀에게 분노를 느낄 이유는 많다. 간단히 말하자면 "우리는 전담팀을 싫어한다. 당신네는 우리와 다르고 자신이 우월하다고 생각하는 듯하다. 더 재미있는 일을 하고 온갖 명예를 다 차지하며 특별대우를 받는다. 무엇보다도 내 영역을 침범하고 있다"라는 식이다.

이런 갈등을 완화하려고 노력할 때 차이점이 생길 수밖에 없는 이유를 항상 명료하고 긍정적으로 주장해야 한다. 차이점이 생기는 이유는 전담팀이 우월하거나 혁신적이고 특별대우를 받을 자격이 있어서가 아니라 전담팀이 성과달성 조직의 목적과 다른 특이한 업무를 담당하기 때문이라고 설명해야 한다. 애트나에서 브루베이커는 개인 보험과 기업 보험의 큰 차이점을 직원들에게 끊임없이 상기시켰다.

아래에 성과달성 조직과 전담팀 간에 긴밀한 협력 관계를 이끌어내는 추가 원칙 다섯 가지를 제시했다.

1. 책임을 최대한 분명하게 나눈다.

양측이 역할을 확실히 이해해야 협력이 잘 이뤄진다. 전담팀이 제품을 개발하고 공유 직원이 상품화를 담당하는 경우에 한쪽에서 다른 쪽으로 책임을 완전히 인계하는 과정에서 오해가 생기는 경우가 많다. 전환기에 명백하게 인계하려면 필요한 수보다 많은 직원을 두는 게 좋다.

2. 성과달성 조직과 전담팀이 공유하는 공통 가치관을 강화할 방법을 찾는다.

혁신 프로젝트의 리더는 전담팀이 지닌 차이점을 수시로 강조해야 한다. 그러나 차이점만 강조하면 안 된다. 적어도 몇 가지는 공통점이 항상 존재하기 때문이다. 예를 들어서 양측 모두 회사 전체의 장기적인 성공에 관심이 있다. 그리고 일반적으로 양측 모두 정직과 팀워크와 같은 이상에 헌신한다.

3. 전담팀에서 공유 직원과 밀접하게 협력해야 하는 역할에 사내 직원을 배치한다.

지금까지 우리 두 사람은 외부 인사 고용의 가치만을 강조했다. 외부인은 결정적으로 중요한 새 기술을 도입해 주며, 전담팀에서 기존 작업 관계를 무너뜨리고 새로운 작업 관계를 구축하는 과정을 촉진하는 데 도움을 준다. 그러나 전담팀과 공유 직원 사이의 작업 관계도 중요하다. 여기에서는 내부 인사가 결정적인 역할을 해야 한다. 성과달성 조직과 관계를 쌓아왔고 친밀도가 깊은 내부 인사는 더 쉽게 협력할 수 있다.

4. 전담팀을 중요한 공유 직원 가까이에 배치한다.

직접 얼굴을 맞대고 교류할 때 협력하기가 가장 쉬워진다. 공유 직원과 가장 빈번하게 협력하는 전담팀원을 해당 직원과 가까이에 배치한다. 예를 들면 같은 도시에 배치하는 식이다. 전담팀 내에서도 직접 교류가 중요하다. 따라서 전담팀은 독립된 자체 공간이 필요하다. 그렇다고 회사와 너무 멀리 떨어진 곳에 둘 필요는 없다.

5. 부서를 초월해서 협력하는 능력의 중요성을 강조한다.

개별 직원의 실적 평가에서 협력의 등급을 매기는 방법이 특히 좋다. 자신의 승진이 협력 능력에 달렸다는 사실을 깨달으면 행동이 바뀔 것이다.

다음에 소개할 세 회사는 전담팀과 공유 직원 사이의 건전한 협력이 성공에서 중요한 요소였다. 첫째 사례는 프로세스를 혁신하고, 둘째 사례는 제품을 혁신하며, 마지막 사례는 새로운 사업을 시작한다. 각 사례에 동일한 원칙이 적용된다.

프로세스 혁신 : 다우존스, 더 복잡해진 판매 프로세스

몇 년 전까지 광고의 성공 공식은 간단했다. 창조적이고 오래 기억되는 30초짜리 광고를 촬영한 다음에 거금을 들여 주요 방송사의 황금 시간대에 내보내는 것이었다. 그러나 2003년 이후 공식이 복잡해졌다. 소비자가 혼란스러워할 정도로 방송사가 너무 많아졌다. 공중파보다 적은 인구 집단을 대상으로 하는 케이블 텔레비전 채널과 웹사이트가 셀 수 없이 많이 생겼다. 그 결과로 광고 업체 종사자는 '가장 효과적인 광고란 창조적이고 기억에 남는 광고가 아니라 폭넓은 미디어를 통합하는 광고'라고 생각하게 됐다. 그렇게 하면 소비자가 어떤 매체를 보든지 메시지에 반복해서 노출될 것이었다.

통합 광고라는 발상이 매우 유력하게 보였지만, 기존 광고 에이전시와 언론사 입장에서 통합 광고의 제작과 전달은 낯선 일이었다. 문제는 조직이었다. 수십 년 동안 광고업계와 언론 업계 종사자들은 매체별로 전문화되어 TV 종사자, 라디오 종사자, 인쇄 종사자라는 식으로 나뉘어 있었다. 여러 매체를 운영하는 회사라도 사내에서 매체별 협력이 거의 이뤄지지 않았다.

2004년에 다우존스의 CEO인 리처드 자니노는 다우존스의 신문과 잡지와 방송을 통합한 시험 광고를 성공리에 마친 뒤에 통합 광고를 만드는 역량 구축에 자본을 투자했다. 새로 고용된 통합 광고 전문가인 매튜 골드버그(Matthew Goldberg)가 새로운 광고제작 사업을 이끌었다. 회사는 이 작업을 '다우존스 통합 솔루션(DJIS)'이라고 불렀다.

성과달성 조직 간 작업 관계의 심도와 작업 주기가 통합 영업팀과 맞지 않았다. 영업사원은 기본적으로 같은 매체의 영업사원과 교류했다. 그러나 DJIS는 매체 간에 긴밀한 협력이 필요했다. 또한 성과달성 조직의 영업팀은 일별과 주별로 계약 조건을 협상하고 거래를 마무리 짓는 주기에 익숙해져 있었다. 그러나 DJIS의 영업주기는 훨씬 길어질 것이었다. 예를 들어서 잡지 광고 한 면보다 통합된 광고를 판매하기가 훨씬 어렵기 때문이었다. 고객과 나누는 대화는 거래라기보다 협력에 가까웠다.

골드버그는 이런 차이점을 깨닫고 전담팀을 만들었다. 그는 다우존스의 조직 구성 관례가 아니라 이전 직장에서 통합 영업을 관리한 경험을 바탕으로 팀을 구성했다. 역할과 책임을 새로 규정한 다음에 해당 직책에 최고 적임자를 물색했다. 일부는 다우존스에서 영입했고 일부는 외부에서 고용했다.

골드버그는 강력한 전담팀을 구성했지만 그 팀만으로는 사업에 성공할 수 없었다. 무엇보다도 전담팀은 다우존스 기존 고객과의 인맥을 바탕으로 성장할 수 있도록 기존 영업팀의 인력과 긴밀하게 협력해야 했다. 골드버그는 전담팀이 다우존스에서 규모가 가장 큰 〈월스트리트 저널〉의 영업팀과 사이가 멀어지면 성공할 도리가 없다고 생각했다.

공유 직원과의 관계는 까다로웠다. 〈월스트리트 저널〉의 일부 직원은 영업 수수료를 놓고 겨루는 경쟁상대로 DJIS를 봤다. 다른 직원은 DJIS의 광고가 고객에게 실망을 주면 자신들이 수년 동안 구축해 놓은 고객 관계에 피해를 줄 것이라고 우려했다.

골드버그는 특유의 설득력이 넘치는 지도력을 발휘했을 뿐만 아니라 아래의 단계를 밟아서 〈월스트리트 저널〉의 영업팀 직원이 DJIS이 전담팀에 시간과 에너지를 쏟아붓도록 유도했다.

1. 전담팀을 〈월스트리트 저널〉의 영업팀에 가까이 배치한다.
직원들이 자주 얼굴을 맞대고 교류하게 돼 신뢰가 쌓일 것이다.
2. 공유 직원의 한정된 시간을 존중한다.
〈월스트리트 저널〉의 영업팀 직원이 목표를 달성할 유일한 방법은 빠르게 움직이는 것이었다. 일단 판매에 성공하면 바로 다음 고객에게 이동했다. 따라서 골드버그는 공유 직원의 역할을 한정되게 정하고 명료하게 유지했다. 그는 영업팀 직원의 판매를 방해할 모든 요소를 제거하려고 노력했다.

3. 두려움을 예상해 부작용을 최소화한다.

골드버그는 DJIS가 중요한 고객과의 관계에 피해를 줄 것이라는 두려움을 없애려고 DJIS의 영업 담당 직원이 공유 직원의 기존 고객을 완전히 파악하기 전에 고객에게 전화하면 절대 안 된다는 정책을 만들었다.

4. 핵심 직책에 내부 인사를 배치한다.

골드버그는 〈월스트리트 저널〉의 전 영업부장을 전담팀에 영입해서 기존 작업 관계의 이점을 활용해 협력을 강화했다. 전 영업팀장은 이미 〈월스트리트 저널〉의 영업팀에서 신뢰도가 높았기 때문에 신뢰를 쌓고 유지하는 과정에 큰 도움이 됐고 전담팀 대 성과달성 조직이라는 사고방식이 생기는 사태를 애초에 막을 수 있었다.

골드버그는 자니노와 중역들의 도움을 받았다. 이들은 수시로 DJIS를 옹호하는 활동을 했다. 예를 들자면 다음과 같다.

• 관리 이사회를 구성함 : DJIS가 통합 영업을 위한 모든 기회와 분야를 막론하고 파악해서 활용할 수 있도록 자니노는 통합 솔루션 위원회를 구성했다. 다우존스가 운영하는 모든 언론사의 영업과 마케팅 담당과 본사 중역이 위원회에 포함됐다. 이 방법은 실용적인 동시에 상징적이었다. 영업팀과 마케팅팀의 전 구성원은 자니노가 DJIS를 성공시키고

싶어 한다는 점을 확실히 이해했다.

- 회사 전역에서 DJIS의 성공을 축하함 : 자니노는 회사에 DJIS가 중요하다는 점을 명백하게 알리려고 기회가 있을 때마다 DJIS의 큰 성과를 강조했다.
- 보너스의 힘을 활용함 : 자니노는 공유 직원이 DJIS의 매출에 기여할 때마다 특별 보너스를 주도록 승인했다.

DJIS는 2006년에 모두가 만족하는 성공을 거뒀으며, 누적 수익이 약 2,500만 달러에 이르렀다. 골드버그는 다우존스의 신규 벤처 사업부의 새로운 직책으로 승진됐다.

제품 혁신 : WD-40, 제품 라인 확대 모색

1953년에 캘리포니아 샌디에이고에 위치한 작은 회사인 로켓 케미컬 컴퍼니(Rocket Chemical Company)는 항공 업계용 '녹 방지 용액' 개발에 심혈을 기울이고 있었다. 일부 연구원은 실험실에서 샘플을 몰래 가지고 나가 집에서 실험했다.

집에서 실시하는 불법 실험이 사업 확장의 계기가 됐다. 이 회사 역사에 분수령이 된 이 혼합액이 곧 소비재로 재출시됐다. 이 제품의 이름은 WD-40이었다(회사에 전해져 온 이야기에 따르면 WD는 water displa-cement[물기 제거]의 줄임말이며 최적의 제조 공식을 얻기까지 40번이나 개발을 반복했다). 이윽고 회사 이름이 WD-40으로 바뀌었다. 소비자는 이 제품의 새로운 활용 방법을 끊임없이 발견했다. 이 제품은 문 경첩에서 나오는 소음을 없애는 등 다양한 용도로 사용됐다. 2009년에 회사 웹사이트에 올라온 제품 활용법이 2천 개가 넘었다.

WD-40은 단 한 제품의 강점과 끊임없는 인기 덕에 1997년 총수입이 거의 1억 5,000만 달러까지 성장했다. 그 해에 CEO인 개리 리지(Garry Ridge)는 성장의 새로운 원천을 찾기 시작했다. 리지는 일련의 자료를 수집한 뒤에 폭넓은 제품 개발을 통해서 유기적으로 성장하는 방안에 관심을 돌렸다.

그때까지 WD-40의 마케팅팀이 신제품 개발 작업을 모두 담당했다. 일반적으로 기존 제품을 향상하거나 보완하거나 포장을 바꾸는 단기 프로젝트였다. 이제 리지는 여러 해를 투자해서 획기적인 프로젝트를 시작할 참이었다. 리지는 돌파구가 될 신제품을 고안해서 개발할 전담팀을 구성해 '투모로우팀'이라고 불렀다. 상품화는 성과달성 조직에 맡겼다.

투모로우팀은 성과달성 조직과 확연히 달랐다. 리더를 맡은 스테파니 베리(Stephanie Barry)는 외부에서 과학자를 고용했으며 외부 협력자와 새로운 관계를 구축했다. 이 팀이 초기에 거둔 성공은 WD-40 노메스 펜(No-Mess Pen)이었다. 기본적으로 WD-40을 가는 용기에 넣어 조금씩 쉽게 짜낼 수 있게 한 제품이었다. 투모로우팀은 이 프로젝트를 실시하면서 익숙지 않은 기술에 부딪혔다. 그래서 펜 기술 분야 및 WD-40과 플라스틱 사이의 화학적 상호작용 분야의 전문가가 필요했다.

노메스 펜은 대대적인 성공을 거뒀고 투모로우팀에 주요한 승리를 안겨 주었다. 고객의 피드백이 보기 드물게 많이 들어왔다. 이 제품은 특히 여성 고객에게 인기를 끌었다. 회사가 과거에는 목표로 삼지 않았던 대상이었다.

이 회사는 희망적인 경험에서 얻은 교훈을 통합해 계속해서 성공을 거두는 데에 목표를 맞췄다. 투모로우팀은 추가 신제품을 몇 개 내놨다. 이 회사의 접근법에서 두드러지는 측면을 아래에 정리한다.

- 협력에 중점을 둔 리더 : 필연적인 갈등이 발생하는 가운데도 베리는 기존 제품 개발팀과 마케팅팀을 중요한 협력자로 봤다.
- CEO가 직접 꾸준히 옹호함 : 리지는 노메스 펜에 대해 끊임없이 이야기했고 어디를 가든지 견본을 가지고 다녔다. 그 결과 회사 직원들은 리지가 단기적인 사업보다 장기적인 사업을 우선시한다는 점을 알게 됐다.
- 투모로우팀과 공유 직원의 책임을 확실히 분리함 : 이 회사는 제품 개발 과정을 일곱 단계로 나눴다. 투모로우팀은 초반의 네 단계를 이끌었다. 공유 직원(성과달성 조직의 마케팅팀)이 나머지 세 단계를 관리했다.
- 공유 직원에 추가 인력을 배치함 : 이 회사는 마케팅팀에 새로운 고위 간부를 비롯한 새 인력을 충원했다. 공유 직원이 성과달성 조직이 원래 담당하는 제품 개발 일정을 지키면서 투모로우팀이 개발한 제품을 상품화할 능력을 갖추게 하려는 것이었다.
- 두려움을 없애기 위해 자료 수집에 노력 : 이 회사의 분석 결과 노메스 펜은 판매 증가가 점진적이었다. 이 결과는 일자리를 잃을까 봐 걱정하던 성과달성 조직 직원의 두려움을 없앴다.
- 부서를 초월한 협력을 강조함 : 처음에 투모로우팀과 마케팅 그룹 사이의 관계 조성이 어려웠지만, CEO가 협력을 강하게 강조하며 두 조직의 협력에 기여했다.

• 기획할 때 긴밀히 합동함 : 투모로우팀은 초기 제품들을 시장에 내놓으면서 병목현상을 겪고 나서 기획 단계에서 성과달성 조직과 협력하는 관례를 개발했다. 예를 들자면 마케팅 담당자들은 주마다 프로젝트 검토 회의를 열었다.

혁신 케이스 : 인포시스, 비즈니스 모델 확대

인포시스(Infosys)는 1980년대 초반에 창립된 이후 주로 기업을 대상으로 고객 관리 소프트웨어를 개발해 왔다. 이 회사의 창립자들은 재능이 있는 소프트웨어 기술자의 봉급이 상당히 낮은 인도에서 선진국의 고객사에 서비스를 제공하는 발상을 처음 했다. 이 회사의 갑작스러운 성공신화는 인도에서 유명했다.

그러나 인포시스는 훨씬 폭넓은 서비스를 전달하자는 목표를 세웠다. 인포시스는 이런 노력의 일환으로 2004년에 인포시스 컨설팅(Infosys Consulting)을 설립했다. 인포시스 컨설팅은 각 회사의 경영진에게 IT 관련 조언을 제공했다. 이 회사가 제공하는 서비스 중에는 새 IT 시스템에 대대적으로 투자하는 프로젝트의 세부 사항을 개발하는 것도 포함돼 있다. 이는 인포시스의 핵심 사업과 잘 연결됐다. 따라서 인포시스 컨설팅이 세부 사항을 개발하면 인포시스의 기존 서비스팀들이 고객사에 새 시스템을 구축하는 식으로 작업이 연계될 수 있었다.

컨설팅 조직과 소프트웨어 개발 조직의 기술 및 작업 관계가 다르기 때문에 인포시스는 전반적인 활동을 실행할 전담팀을 완전히 백지상태에서 새로 만들었다. 인포시스는 딜로이트(Deloitte)에서 컨설팅 업계 베테랑인 스티브 프래트(Steve Pratt)를 스카우트, 인포시스 컨설팅의 책임을 맡겼다. 프래트는 인포시스의 조직 모형을 참고하는 대신에 컨설팅 업계에서 쌓은 경험을 활용해서 전담팀의 역할과 책임을 분명하게 정의했다. 그리고 그는 인포시스의 기존 평가 기준과 지침에 의존하지 않고 독특한 컨설팅 사업에 맞는 측정 지표를 따로 만들었다.

예를 들어서 과거에 인포시스는 고객의 입장에서 평가를 하는 게 아니라 인도에서 실행되는 작업의 일부를 주의 깊게 모니터해 왔다. 달성 목표는 최소 75%였다. 그러나 컨설팅팀은 고객과 직접 만나는 과정이 더 많이 필요했기 때문에 달성 목표를 좀 더 낮췄다.

프래트가 이끄는 전담팀은 인포시스와 여러 면에서 달랐지만 긴밀한 협력이 필요했다. 프래트는 인포시스와 동일한 고객에게 판매해야 했다. 그리고 그는 인포시스와 인포시스 컨설팅이 관련된 여러 프로젝트를 실행하는 서비스 전달 부서와 밀접하게 공동 작업을 해야 했다.

인포시스의 고객 관리 담당자들(특정한 고객과의 모든 업무를 책임지는 고위 간부)은 새로운 컨설팅 서비스 사업에 반대할 이유가 많았다. 시간이 부족했으며 새로운 서비스는 실적이 입증된 기존 서비스보다 판매하기가 힘들었다. 게다가 이들의 전 평판이 한 고객과의 거래 성공에 달려 있었다. 당연히 이들은 인포시스 컨설팅이 고객을 실망시킬까 봐 걱정했다. 또한 일부는 인포시스 컨설팅의 개입을 위협으로 받아들였다. 인포시스 컨설팅은 고객사의 중역과 관계를 구축해야 했기 때문이다.

프래트는 고객 관리 담당자들과 필요할 때마다 이야기를 나누며 갈등을 줄여갔다. 대화는 발생 가능성이 있는 시나리오를 예상하고 각 상황에서 협력할 방법을 고안하는 방향에 중점을 뒀다. 프래트는 설득력이 있는데다가 겸손했다.

이 회사는 전 세계에 지사가 흩어져 있어서 직접 만나는 회의를 주선하기가 힘들었으며, 그만큼 신뢰를 구축하기가 어려웠다. 그러나 인포시스 컨설팅이 초반에 몇몇 판매에 성공하자 신뢰도가 대폭 상승했다. 곧이어 새로운 기회가 넘쳐났다.

프래트는 인포시스 중역들의 전폭적인 지원 덕을 톡톡히 봤다. 중역들은 인포시스 컨설팅이 실패하거나 완전히 독자적으로 운영될 때 생길 위험을 인식했다. 인포시스의 CEO인 난단 닐레카니(Nandan Nilekani)는 새로운 서비스에 대한 당연한 의구심을 불식시키려면 자신이 분명하게 후원해야 한다고 믿었다. 모든 신규 사업 유닛은 고위 경영팀에게 직접 보고했다. 인포시스 컨설팅도 자체 이사회가 있었으며 인포시스 이사회와 구성원이 겹쳤다.

인포시스의 고위 경영팀은 직접 후원에 그치지 않고 각종 장려책을 강조했다. 예를 들어서 인포시스는 핵심 사업과 인포시스 컨설팅의 모든 고객에 대한 수익 목표치를 설정했다. 게다가 성과달성 조직과 전담팀의 직원이 협력해서 판매에 성공하면 양측 모두에게 장려금을 지급했다. 두 조직의 수익을 사내 실적카드에 기록했고 고객을 많이 확보한 직원에게 수수료를 주었다.

인포시스 컨설팅은 서비스 전달에서 전담팀과 성과달성 조직 사이의 책임을 최대한 분명하게 분리하려고 노력했다. 그러나 쉽지 않았다. 컨설팅팀은 사업 문제를 담당하고 성과달성 조직은 기술 문제에 집중한다는 일반 지침은 다양한 해석의 여지가 있었다. 인포시스는 작업 인계 과정이 원활하게 돌아가게 하려고 일부러 필요한 수보다 많은 직원을 배치했다. 또한 중역들은 상호 책임주의라는 철학을 실행했다. 업무 이전 과정에서 잘못이 생기면 양측 모두 책임을 졌다.

프래트는 성과달성 조직과 새로운 팀 사이에 갈등이 생길 때마다 항상 고객의 장기적인 관심과 일치하는 해결책을 내놓으려고 고심했다. 또 인포시스의 중역도 개입해서 정직, 팀워크, 겸손처럼 회사 전체가 오래전부터 공유해 온 가치관을 강조했다.

인포시스의 원래 사업 영역인 소프트웨어 개발의 총매출이 1996년에서 2001년 사이에 4천만 달러에서 4억 달러로 증가했다. 회사가 인포시스 컨설팅과 다른 사업부를 비롯해 다양한 서비스를 적극적으로 확장한 덕에 계속 놀라운 성장세를 보였다. 이 회사의 2008년 총매출은 40억 달러에 도달했다.

이 장의 핵심 내용

1. 혁신 프로젝트의 조직 모형은 전담팀과 공유 직원 간의 협력이다.

....

2. 성공을 거둔 혁신 프로젝트 리더의 가장 중요한 특성은 성과달성 조직과 대화를 할 때 긍정적이고 설득력이 있으며 협력적인 접근법을 활용하는 것이다.

....

3. 능력이 아무리 뛰어난 리더라도 건전한 협력을 유지하려면 상부의 도움이 필요하다. 혁신팀과 성과달성 조직 사이에 갈등이 빈번하게 발생하며 그 강도가 심하다. 그리고 일반적으로 혁신 프로젝트 리더는 갈등을 겪는 성과달성 조직의 리더와 비교해서 직책상의 권한이 적다.

....

4. 혁신 프로젝트 리더와 감독을 맡은 중역은 항상 건전한 협력을 유지하면서 긴장과 갈등을 예상하고 완화하며 중재해야 한다.

....

5. 공식적으로 배분된 자원을 놓고 벌어지는 갈등은 모든 자원이 하나의 문서와 하나의 프로세스를 통해서 혁신 프로젝트에 배분되면 쉽게 해결된다.

....

6. 대체로 개인적인 설득만으로 공유 직원이 혁신 프로젝트에 시간과 에너지를 충분히 투자하도록 유도할 수 없다. 강력한 장려책과 추가 자원이 필요하다.

....

7. 성과달성 조직과 전담팀이 건전한 협력 관계를 유지하기가 힘들다. 두 조직이 상당히 달라서 공동 작업을 하기가 불가능하기 때문이다.

PERFECT
INNOVATION

Part 2

혁신 실험,
철저한 규율이
핵심이다

제2부에서는 제4장, 제5장, 제6장에 걸쳐 혁신 프로젝트를 계획하는 방법과 진행과정을 평가하는 방법에 대해 설명하려 한다. 혁신 프로젝트는 일반 사업과 완전히 다른 접근법이 필요하지만, 많은 회사가 둘을 제대로 구분하지 못한다.

회사는 일반 사업에서 업무의 기강을 잡으려고 노력한다. 그러나 혁신 프로젝트에서는 다른 형태의 기강이 필요하다. 즉 잘 통솔된 실험을 하려고 노력해야 한다. 실제로 모든 혁신 프로젝트는 크기나 기간이나 목적과 상관없이 결과가 불확실한 프로젝트다. 모두 일종의 실험이다.

혁신 프로젝트 리더의 가장 중요한 관리 책임은 작업이 진행되는 과정에서 학습을 하는 것이다. 사업에 상당한 자금이 투자됐다면 빨리 배울수록 좋다. 일반적으로 혁신 프로젝트의 초기 계획은 추측으로 채워진다. 그러므로 최고의 초기 계획을 짠 회사가 아니라 가장 빨리 배우는 회사가 승리한다.

그러나 진행 중인 실험에서 적절한 교훈을 끌어내기란 어렵다. 규칙이 필요하다. 학습은 다음 3단계로 구성된다. 이어지는 세 장에서 철저한 학습 과정을 따르기 위한 연습법을 살펴보자.

1단계 | 실험을 정형화하라 : 실험에서 배우는 기본 원칙은 누구나 아는 내용이지만 실천하기가 힘들다.

2단계 | 가설을 무너뜨려라 : 거의 모든 혁신 프로젝트는 매우 복잡한 실험이다. 불확실한 추측이 두 가지 이상 존재한다.

3단계 | 진실을 찾아내라 : 조직 내의 많은 압력 때문에 사람들은 분석적이고 냉정한 자세가 아니라 그저 편리한 대로 결과를 해석하게 된다. 이런 압박을 이해하고 분석해야 한다.

제4장

실험을 정형화하라

2004년, 미국 소니 코퍼레이션(Sony Corporation)은 전자제품 사업부의 빈약한 고객 서비스가 각종 언론에 보도되면서 난관에 봉착했다. 반면에 2년 뒤에는 소니 코퍼레이션의 고객 서비스를 칭찬하는 열광적인 리뷰가 줄을 이었다. 급격한 서비스 향상의 핵심은 잘 통솔된 실험이었다.

소니 코퍼레이션은 회사 중역인 필 페테샤(Phil Petescia)에게 고객 서비스의 현황을 검토하라고 지시했다. 페테샤는 고객 서비스 담당자들이 특정 제품이나 사안에 전문화되면 더욱 효율적일 것으로 추측했다. 그는 일단 담당자들이 업무에 성공하면 만족도가 높아져서 더욱 열심히 일하리라 추측했다. 성공은 더 많은 성공을 낳기 마련이다.

가장 큰 어려움은 처음에 고객이 문의전화를 할 때 해당 사안의 전문가에게 바로 연결하는 것이었다. 담당자가 문제를 해결하지 못하고 다른 담당자에게 연결하면 고객은 인내심을 잃는다. 소니 코퍼레이션은 이런 문제를 해결하려고 널리 퍼진 기술을 도입했다. 고객의 문제를 진단하는 질문을 하는 자동화 시스템을 사용한 것이다. 그러나 이는 조심스럽게 실행돼야 했다. 기계가 질문을 너무 많이 하면 고객은 화를 낸다.

페테샤는 가장 적절한 방법을 찾을 목적으로 여러 가지 실험을 했다. 그는 질문의 개수와 내용을 다양하게 만들었다. 이 과정에서 그는 고객이 컴퓨터에 대응하다가 '귀찮아하는 순간에 다다르는 지점'을 발견했다. 또한 고객이 답변에 어려움을 겪는 질문을 찾아내서 제거했다. 예를 들어서 고객은 전화를 건 이유가 소프트웨어 문제인지, 하드웨어 문제인지 정확하게 판단하지 못했다.

페테샤와 그의 팀은 실험에 공식적인 방법으로 접근했다. 그들은 실험을 변경할 때마다 첫 전화에서 올바른 담당자와 연결됐는지, 고객이 문제가 해결됐다고 보고했는지, 고객이 전화 통화에 만족하는지 등을 신중하게 기록하고 분석했다. 소니 코퍼레이션은 매 실험에서 고객에 대해 배웠다. 이 회사의 고객 서비스가 대대적으로 향상된 것을 통해 잘 통솔된 실험의 힘을 알 수 있다.

실험을 하기는 쉽지만 경험에서 배우기는 어렵다. 이 장은 학습의 의미를 정확하게 정의하고 학습이 그토록 어려운 이유를 보여 준다. 그러고 나서 잘 통솔된 실험 과정의 핵심 단계를 간단히 개관한다.

이어서 잘 통솔된 실험의 10대 원칙을 구체적으로 설명할 것이다. 앞으로 설명하겠지만 각 원칙은 일반 사업의 기본 활동과 확실히 다르다. 이런 차이점 때문에 사업상의 실험에서 교훈을 배우기가 어려운 것이다. 실험에 공식적인 방법으로 접근해서 성공을 거둔 몇몇 회사의 사례로 이 장을 마무리한다.

학습이 결과를 이끄는 과정

우리가 실험을 통해서 배우는 게 무엇보다 중요하다고 이야기할 때면 경영자들은 다소 짜증스러워하는 듯하다. 일부 경영자의 마음에 있는 절대적인 목표는 '학습'이 아니라 '결과'다. 회사 입장에서 학습은 길고 지지부진한 목적인 반면에 결과야말로 사업의 최고 목표다.

우리는 그런 관점을 이해한다. 학습의 결과물은 위안을 주는 포상이다. 한마디로 "사장님, 죄송하게도 프로젝트가 실패했습니다. 그러나 우리가 많이 배웠다는 점을 말씀드리고 싶습니다"라는 식이다. 안타깝긴 하지만, 사실 혁신에서는 결과가 아니라 학습에 초점을 맞추는 것이 더 좋은 결과로 이어진다.

일반적인 학습을 말하는 게 아니다. 우리가 말하는 학습은 특정한 형태다. 이 책의 목적에 비춰서 정의하자면 학습이란 추측에 근거한 예측을 믿을 수 있는 예측으로 전환하는 과정이다.

회사는 예상 결과가 투자를 하는 게 타당하다고 나올 때 혁신 프로젝트를 시작한다. 그러나 이런 예상은 가정을 바탕으로 한다. 예상은 추측이며 어떤 경우에는 그저 터무니없는 억측이다. 학습을 하다 보면 추측을 지식으로 전환하게 된다. 터무니없는 억측이 정보에 근거한 가정이 되며, 정보에 근거한 가정은 믿을 만한 예측이 된다(〈도표 4-1〉 참고). 학습하고 있음을 보여주는 최고 지표는 예상이 점차 적중하는 것이다.

학습이 잘 되고 있음을 보여주는 최고 지표는 예상의 정확도 향상이다.

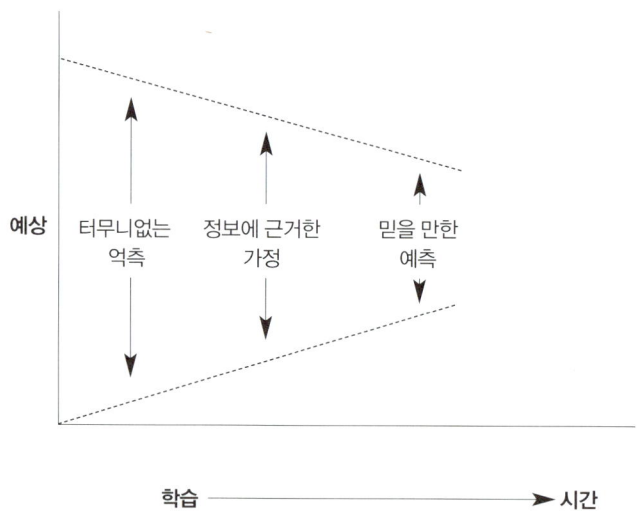

학습이 결과를 이끄는 과정을 보기 위해 동일한 혁신 프로젝트에 투자한 두 회사를 비교해 보자. 두 회사는 같은 계획을 세웠고, 성공할 가능성은 대략 30%다. A 회사는 전통적인 관점에 따라 결과에 중점을 두고, B 회사는 학습에 중점을 둔다.

A 회사는 학습 프로세스가 정착하지 않았기 때문에 혁신 프로젝트의 리더들이 원래의 계획을 고수한다. 자료가 거의 없던 시기에 제안됐던 계획, 즉 그저 추측이다. 결과가 예측에 미치지 못하게 되자, 혁신 프로젝트

의 리더는 방어적인 태도를 보인다. 리더는 회사가 인정하는 유일한 결과는 성공이라는 사실을 알기에 마땅치 않은 자료를 얼버무리면서 투자를 계속하라고 의사 결정자를 설득하기에 급급해 사업이 성공할 수 있다는 억지스러운 이야기를 지어낸다. 리더가 설득력이 있다면 투자는 계속되고 결국 많은 돈을 낭비한 채 실패의 길에 접어든다. 안타까운 이야기이지만 여기에서 끝이 아니다. 실패의 쓰디쓴 여파는 회사가 이 경험에서 배운 교훈을 간직할 가능성을 없애버린다. 이 회사는 결함이 있는 동일한 전제를 바탕으로 두 번째 혁신 프로젝트를 시작한다.

이번에는 B 회사를 살펴보자. 혁신 프로젝트 리더들이 공개적으로 결과를 논의하고 계획의 바탕이 됐던 원래의 가정에 이의를 제기한다. 학습을 하면서 예측을 업데이트한다. 원래의 가정이 잘못됐고 원래의 예측이 비현실적이라는 점이 확실해지면 다음에 취할 조치를 대화하기 시작한다.

실험을 폐기해야 할까? 계획을 변경해서 방향을 바꿔야 할까? 어느 쪽이든 B 회사는 A 회사보다 나은 결과를 얻을 것이다. B 회사가 혁신 프로젝트에 실패하더라도 그 시기가 A 회사보다 빠를 것이고 그만큼 비용이 덜 낭비될 것이다. 혹은 이 회사가 성공 가능성을 올리도록 방향을 전환할 방법을 찾아내면 혁신에 성공할 수도 있다. 이 회사는 계획을 수정할 때마다 이전보다 많은 자료와 적은 추측을 바탕으로 한다. 매번 상황이 명료해진다.

학습은 예측을 더 정확하게 만들어주며 정확하게 예측하는 능력은 매우 유용하다. 결과만 중요하게 여기고 학습을 회피하는 경영진은 회사를 망치는 길을 다지고 있는 셈이다.

일부 실험은 실패할 것이다. 필연적인 일이다. 그러나 확실한 규칙에 따라 빠르게 학습하기를 거부하는 자세는 어떤 변명으로도 옹호할 수 없다. 학습을 하면 실패 비용이 최소로 줄어들고 성공 가능성이 최대로 늘어난다.

직감만으로 학습할 수 없다

다들 일상적인 경험에서 실험을 통해 배우는 것에 익숙해져 있다. 예를 들어서 요리를 좋아하는 사람은 때로 재료나 방법을 바꾸면서 실험을 한다. 실험할 때마다 최소한 은연중에라도 요리가 어떻게 나아질지 예측한다. 요리가 완성되면 예측이 옳았는지 잘못됐는지 확인할 수 있다.

이 장은 실험을 중심으로 설명하고 다음 두 장에서 실험을 통한 철저하고 공식적인 학습 과정을 자세히 설명할 것이다. 당신이 평범한 요리사라면 공식 실험 과정을 밟지 않을 것이다. 그저 임의로 실험을 하면서 시간이 지나고 경험이 쌓이면 요리 실력이 향상될 것이다. 격식에 얽매이지 않고 실험을 해도 상당히 순조롭게 학습하게 될 것이다. 사람들은 비디오 게임에도 같은 방식으로 접근한다. 그저 해보면서 배우며 실제로 이런 방법이 효과가 있다.

그러나 그런 상황에서 쉽게 학습할 수 있는 이유를 이해하는 게 중요하다. 요리와 비디오 게임은 결과가 빠르고 명료하며 완전하게 나오기 때문에 실험에 이상적인 환경이다. 그러나 행동과 결과 사이에 시간 간격이 있으면 그 지연이 아무리 짧아도 실험을 통해서 학습하는 능력을 손상시 킨다.

오래된 호텔에 묵어본 적이 있는가? 지하에 있는 온수 탱크에서 5층에 있는 객실까지 온수가 올라오는 시간이 영원처럼 느껴지는 호텔 말이다. 온도를 조절하기가 얼마나 힘들었는지 기억나는가? 조절기를 고온으로 올린다. 수온에 아무 변화가 없다. 조절기를 조금 더 돌린다. 역시 아무 변화가 없다. 조절기를 또다시 돌리지만 마찬가지다. 그러다가 돌연 뜨 거운 물이 쏟아져 나와 몸을 데고 만다.

이번에는 반대 방향으로 조절기를 돌리기 시작한다. 수온에 변화가 없 다. 다시 조절기를 돌리고 또 돌린다. 수온의 변화가 없다가 갑자기 얼음 장처럼 찬물이 쏟아진다. 이처럼 행동과 결과 사이의 지연은 인과관계를 직감적으로 이해하기 어렵게 만든다.

사업상 시행하는 실험 중 일부분에서만 빠르고 명료하며 완전한 결과 가 나온다. 전형적인 사업 실험은 시작한 순간부터 성과를 맺기까지 긴 여정 동안에 이따금 부분적인 결과가 나올 뿐이다. 철저한 학습 과정을 따를 때만 부분적인 답을 명확하고 종합적인 그림으로 전환할 수 있다.

사실 많은 연구에 따르면, 이상적이지 않은 상황에서 인간이 직감만으 로 학습하는 능력은 현저히 떨어진다. 원인과 결과를 연결하기가 어려워 진다. 선입견이 올바른 판단을 막는다.

우리가 지금껏 이야기를 나눠본 혁신 프로젝트 리더 대부분은 학습이 중요하다는 사실을 어느 정도 알았다. 일부는 실험을 통해 학습하는 접근법을 취해야 한다고 주장하기까지 했다. 그러나 너무 많은 사람이 학습을 직감의 몫으로 떠넘긴다. 대부분의 사람이 어깨를 으쓱하며 실험과 학습이라는 말을 아무 생각 없이 한다. 이들은 적어도 프로젝트 결과가 바람과 다르게 나올 것임을 안다. 그리고 경험을 통해서 뭔가를 배운다는 열린 마음을 유지해야 한다고 생각한다.

그러나 열린 마음으로는 부족하다. 직감은 결함이 있다. 실험을 하기는 쉽지만, 그 실험에서 뭔가를 배우기는 어렵다. 교훈은 배우고 싶다고 해서 마법처럼 하루아침에 생기는 게 아니다.

사실 당신과 혁신팀이 그저 직감을 바탕으로 익힌 교훈을 토론한다면 아무 사전 준비 없이 잘된 점과 잘못된 점에 대해 이론적인 가능성을 이야기하는 수준에 그칠 것이다. 당신과 팀원들은 감정에 치우치지 않고 사실만을 찾는 대신에 말하기 편한 내용만을 주고받을 것이다. 결국 가장 설득력 있게 이야기를 잘하는 사람의 의견이 우세해질 것이다.

그러나 그런 방식보다는 철저한 학습 과정을 선택하는 편이 훨씬 낫다.

실험을 통한 학습 과정

실험을 통한 학습의 기본 단계는 간단하다. 실험을 시작하기 전에 계획한 내용과 기대하는 결과와 이유를 적는다. 기대했던 결과와 실제로 일어난 결과 사이의 차이점을 분석해서 얻은 교훈을 도출해 낸다. 이어서 배운 교훈을 바탕으로 계획을 수정한다(〈도표 4-2〉참고).

이게 전 과정이다! 이 과정을 엄격하고 감정에 치우치지 않게 실행하면 사업상의 실험에서 배운 교훈을 도출해 낼 가능성이 대대적으로 올라간다. 학습에서 결정적으로 중요한 단계는 예측과 결과 사이의 차이점을 분석하는 때다. 이런 분석을 통해서 가정이 옳았는지 잘못됐는지 입증할 수 있으며 가정하는 능력 또한 향상된다.

학계에서 말하는 이 과정의 공식 이름은 '과학적 방법'이다. 많은 사람은 과학적 방법이라는 말에서 어린 시절의 나쁜 기억을 떠올린다. 어쩌면 당신이 과학적 방법으로 생각했던 마지막 시기는 고등학교에서 화학을 공부할 때였는데 화학을 그리 좋아하지 않았을 수 있다. 그렇더라도 과학적 방법은 혁신가에게 필수적인 동반자다. 실험을 통해서 배우는 과정은 과학적 방법이다.

● 도표 4-2 **실험 정형화하기**

실험 계획을 세운다.
(혹은 계획을 수정한다.)

예측과 결과를 비교하고
얻은 교훈을 평가한다.

결과를 예상하고 이를
뒷받침하는 논리와
가정을 첨부한다.

실험을 하고 측정 내용을
기록하며 관찰 내용을
자세히 적는다.

기업에 있는 사람들은 혁신 프로젝트를 할 때 과학자처럼 행동해야 한다. 우리는 마케팅 및 재정과 더불어 잘 통솔된 실험도 경영대학원의 교육 과정에 들어가야 한다고 생각한다.

각 프로젝트는 자체 계획이 필요하다

앞서 학습의 기본 과정은 매우 간단하다고 말했다. 사실 과정이 간단하다면 실패할 이유가 없지 않을까? 물론 목록이 짧다면 그럴 것이다. 그러나 안타깝게도 학습 과정은 다시 여러 단계로 나뉜다.

이렇게 세분화되는 이유는 골치 아픈 차이점 때문이다. 과학자는 형식을 갖춘 실험을 일상적으로 한다. 그러나 기업에 있는 사람은 회사 운영이 일상이고 실험은 예외적인 일이다. 회사 운영에 유익한 점과 실험에 유익한 점이 충돌할 때 혼란이 일어난다.

바로 앞에서 공식적인 학습 과정의 기초를 설명했다. 이미 회사는 그런 과정을 실행하고 있다. 구체적으로 말하자면 계획 수립 과정이다. 기본 사항은 똑같다. 관리자는 일상적으로 계획을 세울 때 예상을 하고 예상과 결과의 차이점을 분석한다.

안타깝게도 이런 높은 단계의 유사성이 기본적인 차이점을 가려버린다. 예를 들어서 혁신 프로젝트의 계획과 일반 사업의 계획은 목적이 서로 다르다. 성과달성 조직의 리더는 계획의 실행에 중점을 둔다. 그러나 혁신 프로젝트의 계획은 가설이다. 혁신 프로젝트 리더는 최대한 빠르고 효율적으로 가설을 실험하고 향상하는 데에 중점을 둬야 한다. 그렇게 해야 최고의 결과가 나온다. 혁신 프로젝트가 완전히 새로운 영역이면 가설 자체가 전략이다. 성과달성 조직의 리더와 달리 혁신 프로젝트 리더의 역할은 전략을 실행하는 게 아니라 가설을 실험하고 향상하는 것이다.

이처럼 목적이 분명히 다르기 때문에 결과를 분석할 때 다르게 생각을 해야 한다. 성과달성 조직의 분석에 자리 잡은 기본 전제는 해당 사업이 계속 진행 중인 일이라는 것이다. 다시 말하자면 과거를 전례로 삼을 수 있다. 과거가 전례라는 전제는 회계 규칙의 기반이다. 혁신이 본질적으로 새롭고 불확실하며 전례가 없다는 점을 감안하면 앞서 말한 전제가 상당히 당황스러울 것이다.

따라서 각 혁신 프로젝트는 별도로 독립된 자체 계획이 있어야 한다. 독립된 계획은 기존 사업과 뚜렷이 다르게 생각할 여지를 만든다. 또한 배운 교훈이 모호해지는 것을 막는다. 혁신 프로젝트는 규모가 작다. 혁신 프로젝트의 결과물은 일반 사업의 결과물에 비하면 하찮다. 게다가 성과달성 조직이 가장 강조하는 평가 기준은 대체로 혁신 프로젝트와 거의 관계가 없다.

그러나 분리된 계획으로 모든 문제가 해결되지는 않는다. 이외에 계획을 세우고 수정하는 다른 과정도 있어야 한다. 이는 철저한 학습 과정이어야 한다. 이런 과정을 만들려면 성과달성 조직의 계획 수립 과정에서 보이는 특정한 속성을 반드시 알아야 한다.

다음에 설명하는 10대 원칙은 공식 실험의 내용을 설명하고 필연적인 차이점을 강조한다. 10대 원칙 중 일부는 실천하기가 수월하다. 다른 일부는 규모가 크고 위험하며 복잡한 사업에 적용할 경우 개념을 이해하기는 쉽지만 실천하기가 어렵다. 이어서 제5장과 제6장에서는 올바른 상태를 유지해 주는 추가 도구와 기술을 소개할 것이다.

● 원칙 1 : 계획 수립에 대폭 투자한다

우리는 이 책의 바탕이 된 연구를 시작했을 때 먼저 예산을 짰다. 첫해는 예산을 책정하느라 시간이 오래 걸렸다. 우리는 계획한 일부 활동의 비용을 추산하는 방법을 몰라서 대단히 부정확한 가정을 했다. 그러나 해를 거듭할수록 수치가 정확해졌고 앞선 경험을 활용한 덕에 예산 책정에 시간이 덜 들었다. 핵심 활동에 관심을 집중하면서 매해의 예산이 전해의 예산과 유사해졌고 점차 성과달성 조직처럼 운영하게 되었다.

혁신 프로젝트는 이와 동일한 패턴으로 진전된다. 처음에는 예산 수립, 계획 수립, 예측 모두 매우 힘들다. 그러나 혁신이 성공하면 이런 활동들이 점차 쉬워진다.

성과달성 조직의 활동은 대부분 입증이 되며 일상적이다. 물론 해마다 약간 차이가 있지만 성과달성 조직의 계획 수립은 처음부터 새로 시작하는 발명과 거리가 멀다. 결과적으로 관리자들이 계획 수립 과정을 비교적 빨리 마치는 것에 익숙해져 있다. 성과달성 조직의 관리자들은 혁신 프로젝트 계획의 초안을 작성할 때 필요한 추가 노력을 기울일 필요가 없다.

또 혁신 프로젝트는 결과물을 평가하는 작업에도 시간이 많이 든다. 일반 사업은 결과가 기대에 못 미치면 기준을 달성하지 못한 특정 분야를 파악하는 식으로 분석이 이뤄진다. 예를 들어서 "우리가 이번 분기에 목표에 도달하지 못한 이유는 예상치 못하게 세 명의 간부와 노련한 영업사원이 사퇴하면서 서부 지구의 제품 영업 부서가 고전을 겪었기 때문이다"라는 식이다. 이런 형태의 분석은 비교적 수월하다. 회사는 이런 방식에 익숙해져 있다.

그러나 혁신 프로젝트는 기대치에 미치지 못한 이유를 진단하기가 훨씬 어렵다. 실적 기준이 아니라 가정에 비추어 결과를 비교해야 하며 분석도 추상적인데 잘못된 가정 및 그 이유에 대한 설명이 여러 가지이고 설명의 내용이 서로 대립된다. 분석을 제대로 하자면 시간이 오래 걸린다.

안타깝게도 혁신 프로젝트의 계획 수립 과정은 두 가지 이유로 관심을 덜 받는다.

첫 번째 이유는 불확실성이 커질수록 계획 수립의 가치가 떨어진다는 통념 때문이다. 이런 생각의 기반에 예측은 정확해야 가치가 있다는 믿음이 있다. 그러나 말이 안 된다. 사실 그런 생각은 실험을 통해서 결과를 예측하는 목적 자체를 완전히 간과하고 있다. 예측의 가치는 정확성이 아니라 이후에 결과를 해석할 때 기준점의 역할을 하는 능력에 있다. 과학적 방법의 핵심 단계, 즉 가장 중요한 학습 단계는 예측과 결과의 차이를 분석하는 것이다. 시간이 오래 걸리긴 하지만 명확하게 예측하고 그런 예측에 깔린 논리를 첨부하는 과정을 사전에 거치지 않으면 가장 중요한 이 분석 단계가 약해진다.

두 번째 이유는 계획을 검토하는 경영진의 관심이 회사 전체에 분산돼 있으면 자연스레 규모에 비례해 시간을 배분하게 되고 결국 가장 큰 부서에 대부분의 에너지를 쏟게 되기 때문이다. 그러나 혁신 프로젝트는 대체로 규모가 작다. 여러 계획이 중역에게 보고될 때 혁신 프로젝트는 '혁신 프로젝트' 라고 써진 페이지의 주요 항목 중 하나로 축소돼 버린다.

혁신 프로젝트에 관심을 기울이게 하려면 예산 규모가 아니라 해당 사업의 장기적인 가능성이나 단기적으로 최종 결산에 미치는 영향력을 강조해야 한다. 예산이 1,000만 달러인 혁신 프로젝트는 100억 달러인 기존 사업에 비해서 별것 아니게 여겨지겠지만, 그 혁신 프로젝트가 완전히 실패로 돌아가면 회사 전체의 이익 폭이 1% 떨어진다.

◐ 원칙 2 : 백지상태에서 계획을 수립하고 평가표를 작성한다

성과달성 조직은 해마다 전년도와 거의 유사하다. 이런 점은 편리하다. 이 덕분에 회사는 명시된 표준 비용 범주, 실적 평가 기준, 계획 수립 서식을 매해 반복해서 사용할 수 있다. 또한 덕분에 계획 수립, 예산 책정, 보고와 같은 많은 업무를 자동화한 IT 시스템을 만들 수도 있다.

이런 점은 효율적이지만 안타깝게도 경직성이 수반된다. 혁신 프로젝트는 의도적으로 과거에서 벗어나려는 활동이다. 이미 회사에 정착된 표준 계획 수립 과정이나 표준 비용 범주나 표준 실적 평가 기준은 혁신 프로젝트에 맞지 않는다. 혁신 프로젝트를 기존 체계에 억지로 맞추려는 태도는 잘못된 정보와 분석을 강요하는 셈이다. 또 그런 태도는 관리자들이 일반 사업용 모형을 혁신 프로젝트의 불확실한 영역에 적용하려고 하게 만든다.

이런 문제를 피하려면 혁신 프로젝트 전용의 계획 수립 문서를 만들어야 한다. 여기에 계획과 예산과 실적 보고를 위한 새로운 형식과 서식이 포함돼야 한다. 완전히 백지상태에서 시작하는 방법이 최선이다.

회사는 계획 수립 과정에서 효율성을 얻으려고 노력한다. 따라서 혁신 프로젝트, 즉 실험을 예외로 취급해 달라는 제안에 저항하는 사람이 많을 것이다. 그러나 이 단계는 매우 중요하다. 물론 힘이 많이 들고 시간이 오래 걸린다. 그러나 그런 추가 노력이 없으면 배울 수 없다.

● 원칙 3 : 자료와 가정을 토론한다

우리 경험에 따르면 기업에 있는 사람은 자료를 매우 좋아한다. 기업에 있는 사람은 자료를 수집·분석하고 보여주고 이야기하고 그 자료의 중요성을 논쟁하기를 좋아한다. 우리가 컨설팅을 맡은 고객사에 혁신 프로젝트 출범 계획서를 제출하면, CEO는 해당 아이디어가 전망이 있는 이유만이 아니라 구체적인 수치를 달라고 요구한다. 인포시스의 공동 창립자인 나라야나 무르티(Narayana Murthy)는 직원들에게 "우리는 신을 믿습니다. 그 외 모든 사람은 자료가 있어야 합니다"라는 말을 자주 한다.

우리도 자료를 좋아한다. 실제로 성과달성 조직의 계획은 과거의 경험과 자료와 세부 사항을 강조해야 한다. 그리고 회사는 혁신 프로젝트에 투자하기 전에 그 투자가 타당하고 신중하다는 점을 입증해 줄 자료를 최대한 많이 수집해야 한다.

그러나 혁신 프로젝트는 자료만으로 부족하다. 사실 자료를 너무 강조하면 역효과가 날 수 있다. 일반 사업은 90%가 자료이고 10%가 불확실한 사항이다. 그러나 과감한 혁신 프로젝트는 정반대다. 10%가 자료이고 90%가 불확실한 사항이다. 그런 상황에서 자료만 이야기하면 중요한 사항의 10%만 거론하는 셈이다. 예측에 깔린 가정을 명확하게 설명하고 토론하는 방법을 통해서 자신이 모르는 사항에 중점을 맞추는 편이 낫다.

그러나 이런 방식을 쓰는 사람이 거의 없다. 대체로 기업에 있는 사람은 자료를 토론하는 쪽을 편하게 생각한다. 첫째, 자료를 이야기하기가 더 수월하다. 수치가 나오고 정확하다. 게다가 자료를 바탕으로 한 주장은 잘못될 가능성이 적다. 자료는 마음의 안정을 준다. 자료에는 사실이 들어 있다. 말하자면 "폭넓은 사실을 바탕으로 제안했다"라는 말은 확신을 준다. 반면에 가정을 말하자마자 비판을 받기가 쉽다. "수많은 가정을 해야 했다"라는 점을 인정하자면 마음이 편하지 않다.

회사가 혁신에 성공하고 싶다면 이런 불편함을 반드시 극복해야 한다. 항상 가정이 존재한다. 중요한 점은 당신이 가정을 인정하느냐 안 하느냐 하는 것이다. 가정을 인정하지 않으면 배울 수 없다.

◉ 원칙 4 : 가설을 명료하게 작성한다

일상적으로 진행하는 업무에서는 '계획과 비교해 어떻게 실행됐는가?'라는 질문에 대답할 때 계획이 정확히 어떤 내용이었는지를 거의 논의하지 않는다. 계획은 계획이다. 계획에 나온 정보는 대부분 수치이며 명료하다.

혁신은 이와 다르다. 계획에 나온 대부분의 중요한 정보(예측에 깔린 가정)가 대체로 잘 전달되지 않고 이해되지 않으며 빠르게 잊힌다. 글로 써진 계획과 검토되는 계획이 당연히 동일할 것이라고 여기면 안 된다.

'원칙 3'은 계획을 세울 때 자료는 물론 가정에도 관심을 기울여야 한다고 강조했다. 그러나 결과가 나오기 시작하면 애초의 가정을 아무도 기억하지 못하더라도 딱히 문제가 안 된다.

따라서 가정을 최대한 분명하게 작성하는 것이 중요하다. 기록된 가설을 명료하게 첨부해야 한다. 결과 및 학습한 교훈을 평가할 때 토론에 참가한 사람은 모두 기록된 가설을 상기해야 한다.

이런 원칙이 없으면 학습한 교훈에 대해 생산적인 대화를 하기가 거의 불가능하다. 토론 참가자가 단지 수치, 즉 최초의 가정이 아니라 예측과 결과에만 관심을 가지면 진행 상황과 이유에 대한 설명을 꾸며내게 된다. 참가자는 자신들이 하는 이야기를 뒷받침할 새로운 가정을 지어낼 것이며, 이는 학습 과정을 약하게 만든다. 가정이 옳았는지 잘못됐는지 확실하게 의견이 일치될 가능성이 줄어든다. 선입견과 정략이 학습을 몰아낸다. 혁신 프로젝트의 규모가 크고 복잡할수록 어려움이 커진다.

▶ 원칙 5 : 최소의 노력으로 최대한 많이 배울 방법을 찾는다

성과달성 조직에서 당면 목표는 고객에게 서비스를 제공하고 경쟁사를 제치며 이윤을 최대로 올리는 것이다. 혁신 프로젝트에도 그런 모든 목표가 중요하지만 빠르고 저렴하게 학습하는 것이 더 시급한 우선 사항이다.

따라서 대형 실험을 시작하기 전에 '이보다 규모가 작은 실험에서 동일한 정보가 나올까?'라는 질문을 해봐야 한다. 때로 경쟁사가 먼저 시장에 진출해 위협을 해오면 즉시 경쟁사보다 규모가 큰 혁신 프로젝트를 시작해야 하는 경우도 있지만, 다른 모든 사항이 동일하면 더 체계적이고 느린 속도로 진행하는 게 타당하다. 예를 들어서 이런 논리 때문에 전국 판매를 시작하기 전에 테스트 시장에서 신제품을 출시하는 것이다.

게다가 빠르고 쉽게 학습하려면 결과를 쉽게 해석하게 해주는 합리적인 단계를 거쳐야 한다. 결과가 즉시 분명하게 나오는 상황이 이상적이다. 그러므로 다음 사항을 고려해 보자. 행동과 성과물 사이의 지연을 손

쉽게 제거할 수 있는가? 결과를 애매하게 만드는 '잡음', 즉 예상할 수 없는 외부 영향이 있을까?

마지막으로 실험에 미지의 사항이 여러 개 있다면 그중에 어떤 사항이 가장 중요한지 미리 파악하는 게 좋다. 즉 가정들이 잘못됐다고 치면 그중에 어떤 가정이 전체 사업을 당장 중단시키는 영향력이 있을까? 그 미지의 사항을 먼저 시험해 볼 방법이 없을까? 시험할 수 있다면 어떤 측정 방법을 사용해야 할까?

◯ 원칙 6 : 결과를 논의하는 개별 회의를 한다

회사는 일반 사업에서 여러 부서 혹은 기능이나 그룹의 계획을 하나의 회의에서 검토한다. 이렇게 해서 부서를 초월해서 회사 조직 전체의 운영을 조율할 수 있다. 이는 최고의 활동 방법을 확산시키도록 돕는다. 또한 사내 경쟁을 적당히 유발한다.

그러나 혁신 프로젝트와 일반 사업의 결과를 한 회의에서 같이 검토하면 안 된다. 혁신 프로젝트는 다른 회의실에서, 다른 시간에, 다른 그룹의 많은 사람이 함께 모여 자체회의를 열어 검토해야 한다.

혁신 프로젝트와 일반 사업의 검토 내용이 워낙 다르기 때문에 두 사업을 동일한 회의에서 검토하기가 곤란하다. 일반 사업을 검토할 때는 계획이 대부분 옳다는 가정이 깔려 있다. 그러므로 결과가 계획에 미치지 못하면 계획을 따라잡도록 행동을 즉시 바로잡을 방안에 대화가 집중된다. 반면에 혁신 프로젝트를 검토할 때는 계획이 잘못됐을지도 모른다는 가정이 깔려 있다. 그래서 결과가 계획에 미치지 못하면 가정을 수정해야 하는지와 방향을 대대적으로 변경해야 하는지에 대화가 집중된다. 그러므로 속성이 서로 다른 대화를 한 회의에서 하기란 어렵다.

게다가 혁신 프로젝트는 처음부터 일반 사업과 의도적으로 다른 목적을 가지고 출발한다. 그러므로 별도의 측정 기준과 표준을 사용해야 제대로 평가할 수 있다. 혁신 프로젝트와 일반 사업을 동일한 회의에서 논의하면 혁신 프로젝트에 성과달성 조직의 평가 기준을 억지로 적용하게 되기 십상이다. 우리 두 사람은 여러 회사에서 이런 경우를 목격했다. 성과달성 조직에서 수년 동안 사용된 측정 기준과 표준은 자연스레 제2의 속성으로 굳어진다.

예를 들어서 우리가 연구했던 한 회사는 특수 용도로 판매되는 제품 수천 개가 카탈로그에 나와 있었다. 각 제품의 매출 총이익은 전체 실적을 대변하는 역할을 했다. 카탈로그에 나온 모든 제품의 비용 구조가 비슷했기 때문에 매출 총이익을 표준으로 삼은 방법이 효과가 있었다.

그러나 이 회사가 기존 제품들보다 생산량 및 판매량이 여러 배 많은 일반용 제품을 출시하면서 혼란이 쌓이기 시작했다. 생산량이 많아진 결과로 영업비와 마케팅비와 개발비가 매출에서 차지하는 비율이 기존 관례보다 낮았다. 신제품이 회사 표준에 비해 매출 총이익이 가장 낮았지만, 전체적인 실적은 꽤 좋았다. 그러나 신제품의 낮은 매출 총이익은 실패작이라는 잘못된 인상을 줬으며, 이에 따라 이 회사는 혁신 프로젝트에 대한 투자를 거의 중단했다.

● 원칙 7 : 계획을 자주 재평가한다

성과달성 조직은 사업의 바탕이 된 기본 가정을 상당히 긴 시간이 지난

후에야 논의하는 일이 다반사다. 어쩌면 1년에 한 번 정도 토론하는 게 자연스러울 것이다. 그러나 혁신 프로젝트는 논의 간격이 그렇게 길어지면 안 된다.

가정을 입증하거나 이의를 제기할 수 있는 새 자료가 나올 때마다 재평가해야 한다. 예를 들어서 여러 해가 걸리는 혁신 프로젝트의 경우 기본 가정을 공식적으로 논의하는 회의를 한 달에 한 번씩 해야 한다. 자주 검토해야 하는 이유는 계획을 검토하고 수정하는 속도에 의해 학습 속도가 결정되기 때문이다.

● 원칙 8 : 동향을 분석한다

일반 사업을 평가할 때는 분석을 하기가 간단하다. 결과는 기대치 초과 아니면 기대치 미달 중 하나다. 회사 실적이 목표보다 높았거나 낮았다는 식으로 분석하면 된다. 또 해당 분기는 성공 아니면 실패라는 식으로 분석하면 된다.

혁신 프로젝트를 평가할 때는 중심 질문이 그렇게 흑백 논리로 분명히 나뉘지 않는다. '결과'가 아니라 '과정'에 중점을 둔다. 혁신 프로젝트가 성공을 향하고 있는가, 혹은 실패를 향하고 있는가?

표준적인 계획 수립 형식은 과정의 평가에 별로 도움이 안 된다. 일반적으로 그런 형식은 분기 혹은 1년처럼 장기간에 걸친 데이터 총액을 보여 준다. 보고서를 상세하게 나눌 때 고객 집단별, 제품별, 유통 경로별, 지역별 세분화가 주별 혹은 달별 세분화보다 일반적이다. 이런 방식은 보고하는 기간 내에 변화가 별로 없는 일반 사업에 적당하다(물론 시즌별로 많이 달라지는 일부 사업에는 이 규칙이 적용되지 않는다).

반면에 혁신 프로젝트의 목표는 변화를 일으키는 것이다. 일반 사업은 분기별로 내용이 거의 동일하지만 혁신 프로젝트는 훨씬 역동적인 경향이 있다. 그러므로 장기간의 총합계를 낸 보고서는 혁신 프로젝트에서 거의 실용성이 없다. 변화를 이해하기가 모호하기 십상이거나 완전히 간과된다. 동향은 결과와 과정을 모두 보여 주므로 총계보다 의미가 있다.

자동차 속도계는 두 종류다. 일부 자동차의 속도계는 디지털 디스플레이다. 다른 자동차는 전통적인 아날로그(시계 문자판) 디스플레이다. 디지털 디스플레이는 정확한 속도를 읽기가 쉽다. 반면에 전통적인 디스플레이를 보면 현 속도 및 추세까지 즉시 직감할 수 있다. 가속과 감속을 얼마나 빠르게 하는지 보여 준다. 혁신에는 아날로그 장치가 더 낫다.

● 원칙 9 : 예측을 공식적으로 수정한다

성과달성 조직은 실적 기대치가 고정돼 있다. 위기가 일어나지 않는 한 경영진은 계획 수정을 못마땅해 한다.

혁신 프로젝트는 다르다. 초기의 예측이 어긋날 확률이 거의 100%다. 게다가 정의상 학습 과정은 예측을 향상시키는 과정이다. 따라서 예측이 고정돼 버리면 학습을 하기가 한마디로 불가능하다.

그렇다고 혁신 프로젝트 리더가 그때그때 자기에게 편한 대로 예측을 수정해도 된다는 의미가 아니다. 오히려 그 반대로 철저한 학습 과정을 통해서만 예측을 수정해야 한다. 수정하려면 모두가 동의하는 교훈이 반드시 있어야 한다. 즉 계획의 가정 중 하나가 잘못됐을 가능성이 있음을 보여주는 새로운 자료가 있어야 한다. 그럴 때만 예측을 수정하고 기록된 가설을 업데이트할 수 있다.

● 원칙 10 : 혁신 프로젝트 리더를 주관적으로 평가한다

대부분의 회사는 결과를 바탕으로 리더를 평가한다. 이런 방법은 일반 사업에 효과가 크다. 일반 사업은 과거의 선례에 바탕을 둔 명료한 실적 표준이 있다.

그러나 이 방법은 혁신 프로젝트에 효과가 없다. 혁신 프로젝트의 리더에게 계획의 책임을 묻는 방식은 치명적인 결과를 유발한다. 당신이 계획에 책임을 져야 하는 상황이라면 어떻게 행동할지 생각해 보자.

첫째, 예측을 지나치게 낮게 잡을 것이다. 물론 이 점은 성과달성 조직에서도 마찬가지다. 그러나 혁신 프로젝트는 불확실성이 더 많기 때문에 당신이 수치를 교묘히 조정할 여지가 많이 있다. 또한 당신은 간신히 자금만 받아낼 정도의 낮은 예상치를 찾아내려고 열심히 노력할 것이다. 혹은 당신이 결과를 확신하는 혁신 프로젝트를 상부에서 승인하지 않으면 당장 일을 그만둬버릴 것이다.

이제 계획에 미치지 못했을 때 당신이 어떤 행동을 할지 생각해 보자. 당신은 정보를 제공하지 않을 것이다. 방향 변화에 대한 토론에 중역이 참여하지 않기를 바랄 것이다. 그들이 방향 변화를 실패의 인정으로 볼 것이기 때문이다. 대신에 당신은 더 열심히 일하면서 희망을 품을 것이다. 어쩌면 다시 계획에 맞춰 진행할 수 있으리라는 헛된 희망을 품고 불필요한 위험까지 감수할 것이다.

그러나 당신이 수치만이 아니라 학습 및 적응 능력을 바탕으로 평가받는다면 어떨까? 그런 상황이라면 당신은 계획을 세울 때 양심과 협상해서 낮은 예상치를 내놓는 대신에 기록된 가설을 명확하게 규명하려고 노력할 것이다. 이후 변화가 필요한 환경을 적극적으로 살펴보고, 새 정보를 즉시 공유하며, 방향 변화에 대한 토론에 상사가 참여하기를 원할 것이다.

상사가 개입을 많이 할수록 좋다. 상사가 당신을 주관적으로 평가할 수 있는 유일한 방법은 상사가 당신의 결과만이 아니라 행동과 활동을 판단할 수 있을 만큼 밀접하게 개입하는 것이다.

〈표 4-1〉은 일상적으로 진행되는 사업의 전형적인 계획 수립 과정과 철저한 학습 과정 사이의 주요 차이점을 요약한다.

실험을 통해서 학습하는 방식을 공식으로 구축한 두 회사의 사례로 이 장을 마무리할까 한다. 첫 사례는 신제품 출시에 중점을 맞추고, 두 번째 사례는 새로운 서비스 출시에 중점을 두었다.

● 표 4-1

성과달성 조직의 전형적인 계획 수립 과정과 혁신 우수 사례와의 비교

혁신 프로젝트의 계획 수립 원칙	성과달성 조직의 관례
1. 계획 수립에 대폭 투자한다.	1. 예산에 비례해서 투자한다.
2. 백지상태에서 계획을 수립하고 평가표를 작성한다.	2. 그저 전년도 계획을 수정한다.
3. 자료와 가정을 토론한다.	3. 자료에 중점을 둔다.
4. 기록된 가설을 명료하게 작성한다.	4. 예측을 명확하게 작성한다.
5. 최소의 노력으로 최대한 많이 배울 방법을 찾는다.	5. 예산, 시간, 세부 사항을 엄수한다.
6. 결과를 논의하는 개별 회의를 한다.	6. 개별 회의가 필요 없다.
7. 계획을 자주 재평가한다.	7. 계획상의 결과를 낸다.
8. 동향을 분석한다.	8. 총계를 분석한다.
9. 예측을 공식적으로 수정한다.	9. 수정을 못마땅해 한다.
10. 혁신 프로젝트 리더를 주관적으로 평가한다.	10. 성과를 바탕으로 평가한다.

톰슨 코퍼레이션, 공식 실험 과정인 '빅 X' 프로젝트 개발

변호사는 정보에 몹시 집착한다. 톰슨 코퍼레이션(이하 톰슨)은 수십 년 동안 법조계 고객사를 대상으로 방대한 판례법 자료집을 출간했다(자세한 배경 정보는 제2장 참고). 2000년, 톰슨은 고객에게 더욱 폭넓은 서비스를 제공할 기회를 모색하려고 변호사 사무소의 작업 프로세스를 단계별 및 시간별로 철저하게 연구했다. 이를 통해서 고객 서비스 분야에서 새로운 기회를 많이 발견했다.

예를 들어서 톰슨은 변호사가 재판을 준비할 때 해당 사건과 유사한 과거 사건들을 거의 모든 측면에서 연구한다는 점에 주목했다. 변호사는 변론 취지서(변호사가 주장을 요약해서 작성한 문서), 고소장, 명령 신청서, 각서, 사건 일람표를 비롯해 광범위한 법률 문서를 수집한다. 이런 문서를 모으는 데 시간이 오래 걸렸고 복잡했다. 일반적으로 변호사는 보좌관에게 법원에 가서 기록 보관실을 샅샅이 뒤져 복사해 오라고 지시했다. 톰슨이 그런 문서를 온라인 데이터베이스로 제공할 수 있다면 변호사 사무소가 훨씬 효율적으로 운영될 것이었다.

또한 톰슨은 변호사의 생산성을 높여주는 소프트웨어를 개발할 몇 가지 기회를 파악했다. 예를 들어서 대체로 변호사는 사건을 수락할지 결정하기 위해서 해당 소송에서 선고될 금액을 예상해야 했다. 이를 위해서 동일한 사건을 직접 일일이 조사해서 판결을 검토했다. 톰슨은 이런 과정을 자동화한 소프트웨어 도구가 있으면 좋겠다고 생각했다. 그리고 변호사에게 최고 악몽은 재판 날짜를 잊어버리는 것이기 때문에 톰슨은 온라인 법정 일정과 변호사의 개인 일정표를 자동으로 연결하는 소프트웨어의 개발을 구상했다.

톰슨은 대형 제품 개발 그룹을 운영하고 있었다. 그러나 직원 대부분이 기존 판례법 데이터베이스를 향상시키는 여러 소규모 프로젝트에 참여하고 있었다. 예를 들어서 많은 직원이 사건에 주석을 달고 사건 사이의 관련성을 정리한 덕에 변호사들이 관련된 선례들을 보다 쉽게 조사할 수 있었다. 제품 개발 그룹에는 회사가 구상하고 있는 대규모 개발 프로젝트를 처리하는 과정이 없었다. 톰슨은 기존의 계획 수립 과정을 확대하는 대신에 중대한 조치를 취했다. 혁신 프로젝트 전용으로 철저한 학습 과정을 만들었던 것이다. 처음에 톰슨은 이 계획 수립 과정을 '빅 5'라고 불렀다. 톰슨이 초반에 투자했던 주요 제품 개발 프로젝트가 다섯 개였기 때문이다. 이후 프로젝트 수가 해마다 달라졌기 때문에 이름을 '빅 X'로 바꿨다.

톰슨의 '빅 X' 과정은 이 장에서 요약한 원칙들의 좋은 예다.

- 시간과 에너지를 대폭 투자함 : 제품 개발팀 중 일부 직원만 '빅 X' 프로젝트에 참여했다. 그러나 법률출판의 독보적인 존재인 톰슨 웨스트의 CEO 마이크 윌렌스(Mike Wilens)는 직접 적극적으로 나서서 계획 수립 과정을 고안하고 감독했다. 그리고 각 '빅 X' 프로젝트'를 여러 기능 면에서 철저하게 검토했다.
- 맞춤형 계획 : 각 프로젝트는 가정 및 그 가정을 시험하는 방법이 나온 별도 계획이 있었다.
- 조금 투자하고 많이 배움 : '빅 X' 프로젝트 중 대다수가 새로운 문서 데이터베이스였다. 문서를 수집하고 디지털화하는 것만으로도 비용이 많

이 들었다. 그래서 톰슨은 문서 수집을 완료하기 훨씬 전부터 고객에게 데이터를 제공하기 시작했다. 톰슨은 시장에 진출하자 고객이 생각하는 신제품의 가치를 알아보기 위해 다양한 가격으로 실험을 했다. 이 회사는 고객이 지출할 의사가 있는 가격을 바탕으로 데이터베이스 구축을 완성할 방법을 결정했다.

- 개별 회의 : 일반 사업이나 제품 개발의 일상적인 검토 회의와 별도로 '빅 X'를 검토했다.

- 빈번한 검토 : 실적 동향을 확실히 파악하고 최대한 빨리 학습하기 위해 거의 매달 공식적으로 검토 회의를 개최했다. 매번 계획의 기본 가정을 논의했다.

- 규칙적으로 계획을 수정함 : '빅 X' 프로젝트의 리더들은 계획을 수정할 기회가 많았지만 멋대로 변경하지 않았다. 이들은 새 정보 및 학습한 교훈에 근거해서 계획을 수정했으며, 감독을 맡은 중역의 승인을 받았다. 재정 그룹은 진행 과정에 따라서 언제든지 여러 '빅 X' 프로젝트 간의 계획을 조정하고 자원을 이동할 절차를 만들었다.

- 실적의 질을 평가함 : 톰슨의 중역들은 결과만을 기준으로 혁신 프로젝트 리더를 평가하면 안 된다는 사실을 인식하고 평소에 리더의 활동을 긴밀히 지켜봤다. 경영진은 결과가 기대치에 못 미치면 계속 압력을 부과했지만, 이와 동시에 학습을 권장하고 방어적인 자세를 최소로 줄이도록 유도했다.

인포시스, 학습을 뒷받침하기 위해 계획 수립 시스템 구축

10년 전까지 인포시스는 포부가 큰 소기업이었다(자세한 배경 정보는 제3장 참고). 당시 인포시스는 대기업용 고객 소프트웨어 애플리케이션을 제공하는 소형 업체였으며, 처음부터 끝까지 풀 서비스를 하는 컨설팅 기업으로 성장할 계획을 세웠다. 그러자면 인포시스는 새롭고 폭넓은 서비스를 출시해서 성장시켜야 했다. 이를 위해 리더들은 새로운 서비스의 출시를 진행하면서 최대한 빠르게 학습하는 데에 전념했다. 그래서 회사는 혁신 프로젝트의 계획 수립 과정을 기존과 다르게 대했다.

이 회사가 계획 수립에 접근한 몇 가지 방법은 주목할 만하다. 예를 들어서 다음 방법을 썼다.

- 혁신을 잘 통솔된 실험으로 봄 : 인포시스는 새로운 서비스 출시와 관련된 불확실성을 인식했으며 계획 수립 사이클을 학습 고리로 봤다.
- 백지상태에서 계획을 수립하고 평가표를 작성함 : 인포시스는 일부 새로운 서비스의 출시를 위해 계획 수립 과정을 뒷받침해 줄 개별 소프트웨어 및 시스템을 만들었다. 이 덕에 핵심 사업용 소프트웨어 및 시스템의 바탕이 된 측정 기준과 예상을 새로운 서비스에 그대로 적용하지 않아도 됐다. 대신에 이 회사는 각 평가표를 처음부터 새로 만들었다. 예를 들어서 이 회사가 일반 사업을 대체할 새로운 서비스를 출시할 때 시스템 다운타임이 중요한 새 측정 기준이 됐다.
- 관심을 데이터에서 가정으로 이동시킴 : 인포시스는 검토를 하면서 가정, 특히 행동과 결과 사이의 관계에 대한 추측에 중점을 둬서 논의했다.

인포시스는 실적 데이터의 정확성에 대한 논의로 빠지는 것을 막으려 회의 전에 데이터에서 문제의 소지가 있는 점을 모두 찾아서 해결했다.

- 최소의 노력으로 최대한의 학습 : 인포시스는 가장 중요한 미지의 사항 및 그런 사항을 설명할 기준을 파악했다. 예를 들어서 인포시스는 새로운 소프트웨어 테스트 서비스를 출시할 때 테스트 프로세스를 자동화하는 도구에 대폭 투자했다. 그러나 테스트 과정이 어느 정도까지 자동화될 수 있을까? 인포시스는 이 질문의 답을 찾으려고 '자동화된 테스트의 일부'를 추적해서 기록했다.

- 동향을 관찰함 : 인포시스는 새로운 서비스의 수익 생산성(직원당 수익)이 증가하는 동향은 새 서비스가 성공 궤도에 접어들었음을 보여주는 초기 지표라는 점을 배웠다.

- 공식적으로 계획 수정을 허용함 : 인포시스는 핵심 사업에서 예측 가능성을 높은 수준으로 기대했다. 인포시스는 자사 예측의 질을 측정했으며 자체 계산에 따르면 정확도가 92%에 이르렀다. 그러나 새로운 서비스의 출시에서는 정확도 50% 정도면 충분하다고 생각했다. (새 고객사가 세 곳에 불과한데 그나마 한 회사가 계약을 취소하면 어떻게 될까?) 인포시스는 서비스 출시가 진행되면서 더 많은 사항을 배울수록 예측의 정확성에 대한 기대치를 높였다.

- 혁신 프로젝트 리더를 질적으로 평가함 : 인포시스의 CEO인 난단 닐레카니는 적극적으로 혁신 프로젝트 리더들을 지원했다. 특히 그는 혁신 프로젝트 리더를 성과달성 조직의 표준으로 평가하면 안 된다는 사실을 알았다. 혁신 프로젝트 리더는 활동, 행동, 의사 결정, 학습을 바탕으로 평가돼야 했다. 또한 혁신 프로젝트 리더는 더 긴밀한 개입과 관찰을 받아야 했다.

이 장의 핵심 내용

1. 혁신 프로젝트 리더는 빠른 학습을 최고 목표로 삼아야 한다. 빠른 학습은 더 나은 결과를 이끈다.

2. 학습을 직감에만 맡겨두면 안 된다. 대신 과학적 방법에 바탕을 둔 철저한 학습 과정을 도입해야 한다.

3. 학습은 추측에 근거한 예측을 믿을 수 있는 예측으로 전환하는 과정이다.

4. 각 혁신 프로젝트는 자체의 별도로 독립된 계획이 있어야 한다.

5. 계획 수립 및 혁신 프로젝트의 평가에 대폭 투자해야 한다. 사용되는 자원에 비례해서 투자하면 안 된다.

6. 각 혁신 프로젝트마다 자체의 측정 기준과 비용 범주가 있는 맞춤형 계획을 세워야 한다.

7. 가정을 토론해야 한다. 성과달성 조직에서처럼 데이터에 대한 토론에 빠지면 안 된다. 혁신은 알려진 사항보다 알려지지 않은 사항이 훨씬 많은 영역이다.

8. 각 혁신 프로젝트마다 가정을 하나씩 명료하게 작성해야 한다. 그러면 몇 주 후 결과를 해석할 때 처음의 가정을 쉽게 상기할 수 있다.

9. 최소의 노력으로 최대한 배우려고 노력해야 한다.

10. 혁신 프로젝트의 결과를 별개의 회의에서 토론해야 한다. 일반 사업의 결과를 분석하고 토론하는 회의에서 혁신 프로젝트의 결과를 토론하면 안 된다.

11. 혁신 프로젝트를 자주 검토해야 한다. 학습 속도는 계획을 검토하고 재평가하는 빈도와 밀접하게 연결돼 있다.

12. 실적의 동향을 관찰해서 혁신 프로젝트가 성공 궤도에 있는지 평가해야 한다.

13. 교훈을 얻으면, 즉 가정이 잘못됐을 가능성을 제기하는 데이터가 나오면 예측을 수정해야 한다. 단, 계획을 아무렇게나 수정하면 안 된다.

14. 혁신 프로젝트 리더는 주관적으로 평가돼야 한다. 그러자면 긴밀히 관찰을 해야 한다. 혁신 리더를 성과로만 평가하면 안 된다.

제5장

가설을 무너뜨려라

당신은 평균적인 운전자보다 자신이 낫다고 생각할 것이다. 거의 모두가 그렇게 생각한다. 그런 이유로 당신은 자동차 보험이 근본적으로 불공평하다고 생각할 것이다. 당신은 매달 보험료를 내는데 그 돈이 다 어디로 갈까? 당신이 낸 보험료가 다른 운전자들, 운전 솜씨가 형편없는 사람이 저지른 실수의 보상에 사용된다. 설상가상으로 당신이 어쩌다 한 번 사고를 내면 보험사는 보험료를 인상한다.

이처럼 뚜렷한 고객 불만족은 혁신가에게 활짝 열린 기회나 마찬가지다. 이 기회는 수십 년 동안 열려 있었다. 어쩌면 보험 업계를 위기관리 전문가가 장악하고 있고 소비자 행동 전문가의 권한이 부족하기 때문일 것이다.

이같은 힘의 균형 이동을 실천한 회사가 올스테이트(Allstate)다. 올스테이트의 마케팅 및 혁신 부문의 부사장인 로저 파커(Roger Parker)는 고객의 목소리가 철저하게 반영되도록 혁신 과정을 재정립했다. 파커가 기울인 노력의 성과는 YCA(Your Choice Auto)였다. 이는 올스테이트 가 자동차 보험에 대한 고객의 주요 불만사항을 해결할 목적으로 고안한 신제품이었다. YCA의 특징은 '사고 탕감'이었다. 즉 사고가 나도 보험료 를 인상하지 않았으며, 무사고 운전자는 현금으로 보상해 주었다. 보상과 탕감의 수준이 다양한 YCA 제품을 여러 개 만들었다.

YCA를 시장에 내놓을 시기가 되자, 파커의 팀은 보험 영업사원이 YCA를 고객에게 설명하고 판매할 가장 좋은 방법에 대해 열띠게 논의했 다. 다들 보험 영업사원이 훌륭한 운전자에게 보상을 해주고 사고를 탕감 해 준다는 점을 먼저 강조해야 한다는 점에 동의했다. 그러나 이를 제외 하면 접근법이 적어도 다섯 가지로 나뉘었다.

(1) 모든 옵션을 설명하고 고객에게 선택을 맡긴다.
(2) 고객에게 가장 적합한 옵션을 함께 상의한다.
(3) 고객이 현재 내는 보험료 바로 밑의 옵션을 제시한 뒤에 필요하면 다른 옵션을 설명한다.
(4) 가격이 가장 낮은 제품으로 설명을 시작해서 가능하면 점차 높은 가격의 제품을 소개한다.
(5) 가격이 가장 높은 제품으로 설명을 시작해서 판매될 때까지 점차 낮은 가격의 제품을 소개한다.

올스테이트는 성공할 접근법을 결정하려고 최대한 과학적으로 여러 옵션을 시험했다. 영업사원이 각 접근법을 시도할 때 수수료를 지급했으며 결과를 추적 관찰했다. 올스테이트는 전용 웹사이트를 개설해서 영업사원과 고객 사이의 상호작용 수백 건에서 데이터를 수집했다.

결과는 놀라웠다. 테스트를 시작하기 전에는 가격이 높은 제품으로 시작하는 마지막 방법은 가장 낮은 지지를 받았다. 그러나 결국 그 방법이 고객의 호응을 압도적으로 얻었다.

올스테이트는 영업 방법을 결정하고 YCA를 한 개 주에서 출시했다. YCA는 확실한 성공을 거뒀다. 올스테이트는 즉시 이 제품을 다른 주로 확대해서 판매했으며, 주택 소유자 보험과 같은 다른 영역에도 유사한 개념을 도입했다. 2007년에 YCA는 50개 주에서 판매됐다.

미지의 요소를 쪼개서 분석하라

올스테이트의 잘 통솔된 실험과 학습에 접근한 방법은 파커가 가장 격정했던 미지의 요소를 해결했다. 이는 YCA를 판매할 가장 좋은 방법이었다. 그러나 그 밖에도 미지의 요소가 많았다. YCA의 여러 특징 중 고객을 가장 많이 끌어들일 특징은 무엇일까? 고객이 보험료를 얼마나 내려할까? 올스테이트는 수년 동안 보상 한도와 공제에 대해서 이야기하던 영업사원들이 새로운 방법으로 판매하도록 설득할 수 있을까? 안전하게 운전하는 사람과 위험하게 운전하는 사람 중 어느 쪽이 YCA에 관심을 보일까? 그리고 그 보험 제품이 수익성이 있을까?

프로세스의 효율성을 향상하는 간단한 혁신 프로젝트는 대체로 미지의 요소가 하나다. 그러나 YCA처럼 판도를 바꿔놓는 혁신 프로젝트는 미지의 요소가 여러 가지다. 이 점 때문에 학습이 더욱 복잡해진다. 'YCA 가 수익 성장을 일으킬 수 있다'와 같이 종합적인 추측에서 나온 가설을 '안전하게 운전하는 사람이 YCA에 관심을 보일 것이다' 처럼 작은 가정으로 나누는 게 중요해진다.

가장 이상적인 상황은 미지의 요소를 각각 분리해서 실험실 같은 환경에서 따로 테스트하는 것이다. 올스테이트는 YCA를 판매할 가장 좋은 접근법을 결정하면서 이 방법을 썼다. 그러나 거의 모든 상황에서 미지의 요소들은 서로 관계가 있으며 사업을 실제로 시작한 다음에만 해결될 수 있다.

YCA는 분명히 성공을 거뒀다. 그러나 다른 결과가 나왔다면 올스테이트는 훨씬 복잡한 학습 과정을 거쳤을 것이다. 이 회사는 어떤 가정이 잘못됐는지, 어떻게 방향을 바꿔야 하는지 평가해야 했을 것이다.

많은 회사가 이런 복잡성 때문에 고전한다. 일반적으로 문제의 핵심은 대화를 할 때 결과를 제대로 해석할 비판적인 기반이 없다는 것이다. 즉 명료하고 공유된 가설이 없다.

가설을 세우는 것은 어렵다. 혁신팀은 전문가들로 구성되는데 각 전문가는 자신의 전문 분야에 기반을 둔 뚜렷이 다른 관점을 지니고 있다. 명료한 공동 가설을 도출하려면 각 전문가가 자신의 가정을 분명하게 표현해야 한다. 그러고 나서 모든 관점을 종합해서 대립되는 가정을 조정하고 공식적으로 테스트된 하나의 가설을 도출한다.

이 장의 목적은 학습 과정을 이끄는 공동 가정을 도출하는 간단한 도구 몇 가지와 기법을 제공하는 것이다. 그렇게 하면 명료하게 기록된 가설 작성하기, 가정에 대한 토론 시간을 늘리고 데이터에 대한 토론 시간 줄

이기, 최소의 노력으로 최대한 많이 배우기, 총계가 아니라 동향에 초점
맞추기와 같이 제4장에서 요약한 일부 원칙을 따르기가 훨씬 쉬워질 것
이다.

숫자만 다루지 말고 대화 모형을 만들어라

복합성을 처리하는 핵심은 가정에 대해 알찬 대화를 나누는 것에 중점
을 두는 것이다. 이는 직관의 반대 개념이다. 많은 회사가 복합성을 분석
능력과 정교한 수학으로 다루려고 한다. 안타까운 일이다. 기록된 가설
에서 가장 본질적인 요소는 그저 종이에 연필로 간단히 그린 도해로 충분
히 전달될 수 있기 때문이다. 훌륭한 학습 대화는 질로 평가되며 대화의
중심은 수치가 아니라 가정이다.

이 장에서 우리가 제공하는 도구는 수학 모형이 아니라 대화 모형을 만
드는 데에 도움이 된다. 대화 모형은 사람들이 혁신 프로젝트가 성공하고
있는지 실패하고 있는지, 그 이유와 대책이 무엇인지에 대한 토론에 재빨
리 참여하게 해준다.

당신은 직관적으로 엄격함을 수량화와 연계할 것이다. 자연스러운 생
각이다. 그러나 실험을 통한 학습은 분석보다 과정이 중요하다. 우리가
지금까지 관찰한 바에 따르면 분석을 향상시킬 때보다 대화를 향상시킬
때 영향력이 훨씬 크다.

그렇다고 우리가 수량화에 반대하는 게 아니니 오해하지 말기 바란다.
통계분석표인 스프레드시트 모형은 그저 추정치를 계산했더라도 혁신

프로젝트가 많은 수익을 얻을 것이라는 그럴 듯한 증거처럼 보인다.

게다가 훌륭한 스프레드시트 모형은 대화 모형을 강화한다. 분석가의 역할은 대화 모형의 가정과 완전히 일치하는 스프레드시트 모형을 만들고 나서 계산을 통해서만 얻을 수 있는 추가 정보를 찾는 것이다. 때로 모형을 수량화하면 가정의 특정한 조합에 담긴 비직관적인 암시가 드러날 것이다. 모형의 수량화는 결과의 평가를 개선하도록 도움을 줄 수도 있으며 더 정확한 예상을 하게 해줄 것이다.

그러나 스프레드시트는 결정적인 약점이 있다. 스프레드시트는 기록된 가설을 작성하고 공유하기에는 빈약한 도구다. 스프레드시트 파일에는 가정이 아니라 숫자가 나온다. 계산의 바탕이 된 생각이 가장 중요하지만, 이는 검토와 해석이 어려운 방정식에 묻혀 있다.

다음 상황을 생각해 보자. 누군가 상당히 복잡한 스프레드시트를 만들어 아무런 설명이나 문서 없이 당신에게 보낸다고 해보자. 당신은 스프레드시트를 만든 사람의 머릿속에 들어가 그 사람의 논리와 가정을 이해하려고 부단히 노력해야 한다. 대체로 사람들은 자신이 직접 만든 스프레드시트에도 이와 같은 불만을 느낀다.

다음과 같은 경험을 해본 사람이 많을 것이다. 당신이 스프레드시트를 만들어서 자료 입력에 많은 노력을 기울인다고 해보자. 정말 훌륭한 스프레드시트가 완성된다. 일단 그 스프레드시트를 치워둔다. 몇 달이 흘러 그 스프레드시트가 필요해진다. 당신은 파일을 열고 일을 시작한다. 그러나 곧 그 스프레드시트를 만들 때 했던 생각이 떠오르지 않는다는 점을 깨닫는다. 기억을 되살리려고 몇 시간 동안 노력하면서 셀별로 수십 개의 방정식을 검토한다. 마무리하고 나면 스프레드시트를 또다시 만든 셈이나 마찬가지다.

우리 두 사람은 사람들이 투자의 논거를 입증하기 위해 완벽한 스프레드시트를 만드느라고 대단한 노력을 기울이는 모습을 너무 자주 본다. 우리는 스프레드시트 모형을 완벽하게 만드는 데 기울이는 노력 중 일부를 가정에 대한 대화를 향상시키는 쪽으로 이동시켰으면 한다.

우리는 컨설팅 작업의 일환으로 소규모 팀들이 새로운 사업을 시작하는 상황을 모의로 연습해 보는 활동을 만들었다. 이 팀들은 첫 시도에서 결과가 좋지 않다. 그러나 우리는 대화 모형을 만드는 기법을 소개하고 다시 모의실험을 해 본다. 필연적으로 정량화한 계획을 개발할 시간이 너무 적다는 불만이 나온다. 우리는 스프레드시트의 사용이 적절치 않다고 생각하고 사용을 자제하도록 권장한다. 그래도 필연적으로 두 번째 시도에서 결과가 훨씬 낫다.

이는 가장 중요한 점에 대한 토론에 팀을 참여시킬 때 나오는 장점이다. 우리가 테스트하고 있는 가설이 무엇인가? 구체적인 가정이 무엇인가? 이런 가정이 타당한지, 혹은 타당하지 않은지 보여주는 증거가 무엇인가?

인과관계 도표를 그려 계획의 일관성을 유지하라

본질적으로 기록된 가설은 원인과 결과에 대한 추측이며, 계획된 행동과 원하는 성과를 연결한다. 이는 성공을 '만약 ~하면' 이라는 식으로 말한다. 특정한 행동을 취하면 원하는 결과를 얻게 될 것이다. 일반적으로 활동을 하려면 자금 지출이 따르므로 기록된 가설은 무엇보다도 상식적인 다음 두 질문에 답을 해야 한다.

"어디에 돈을 쓰고 있는가?"

"이유가 무엇인가?"

행동과 결과에 대한 가정을 도표로 만드는 건 쉽다. 〈도표 5-1〉에 나온 원인과 결과 도표는 행동 A가 결과 B에 미칠 영향을 보여 준다. 혁신의 가설은 대체로 순서대로 행동과 결과가 이어지는 형태로 정리된다. 행동 A는 결과 B에 영향을 미칠 것이며, 이어서 결과 B는 결과 C에 다음 영향을 미칠 것이다.

예를 들어서 우리와 이야기를 나눴던 한 의료 장비 제조업자는 특정한 요구가 있는 여론 주도층이 선택해야 신제품이 성공할 것이라고 믿었다. 이 제조업자는 여론 주도층의 요구를 충족시키는 특성에 투자하면(행동 A), 여론 주도층이 그 제품을 구입할 것이고(결과 B), 그러고 나면 여론 주도층이 제품을 다른 많은 고객에게 추천할(다음 결과 C) 것이라고 가정했다.

이 도표 기법을 사용할 때 저지르는 가장 일반적인 실수는 인과관계가 아니라 행동의 순서를 그리는 것이다. 다시 말하자면 "우리는 행동 A가 결과 B에 이어서 다음 결과 C로 이어질 것이라고 예상한다"는 점을 보여주는 게 아니라, "먼저 행동 A를 한 다음에 행동 B에 이어서 행동 C를 할 것이다"를 보여주는 도표를 만든다. 행동은 각 사슬의 가장 아래에만 나와야 한다.

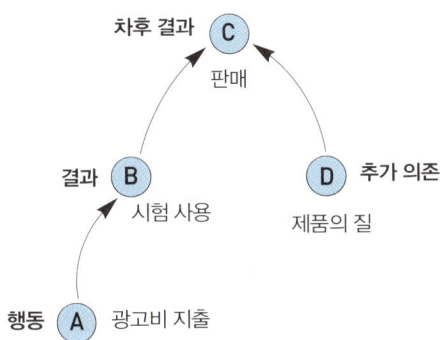

이 기법은 거의 모든 가설에 사용될 수 있다. 각 단계를 다음 순서대로 하면 효과가 좋다.

1. 혁신 프로젝트의 예산을 작은 수의 지출 범주로 나눈다. 예를 들어서 다섯 개 이하 정도로 나누면 된다.
2. 각 범주에서 결과 및 차후 결과의 순서를 그린다. 각 사슬의 마지막은 수익 등 재정적 결과로 끝내야 한다.
3. 가능하면 구체적이고 분명하며 측정할 수 있는 결과를 선택한다. 그러나 측정하기가 어렵다는 이유만으로 가설에서 중요한 부분을 제외하면 안 된다.
4. 각 결과를 좌우하는 추가 요소를 파악한다. 예를 들어서 광고비 지출이 신제품의 시험 사용으로 이어지고 시험 사용은 판매로 이어질

것이라는 추정을 고려해 본다. 또 시험 사용과 판매의 연계는 제품의 질에 달렸다. 〈도표 5-1〉을 참고하기 바란다.

5. 각 지출 범주에 대해 원인과 결과의 사슬을 만들고 나면 겹치는 부분을 찾아본다. 예를 들어, 다중사슬은 수익으로만 끝날 가능성이 있다. 그러므로 겹치는 부분이 없는 단일한 원인-결과 도표를 만들어야 한다. 이런 통합된 도표는 대화 모형의 중추다. 이는 돈을 지출하는 부분과 그 지출의 이유를 말해 준다.

6. 지출하지 않기로 결정한 주요 이유(가격 등)와 경쟁사의 행동(경쟁사의 마케팅 지출)도 추가한다. 이런 행동이 이미 도표에 기재된 결과에 미치는 영향을 보여 준다.

7. 간단하게 만든다. 한 페이지에 들어가는 도표가 쓰기에 편리하다. 이보다 복잡한 도표는 내용을 제대로 전달하지 못한다. 비슷한 지출 범주를 합하고 인과관계 사슬에서 과도한 세부 사항을 제거해서 복잡성을 줄인다. 이 마지막 단계가 가장 힘들다. 적당한 상세도를 찾으려면 어느 정도 기술이 있어야 한다. 연습이 필요하다.

이런 도표는 단순해 보이지만 인과관계의 가정을 작성하고 전달하는 효과가 좋다. 명료하게 작성된 가정이 있으면 훨씬 쉬워진다. 혁신 프로젝트를 3개월 동안 진행하면서 모든 관계자가 기록된 단 하나의 공동 가설을 기억해 내고 가설의 어떤 면이 정확하고 정확하지 않은지에 대한 대화에 바로 참여할 수 있다. 도표가 있으면 필요에 따라서 그때그때 가설을 바꾸는 게 아니라 작성된 계획과 검토된 계획 사이에 일관성을 유지하게 된다.

ADI, 휴대전화 솔루션 찾기

　반도체 제조 회사인 아날로그 디바이스(ADI)는 새로운 성장 기회를 찾으려고 휴대전화 시장에 진입했다(자세한 배경 정보는 제1장 참고). ADI는 이어 몇 년 동안 혼합된 결과를 얻었다. 일부 시기는 성공을 거뒀고 일부 시기는 좌절을 했다. 결국 이 회사는 최소의 규모로 성장해야만 일관된 결과를 얻을 수 있다고 판단했다. 그러나 그 규모로 성장하는 것은 힘들었다. ADI는 대만 회사인 미디어텍(MediaTek)에 사업체를 팔기로 결정했다. 미디어텍도 규모가 중요하다는 점을 알았다.

　이 과정에서 성공 방법에 대한 ADI의 생각이 바뀌었다. 이 회사의 사례를 소개하는 이유는 그런 변화가 인과관계 도표의 활용을 통해서 분명히 표현된다는 점을 보여 주기 때문이다.

◆ 1단계 : 최고 음질을 만든다

　모든 휴대전화의 전자 패키지에 적어도 세 개의 칩이 들어 있다. 하나는 아날로그 칩이고, 다른 하나는 디지털 칩이며, 마지막은 무선 주파수(RF) 칩이다. 일부 주요 휴대전화 제조사는 칩을 자체적으로 설계하고 제조했다. 다른 제조사는 전자 장치의 설계를 외부 업체에 전적으로 위탁했다. 이런 제조사는 ADI 같은 회사에 완전한 솔루션을 의뢰했다.

　ADI가 시장에 진출했을 때 휴대전화 사용자들은 대체로 음질에 불만이 많았다. 음질은 제조하기가 힘든 RF 칩의 품질에 달려 있었다. ADI는 세계 수준의 제조 기술이 있었으며, 더 나은 음질을 통해서 시장에서 차별화될 좋은 기회라고 믿었다. 이 회사는 RF 기술 전문가인 크리스천 커마렉(Christian Kermarrec)을 고용했다. 곧이어 크리스천은 휴대전화 단말기 사업부를 맡게 됐다.

그러므로 1단계에서 ADI의 가설은 간단했다. 이 회사는 RF에 대폭 투자하면 제품이 대단히 인기를 끌 것이며 판매로 이어질 것이라고 믿었다. 행동, 결과, 차후 결과다(〈도표 5-2〉 참고).

● 도표 5-2 ADI의 초기 가설

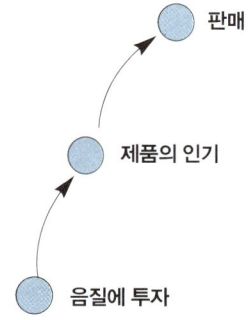

판매

제품의 인기

음질에 투자

● 2단계 : 고객이 성공하도록 돕는다

ADI는 고음질이 중요한 차별 요소라는 점을 알아냈지만 기대처럼 강한 요소는 아니었다. ADI는 잠재 고객들과의 협상이 몇 차례 실망스럽게 끝난 뒤에 전략을 다시 평가했다.

휴대전화 단말기는 단순한 전화기가 아니라 훨씬 많은 기능이 있는 장치로 진화하고 있었다. 작은 컴퓨터, 인터넷 장치, 음악 플레이어, 카메라의 기능까지 있는 전화로 탈바꿈하기 시작했다. 기능성이 음질보다 더 중요해졌다.

따라서 ADI는 전자 장치 패키지의 기능과 융통성에 대폭 투자하기 시작했다. 이 회사는 기능이 좋은 디지털 칩과 정교한 소프트웨어와 소프트웨어 개발 도구를 설계했다. 융통성과 프로그램 가능성을 강조하려고 칩세트 중 하나에 소프트폰(SoftFone)이라고 이름을 붙이기까지 했다.

게다가 ADI는 판매 과정에서 제공하는 기술 지원에 더 투자를 했으며 맞춤형 솔루션을 만들기 위해 고객과 협력했다. 커마렉의 기본 목표가 '최고의 칩 설계하기'에서 '고객이 성공하도록 돕기'로 이동했다. 사실 ADI는 고객들이 휴대전화 단말기의 최종 조립 정도만 걱정하기를 바랐다.

〈도표 5-3〉에 나온 대로 ADI의 가설이 더욱 여러 차원으로 분화됐다.

● 도표 5-3 ADI의 수정된 가설

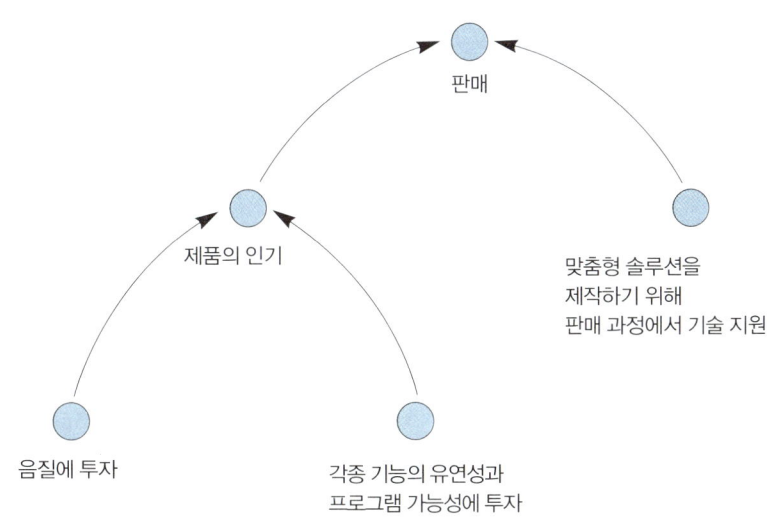

◉ 3단계 : 시장에서 성장세를 탄다

그런 전략이 효과가 있었다. ADI는 많은 소규모 고객은 물론 전 세계에서 가장 규모가 큰 단말기 제조업체 중 한 곳과 대형 계약을 맺었다. ADI는 성장하면서 많은 이익을 냈고 시장 점유율이 10%에 달했다.

그러나 ADI의 미래는 고객사의 미래와 직결돼 있었다. 가장 큰 고객사가 경영에 어려움을 겪으면서 주문량을 한 분기에 75%나 줄였다. ADI는 가설을 재평가했다.

커마렉은 ADI의 제품이 경쟁력이 있다고 계속 믿었다. 고객사 한 곳의 주문량 감소 때문에 제품을 근본적으로 재고할 필요는 없다고 판단했다. 그러므로 핵심은 시장에서 가장 빠르게 성장하는 부문을 찾아내서 포착하는 것이었다. 두 가지 결정적인 기회가 있었다.

첫째는 중국을 비롯한 개발도상국 그 자체다. 이곳은 신생 단말기 제공업체들이 폭발적으로 성장하기 위한 태세를 갖추고 있기 때문이다. 커마렉은 ADI가 이런 신생 회사들이 자체적으로 제작할 때에 비해서 훨씬 빠르게 세계 수준의 전화기를 만들도록 도와줄 좋은 위치에 있다고 믿었다.

둘째, 커마렉은 휴대전화 단말기 산업이 PC 산업과 동일한 방식으로 진화할 것이라고 생각했다. 델과 같은 대형 PC 제조업체들은 설계나 제조가 아니라 효율적인 판매, 마케팅, 유통에 중점을 뒀다. 제조업체들은 전자 장치의 설계를 협력 업체에 전폭적으로 의존했다.

반면에 휴대전화 단말기를 제조하는 대기업들은 최저가 단말기의 설계만 외부 회사에 의뢰했다. 그러나 커마렉은 칩 설계와 제조에서 규모의 경제 때문에 이런 경향이 바뀔 게 확실하다고 믿었다. 그는 ADI가 단말기를 제조하는 대기업에서 아웃소싱 계약을 따낼 위치를 선점하는 것을 목표로 삼았다. ADI는 부속 비율, 즉 제삼자가 만든 완전한 전자 장치 패키지로 제작된 단말기의 비율을 추적 관찰했다. 〈도표 5-4〉는 ADI 가설의 수정 사항을 보여 준다.

● 도표 5-4 **ADI의 발전된 가설**

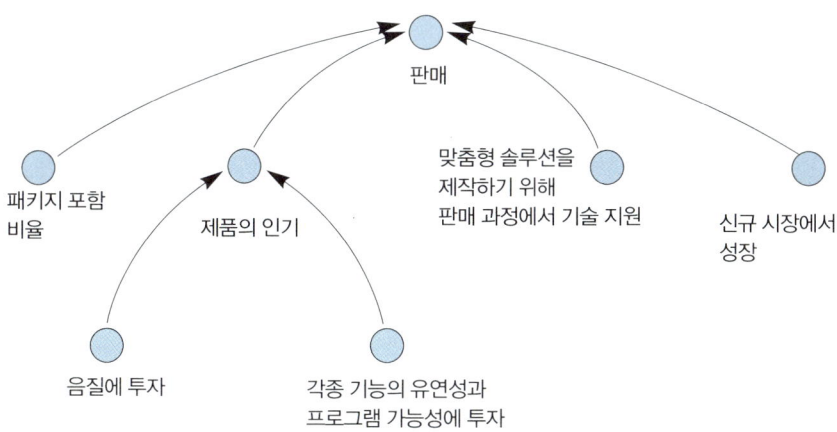

◯ 4단계 : 비용이 중요하다

ADI는 중국에서 거둔 좋은 실적에 힘입어 다시 성장을 했다. 그러나 ADI는 중국에서의 성장에 만족하지 않았다. 단말기 시장의 진화에 대한 커마렉의 가설이 맞을 것이었다. 세계적인 대기업들은 과거보다 훨씬 많은 단말기 모델의 전자 장치 패키지를 외부 업체에 맡겨서 설계하고 제작해야 할 것이었다.

안타깝게도 시장에서 이런 진화가 느리게 일어나고 있었다. 그리고 그 어떤 요소보다도 비용이 시장에 큰 영향을 미친다는 점이 확실해졌다. 이동 통신사들은 2년 가입 계약을 맺은 고객에게 전화기를 무료로 제공했다. 그러므로 통신사들은 단말기 비용을 최대한 적게 지출하려 했다. ADI의 제품은 품질과 융통성과 기능성에서 월등했지만 가격이 다소 비쌌다.

반도체 제조업체들의 규모의 경제라는 측면이 강하다. CEO인 제리 피시맨이 볼 때 돌파구가 될 대형 계약을 대형 단말기 제조업체와 맺지 못하면 ADI가 필수적인 비용 위치에 도달하지 못할 것이라는 게 확실했다. 2007년에는 그런 대형 계약이 없었다. 피시맨은 해당 사업을 종료하기로 결정했다. 〈도표 5-5〉는 그 이유를 보여 준다.

● 도표 5-5 ADI의 결론 : 비용이 가장 중요하다

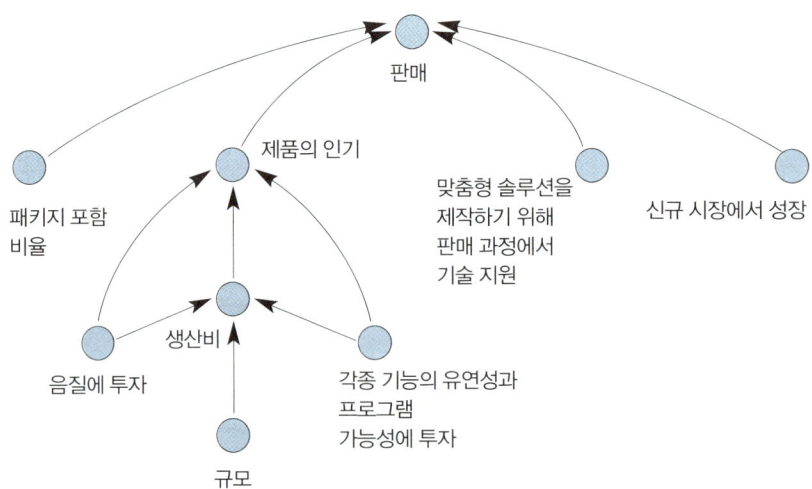

대화를 지속하기 위한 3요소

그림에 나온 것과 같은 도표들은 매우 중요한 역할을 한다. 이런 도표는 명료하고 공유된 기록상의 가설에 입각해서 혁신 프로젝트가 진행되는 과정에 대해 대화를 하게 해준다. 이런 방식으로 대화하기란 쉽지 않다. 대화를 헤쳐 나가기 위한 세 가지 중요한 요소를 다음에 제시한다.

첫째, 사업 검토에 관여하는 모든 사람은 즉시 단기적인 우려에 빠지게 된다. 가장 최신 데이터 혹은 가장 시급한 최근의 고객 문제가 토론의 중심이 되기 십상이다. 인과관계 도표는 토론이 전략적이고 장기적인 우려를 다루도록 도우며, 실험할 전체 가설의 맥락에 최근 사안을 배치하는 역할을 한다.

둘째, 다른 가설 혹은 더 복잡한 가설을 이야기하면 토론이 혼란스러워지기 쉽다. ADI에 대한 간략한 이야기는 진화하는 가설의 가장 근본적이고 지배적인 요소들을 보여 준다. 그러나 진화 과정에서 대립되는 이론과 새로운 아이디어가 나왔다. 간단한 인과관계 도표는 이런 대립되는 이론들을 명료하게 만들어줄 것이다. 도표가 있으면 동료에게 "자네는 우리가 성공할 방법에 대해 새로운 아이디어가 있는 것 같군. 자네 이야기는 우리가 기록된 가설을 변경해야 한다는 뜻인가?"라는 말을 쉽게 할 수 있다.

셋째, 완전히 정착한 회사는 혁신 프로젝트가 아니라 성과달성 조직에 타당한 기준을 바탕으로 혁신 프로젝트를 평가하는 경향이 많다. 다시 말하자면 무의식적으로 기존 사업의 (입증된) 가설을 기록상의 (입증되지 않은) 가설로 대체하기가 쉽다. 예를 들어서 기존 사업의 잘 알려진 측정 기준과 표준이 새로운 사업에 적용되거나, 논의가 "우리가 A, B, C를 했을 때 항상 성공했다"와 같은 말로 시작할 때 대체되기가 쉽다. 기록된 가설을 자주 거론하면 그런 자연스러운 경향에 대응할 수 있다. 인과관계 도표는 물론 흥미로워 보이지는 않겠지만, 대단히 강력한 도구다. 도표는 혁신 프로젝트가 진행되면서 발전된 단 하나의 공통 가설에 입각해서 대화를 하게 해준다. 비용은 거의 들지 않지만 엄청난 이익이 있다.

인과관계를 심층 분석하라

인과관계는 기록된 가설에서 가장 중요한 요소다. 그러나 결정적이거나 논란이 많거나 복잡한 조정에서는 시간을 내서 인과관계에 대한 추가 세부 사항을 토론하고 작성해야 한다. 특히 결과가 얼마나 변할 것인지와 시간이 얼마나 걸릴지 서술해야 한다.

예를 들어 인과관계 도표는 행동 A가 결과 B에 영향을 준다는 것을 나타낼 것이다. 그러나 행동 A의 일정한 양에 대해 결과 B가 얼마나 발생할까? 그리고 그 결과가 즉시 발생할까? 한 달 혹은 일 년 뒤에 발생할까?

인과관계 도표에서 화살표 옆에 달린 간단한 주석은 일부 기본적인 아이디어를 전달한다. 예를 들어서 플러스나 마이너스 표시는 관계가 직접적인지 혹은 그 반대인지 나타낸다. '비례' 혹은 '기하급수'와 같은 단어는 증가량을 보여주며, '한 달 지연' 혹은 '첫 달에 최고 이득'과 같은 간단한 구절은 기간을 나타낸다.

간단한 선으로 그린 그래프는 추가적인 세부 사항을 전달할 수 있다. 도표에서 '얼마나 많이', 즉 '증가량'을 서술하려면 x축에 원인을 넣고 y축에 결과를 넣으면 된다. '얼마나 오래', 즉 '기간'을 전달하려면 x축에 시간을 넣고 y축에 결과를 넣으면 된다.

이런 그래프가 유용하려면 간단하게 만들어야 한다. 따라서 한 번에 하나의 원인과 결과의 연결에 분리해서 집중해야 한다. 모든 요소가 일관적이라고 추측해야 한다.

인과관계 도표처럼 이런 주석과 그래프는 내용을 한눈에 전달한다. 그래프에서 곡선의 일반적인 모양과 방향이 중요하다. 정확성은 중요하지 않다. 그래프의 x축과 y축에 개략적인 근사치로 표시해도 된다. 예를 들어서 최소와 최대 혹은 대략적인 시간으로 표시해서 '수 주' 혹은 '수 년'과 같이 간단한 이름표를 달아도 된다.

가설에서 예측까지

가설을 실험하는 방법 중 하나는 원인과 결과의 각 연관성을 독립적으로 테스트하는 것이다. 실제로 원인과 결과의 일부 연관성은 이런 방식으로 테스트된다. 가장 이상적인 상황이라면 실험실 같은 환경을 만들어서 하나의 인과관계 외에는 변수가 없는 통제된 테스트를 하게 된다. 예를 들어서 올스테이트가 YCA의 최고 판매 방법을 찾을 때 이런 테스트를 했다.

그러나 통제된 상황에서 원인과 결과의 각 연관성을 테스트하기가 현실적으로 쉽지는 않다. 각 연계가 격리되지 않아 단 한 가지 행동의 영향을 테스트할 수 없는 경우도 있고, 원인과 결과의 각 관계를 신중하게 테스트하려면 작업 속도가 너무 느려져서 경쟁사가 시장에서 앞서가는 경우도 있다.

많은 행동과 결과가 동시에 변하는 실제 환경에서 학습하기 위해서 당신이 할 수 있는 최선을 다해야 한다. 따라서 가설로 격리된 원인과 결과의 연관성뿐만 아니라 실제 사업의 결과도 예상해야 한다.

대화식 접근법은 복잡하긴 하지만 효과가 강하다. 모의실험은 사람들이 상상한 것보다 훨씬 나은 예상을 도출한다. 특히 원인과 결과의 각 연관성을 통해서 처음 든 생각은 직감과 판단만을 통해서 타당한 수량을 예측할 수 있다. 예상의 최고 포맷은 x축에 시간이, y축에 결과가 나온 동향 그래프다.

일반적으로 수량 예상은 초기 단계에서 충분하다. 여기에서 중요한 질문은 다음과 같다.

"상상한 인과관계가 실제로 존재할까?"

"그렇다면 우리가 예상한 대략적인 규모와 시간 틀로 결과를 보고 있는 것일까?"

이런 질문은 예상 동향과 실제 동향을 양적으로 비교하면 해결된다. 스프레드시트는 방해만 될 뿐이다.

수량화한 사업 계획에서 마케팅 경비를 매출의 22%로 추산한다고 해보자. 그러나 사업의 초기에는 '20%가 나은가, 22%가 나은가?' 라는 식의 질문은 중요하지 않다. 중요한 질문은 마케팅 지출과 매출 수익 사이의 연계가 있느냐 없느냐다.

앞에서 예로 들었던 한 의료 장비 회사는 여론 주도층을 대상으로 한 판매와 여론 주도층의 추천으로 유발된 추가 판매의 인과관계에 대해 가설을 세웠다. 이 사이에 연관성이 있는지 없는지를 파악하는 데는 복잡한 수학 모형이 필요 없다. 여론 주도층에 대한 판매와 추천인에 대한 판매의 동향을 양적으로 예측하고 실제 동향과 예상 동향을 비교해서 토론하는 정도로 충분할 것이다.

인과관계가 입증된 후에야 수익과 비율의 추정치를 향상시키고 이윤율과 투자 수익률의 계산을 개선하는 쪽으로 강조점을 이동할 수 있다. 이 후기 단계에서 수량화와 수학이 더욱 중요해진다.

맞춤형 평가표를 고안하라

기록된 가설을 작성하는 과정은 맞춤형 평가표를 만드는 과정이기도 하다. 혁신 프로젝트에서 가장 중요한 척도는 가정을 확인하는 기준이다. 즉 인과관계 도표를 입증하는 척도다.

그러나 올바른 측정 기준에 관심을 기울이기란 쉽지 않다. 회사는 항상 자체 평가표가 있기 때문이다. 가장 일반적인 실적 측정 지표는 표준 보고 서식에 나오며, 회사가 운영 상황에 대한 공식 혹은 비공식 대화에서 본능적으로 거론되는 기준이다.

이런 측정 기준은 혁신 프로젝트에 관계가 있을 수도 없을 수도 있다.

우리가 목격해 온 가장 일반적인 실수는 성과달성 조직의 측정 기준을 혁신 프로젝트에 적용하는 것이다. 이런 경향은 학습 과정에 즉시 해를 끼친다. 이런 경향은 혼란을 유발하고 의사 결정을 제대로 못하게 한다.

전력 발생 장비를 개발하고 제조하는 혁신적인 회사인 ABB에서 R&D(연구 개발)연구 부문을 이끌고 있는 디네시 팔리왈(Dinesh Pali-wal)은 가설을 하나 세웠다. 그는 고객이 R&D 과정의 초반에 참여할수록 고객 만족도가 높아진다고 믿었다.

ABB는 수십 년 동안 업계의 다른 회사보다 고객 서비스를 잘하고 있다고 자부했다. 이 회사는 고객에게 필요한 사항을 고객보다 더 잘 안다고 여겼다. 그런 자부심은 근거가 없었다. 팔리왈에 따르면 ABB는 변압기, 브레이커, 스위치 등을 최초로 개발했다. 그러나 팔리왈은 ABB가 고객이 직면한 주요 난관을 항상 완전히 이해하지는 못한다고 생각했다. 때로 고객이 가장 걱정하는 점은 전통적인 장비와 잘 맞는 새로운 기계를 들여올 때 필요한 시간과 에너지와 비용이다.

팔리왈은 자신의 가설을 실험할 때 ABB의 표준 보고 절차에 의존할 수 없었다. 그는 새로운 기준을 만들었다. 그는 계획 단계에서 고객이 개입되는 신제품 개발 프로젝트의 일부를 측정한 다음에 새 장비의 설치 과정에 대한 고객 만족도를 측정했다. 두 측정 결과가 상승 추세이면 두 결과의 관계가 입증될 것이었다.

이 사례는 혁신 프로젝트가 자체의 맞춤형 실적 보고 서식을 갖춰야 하는 이유를 보여 준다. 당신의 회사가 자동화된 실적 보고 시스템을 가지고 있다면 서식을 만들고 데이터를 수동으로 입력하는 작업을 추가로 해야 한다. 번거롭겠지만 그럴 만한 가치가 있다.

일반적으로 혁신 프로젝트의 평가표와 성과달성 조직의 평가표에 겹치는 부분이 있다. 예를 들어서 투자 수익률처럼 총계를 낸 최종 결산 지표는 두 평가표 모두에 나온다.

그러나 측정 지표가 동일하다고 해서 표준이 동일하다는 의미는 아니다. 성과달성 조직의 결과 평가 기준은 혁신 프로젝트와 거의 관계가 없다. 성과달성 조직의 표준에 비춰서 최악으로 보이는 결과가 실적이 더 좋은 다른 부문의 결과로 상쇄될 수 있다.

불량률이 가장 중요한 측정 기준인 제조 회사가 있다고 해보자. 올해 이 회사는 완전히 새로운 고객을 대상으로 신제품을 출시하려 한다. 신제품의 불량률을 측정할 것이며 이는 중요할 것이다. 이때 불량률은 신중하게 해석해야 한다. 신제품이 기존 제품보다 복잡하다면 불량률이 높을 것이다. 그렇지만 다른 비용이 낮거나, 가격이 높거나, 자산의 집중도가 낮거나, 고객이 불량을 대수롭지 않게 여긴다면 높은 불량률은 문제될 게 없다.

혁신 프로젝트는 의도적으로 과거에서 벗어나려는 활동이다. 그러므로 성과달성 조직의 결과와 혁신 프로젝트의 결과를 비교할 때 최대한 주의해야 한다.

결정적인 미지 요소를 먼저 해결하라

제4장에서 설명한 10대 원칙 중 하나는 최소의 노력으로 최대한 많이 배우기다. 그렇게 하려면 미지의 사항 중에서 가장 중요한 점을 먼저 파악해야 한다. 이런 점을 찾으려면 기록된 가설 전체를 철저하게 검토하고 원인과 결과의 각 연관성에 대해 두 가지 질문을 해야 한다.

"인과관계에 대한 우리의 추측이 잘못됐을 가능성이 어느 정도일까?"

"그리고 그 추측이 잘못됐다면 얼마나 중대한 영향을 미칠까?"

대부분의 혁신 프로젝트에서 폭넓은 질문이 나올 것이다. 일부 연관성은 완전히 추측에 근거하고, 다른 연관성은 정착된 기존 사업의 경험에 근거해서 거의 확실할 것이다. 추측이 잘못됐을 때 미치는 영향은 사소한 것

● 도표 5-6 가장 중요한 미지의 요소 파악하기

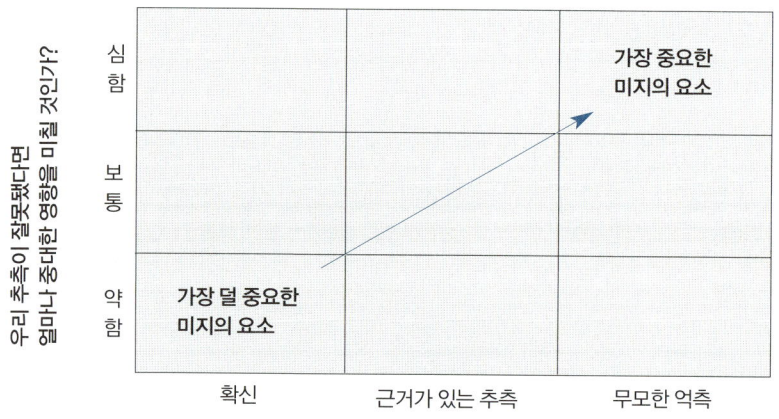

우리의 확신 정도는 어떤가?

에서부터 치명적인 것까지 다양하다. 대단히 불확실하고 결과에 많은 영향을 미치는 미지의 사항을 가장 중요하게 여겨야 한다(〈도표 5-6〉 참고).

당신은 혁신 프로젝트의 모든 참가자가 가장 중요한 미지의 사항을 확실히 파악하도록 해야 한다. 미지의 사항에서 인과관계 도표를 강조해야 하며 그런 사항을 설명할 때 가장 유용한 측정 기준이 맞춤형 평가표에서 가장 중요하게 다뤄져야 한다. 가능하면 이런 미지의 사항을 최소의 경비로 먼저 테스트해야 한다.

우리가 연구했던 IBM은 체계적인 방법으로 접근해서 중요한 미지의 사항을 초기에 저렴한 비용으로 해결했다. 1999년에 이 회사는 세계에서 가장 빠른 컴퓨터를 개발할 계획이라고 발표했다.

슈퍼컴퓨터는 일상생활과 거리가 멀지만 일부 특정 부문의 과학자에게는 매우 중요하다. 예를 들어서 분자 생물학자는 단백질 결합 과정을 모의실험하기 위해 슈퍼컴퓨터가 필요하다. 인간의 신체에서 단백질 구조의 역학을 잘 이해하면 의학 치료를 위한 탐구가 새로운 방향으로 전개될 것이다. 당시 생물공학 업계의 열렬한 호응에 힘입어 IBM은 출시 계획을 세운 컴퓨터의 이름을 '블루 진'이라 정했다.

당시에 슈퍼컴퓨터의 발전은 현실적인 한계에 도달해 있었다. 슈퍼컴퓨터는 전력 소비가 매우 많았다. IBM 소속 과학자의 말에 따르면, 설계에 근본적인 돌파구가 없는 한 슈퍼컴퓨터 전용의 발전소가 필요할 상황이었다. 이전의 슈퍼컴퓨터 발전은 마이크로프로세서의 개선, 즉 칩의 개선이라는 형태로 이뤄졌다. IBM은 그런 과정을 따르지 않고 철저하게 평범한 칩을 사용하기로 계획했다. 대신 그런 칩을 수천 개 사용하고 모든 칩이 서로 연계되게 할 계획이었다. 이 개념은 새롭고 불확실한 영역이었다.

IBM은 그런 기계를 만들 수 있을지 확신이 없었다. 더구나 수익성도 장담할 수 없었다. 가장 주요한 불확실한 점은 칩 개수와 기계 속도 사이의 관계였다. IBM은 그 관계가 비선형일 것임을 알았다. 그러나 얼마나 비선형일까? 칩의 개수를 추가해도 속도가 더 이상 증가하지 않는 시점은 언제일까? 칩은 서로 연결돼 정보를 교환해야 했다. 그러나 정보 전달에 필요한 네트워크 통신량은 얼마나 될까? 그리고 기계의 속도를 현저히 저하시키는 통신 혼잡이 언제 일어날까? 이런 질문은 실제 견본을 제작해봐야만 해결될 수 있었다.

IBM은 블루 진 전용 칩을 만들자마자 통제된 일련의 실험을 시행했으며 규모가 작고 비용이 저렴한 테스트로 시작했다. IBM은 먼저 단 두 개의 칩으로 블루 진 견본을 만들었다. 이후에 칩의 개수를 두 개에서 네 개로 다시 여덟 개로 두 배씩 늘리는 과정을 반복했다. IBM은 실험을 할 때마다 칩의 개수와 네트워크 통신 혼잡과 전체 속도 사이의 관계를 많이 알게 됐다.

만약 블루 진이 일정한 시점에서 근본적인 한계에 다다랐다면 IBM은 최소한의 비용으로 최대한 빨리 문제를 발견했을 것이다. 그렇기 때문에 가장 중요한 미지의 사항을 신중하게 파악하고 최대한 빨리 저렴하게 테스트해야 하는 것이다.

칩의 개수를 두 배로 올릴 때마다 IBM 팀의 걱정이 늘었다. 칩이 512개 들어간 기계가 성공하자 IBM의 일부 네트워크 전문가들은 깜짝 놀랐다.

이 기계는 칩을 몇 개까지 탑재할 수 있을까?

2004년에 IBM은 64,000개의 칩이 들어간 블루 진을 만들었다. IBM의 전문가들이 두려워했던 것과 달리 칩 사이의 정보 교환 때문에 속도가 줄어들지 않았다. 블루 진은 세상에서 가장 빠른 컴퓨터였다. IBM은 가장 중요한 가정을 해결하고 나자 블루 진을 상품화하는 작업에 착수했다.

이 장의 핵심 내용

1. 혁신 프로젝트의 평가에 참여하는 모든 사람이 공유하고 혁신 프로젝트의 진행 과정을 논의하는 기준으로 사용되는 명료한 가설이 기록돼 있으면 빠르게 학습할 수 있다.

2. 스프레드시트 모형이 가치는 있다. 그러나 기록된 가설을 전달하고 작성하는 매체로서 스프레드시트는 인과관계를 간단하게 그린 도표보다 효과가 없다.

3. 기록된 가설은 행동, 결과, 차후 결과 사이의 인과관계에 대한 추측으로 구성된다.

4. 기록된 가설은 간단하며 수치로 표시한 그래프(정확하게 수량화할 필요는 없다)를 만들면 더 상세하게 서술된다. 이런 그래프는 각 인과관계가 얼마나 많이, 얼마나 오래 갈지를 알려준다.

5. 혁신 프로젝트의 초기 단계에서 인과관계를 입증할 때 기록된 가설의 모의실험은 결과를 예측하기에 적절한 방법이다. 예상한 동향과 실제 동향이 비슷하면 인과관계가 입증된다.

6. 일단 인과관계를 정립하고 나서 이후 수익률을 형성하게 될 매출과 비용의 예상치를 정할 때는 정량 분석이 중요해진다.

7. 기존 사업을 평가할 때 사용하는 측정 기준과 표준이 혁신 프로젝트에도 들어맞을 것이라고 생각하면 절대 안 된다.

8. 인과관계 도표를 만들고 나서 각 연관성을 고심해 봐야 한다. 각 가정이 얼마나 불확실한가? 가정이 잘못됐을 때 어떤 영향을 미칠 것인가? 가장 중요한 미지의 사항을 파악해서 그런 사항을 빠르고 저렴하게 해결할 방법을 찾아야 한다.

제6장

진실을 찾아내라

당신은 혁신 과정의 지속적인 중압감을 즐기는 편인가? 그렇다면 장난감 업계에서 일하는 것을 고려해 보기 바란다. 마텔(Mattel)의 자회사이며 주로 유아용 및 취학 전 아동용 완구를 만드는 피셔프라이스(Fisher-Price)는 연간 매출의 3/4을 휴가철에 올린다. 해당 해에 판매한 제품을 예상하는 작업은 가장 경험이 많은 경영진마저 편두통을 겪을 정도로 골치가 아프다. 피셔프라이스의 연구 개발 담당인 티나 진터 체힌(Tina Zinter-Chahin)은 완구업계를 패션업계와 비교한다.

"제조 도구가 다를 뿐 속성은 거의 동일하다."

피셔프라이스는 경쟁력을 유지하려고 매해 신제품을 수백 개나 내놓는다. 그러므로 피셔프라이스 직원들은 새로운 아이디어를 고안하기 위해 극심한 중압감에 시달린다. 이 회사는 제품 개발자의 창의성과 장난감을 가지고 노는 아동과 부모에 대한 정밀하고 공식적인 관찰에 의존한다.

그러나 진터 체힌은 단지 아이디어만으로 혁신을 할 수 없다는 사실을 안다. 연구 개발팀의 모든 구성원이 위험을 감수할 각오를 해야 혁신에 성공할 수 있다. 피셔프라이스는 현재 시장에서 가장 빠르게 성장하는 부문에 초점을 맞추려고 자사 장난감에 전자장치와 소프트웨어, 콘텐츠를 추가하고 있다. 이런 과정은 비용이 상승되고 위험부담 역시 늘어난다.

위험을 무릅쓰고 모험을 하려면 실패하더라도 해고되지 않으리라는 확신이 있어야 한다. 사실 완구 업계에서는 신제품 출시의 실패가 흔한 일이다. 피셔프라이스의 제품 개발자들이 장난감의 판매 실패를 개인적인 실패와 동일하게 생각했다면 오랫동안 회사에 남아 있는 직원이 거의 없을 것이다. 그러나 피셔프라이스는 이직하는 직원이 별로 없다. 덕분에 진터 체힌은 직원들의 장기 근속률을 자랑스럽게 생각한다. 그녀는 위험 감수에 대한 제품 개발팀의 생각과 그런 생각의 이유를 관찰하기 위해서 실시하는 정기 사내 설문조사에 많은 관심을 기울인다. 또한 개발팀의 4대 가치관에 평생교육을 넣었다. 그 가치관을 따르는 모범을 스스로 보이기 위해 개발팀이 혁신에 접근하는 방법을 세계 수준의 회사들을 기준으로 삼아 평가했다.

그리고 그녀는 일상적이고 사소한 모든 행동에서 확신을 가지고 위험을 감수하는 단계에 도달했다. 예를 들어서 창의적인 아이디어 개발에 중점을 둔 개발팀 회의를 할 때 결함이 많은 아이디어라도 항상 긍정적인 면으로 대화가 시작되게 한다.

그러나 감정이 가장 민감해지는 순간은 훌륭한 아이디어를 찾을 때가 아니다. 그런 순간은 출시하고 6주 뒤에 찾아온다. 사실이 드러나는 결정적인 순간이다. 이때쯤이면 피셔프라이스의 신제품이 성공인지 실패인지 분명해진다. 이 결정적인 순간에 진터 체힌의 행동은 개발팀의 안정감을 강화할지 아니면 줄일지에 가장 큰 영향을 미친다.

개발팀은 성공한 개발자에게 박수갈채를 보내고 축하해 준다. 그렇다면 실패한 개발자에게는 어떻게 할까? 진터 체힌은 노력이 부족했을 때를 제외하고는 제품 개발 담당자를 처벌하지 않는다. 대신 그녀는 배운 교훈에 초점을 맞춘다. 회사 전체가 어떤 교훈을 얻을 수 있을까? 다음 신제품 개발에 적용될 교훈은 무엇일까?

이는 올바른 철학이다. 진터 체힌은 실패로 돌아간 활동에서 어떤 교훈을 얻었는지 대화하는 것이 어렵다는 것을 알면서도 그런 대화를 개발팀이 향상할 기회로 생각한다.

다른 회사의 많은 혁신 프로젝트 리더도 마찬가지다. 실패에 대한 대화는 위험하며 일정을 잡기조차 힘들다. 다가오는 분기 때문에 중압감이 심한 상황에서 지난 분기의 사후 평가를 하고 있을 시간이 없다. 게다가 사후 평가처럼 지루한 것도 없다.

재미가 있든 없든 꼭 따로 일정을 잡아서 이런 회의를 열어야 할 뿐만 아니라 상당한 에너지와 관심을 기울여야 한다. 실패로 돌아갔지만 명료한 교훈을 준 혁신은 미래의 발전에 필수적인 요소다.

신제품 장난감을 출시할 때 가장 중요한 결정의 순간은 단 한 번이다. 그러나 대부분의 혁신 프로젝트에는 출시부터 궁극적인 성공 혹은 실패에 이르기까지 결정적인 순간이 많이 있다. 각 순간은 단순히 학습 기회가 아니다. 이는 혁신 프로젝트의 과정을 변경하고 성공의 가능성을 높일 중요한 기회다.

혁신 프로젝트가 진행되는 과정에 대해 알찬 대화를 나누는 방법을 앞 장에서 설명했다. 이 장은 감정과 선입견이 이런 대화를 어떻게 약하게 하는지 설명한다. 결정적인 순간에 진실, 즉 실제 일어난 일을 찾는 방법을 다룬다.

혁신 프로젝트의 기간이 짧고 자금이 적게 투자되면 실제 일어난 일을 찾기가 어렵지 않다. 그러나 위험 부담이 높아지고 감정이 개입될수록 실제 일어난 일을 찾기가 어려워진다.

지극히 중요한 결정적인 순간에 당신이 이끌 대화는 학습의 속도를 결정지을 것이다. 이런 대화는 철저한 학습 과정에서 가장 중요한 단계다. 결과를 제대로 해석하려면 판단에 영향을 미칠 모든 선입견을 이해해야 한다.

판단에 영향을 미치는 선입견은 일곱 가지다. 그중 가장 일반적이고 위험한 것이 바로 '선입견 1'이다. 여기서는 '선입견 1'과 그 해결책을 설명할 것이다. 나머지 여섯 가지 선입견은 이해하기가 쉬우며 해결책도 간단하므로 선입견이 존재한다는 점을 인식하고 그런 선입견과 싸우기만 하면 된다.

◉ 선입견 1 : 예측을 지나치게 자신한다

결정적인 순간에 일어나는 일을 생각해 보자. 혁신 프로젝트의 진행을 평가할 새로운 실적 자료가 있다고 해보자. 이후의 대화에서 당신과 당신 팀은 다음 질문을 제기한다.

"우리는 성공했는가, 아니면 실패했는가?"

"적어도 성공 궤도에는 들어섰는가?"

"어떤 점이 잘 돌아가고 있는가? 어떤 점이 제대로 안 돌아가고 있는가?"

이런 질문에 답을 하려면 먼저 예상했던 내용과 실제로 일어난 내용을 비교해야 한다. 즉 예측과 결과의 차이점을 비교해야 한다. 둘 사이에 차이점이 있다면 중요한 질문은 '그런 차이점이 생긴 이유가 무엇인가?' 다.

결과가 예측에 미치지 못하면 가장 가능성이 있는 시나리오를 생각해보자(혁신 계획은 일반적으로 낙관적이다). 나올 수 있는 설명들은 폭이 매우 넓고 다양하다. 그러나 모든 설명은 두 범주 중 하나에 들어간다. 예측에 결함이 있다는 설명 혹은 실행이 계획에 못 미쳤다는 설명이다(〈도표 6-1〉 참고).

● 도표 6-1

'계획에 미치지 못한 이유가 무엇인가?'라는 질문에 대한 두 가지 답변

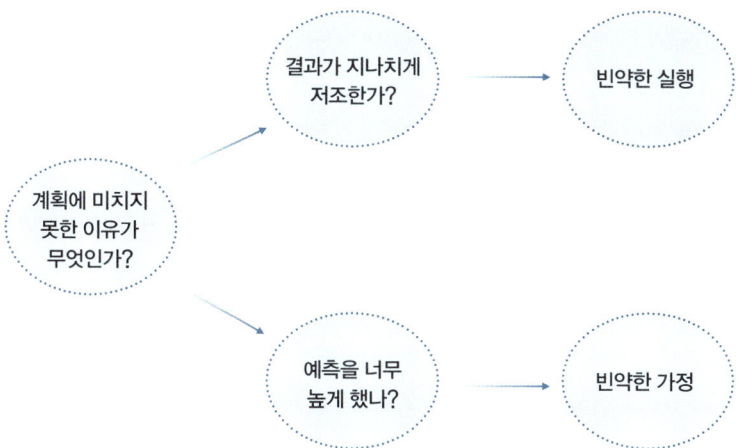

학습을 최대화하려면 대화가 감정에 좌우되지 않고 분석적이며 선입견이 없어야 한다. 그러나 우리가 목격한 바에 따르면 모든 회사에서 이런 대화에 선입견이 존재한다. 실행이 계획에 미치지 못했다는 설명이 훨씬 진지하게 고려된다.

이런 선입견은 학습 과정에 엄청난 손실을 입히는 불리한 조건이다. 빈약한 실행이라는 해석만을 고려한 극단적인 상황이 있다고 해보자. 이는 예측이 옳았다고 간주된다는 의미다. 이런 상황에서는 학습이 이뤄질 가능성이 거의 없다. 이유가 궁금하다면 학습이란 추측에 근거한 예측을 믿을 수 있는 예측으로 전환하는 과정이라는 점을 상기하기 바란다. 처음부터 예측이 올바르다고 여겨버리면 사실상 학습을 하기가 불가능하다.

그 결과로 학습이 줄어들 뿐만 아니라 혁신 프로젝트가 성공할 가능성도 극적으로 줄어든다. 예측이 올바르다고 여기면 최소의 데이터와 최대의 직감으로 만들어진 최초의 계획에 갇혀버린다. 계획에 미치지 못한 결과가 잘못된 예측이 아니라 잘못된 실행 때문이라는 설명은 혁신에서 가장 흔하고 위험한 적이다.

선입견은 성과달성 조직에서 나온다

첫 번째 선입견, 즉 실행이 잘못됐다는 생각은 성과달성 조직에서 나온다. 성과달성 조직에는 그런 선입견이 깊게 박혀 있고 이의가 거의 제기되지 않는다. 사실 이는 의도적인 현상이다. 그 선입견이 성과달성 조직에서 효과가 있는 이유는 지표가 되는 간단한 가정을 바탕으로 예측이 나오기 때문이다. 간단한 가정이란 미래가 과거와 거의 비슷하다는 것이다. 물론 수치는 해마다 달라지지만 변동 폭이 몇 퍼센트에 불과하며 일반적으로 다들 변동 이유를 잘 안다.

과거 상황이 전례일 때는 예측이 정확하다. 결과가 예측에 못 미치더라도 예측이 옳았는지 잘못됐는지 고심하느라고 시간을 낭비할 필요가 없다. 리더가 제대로 실행하지 못했던 이유와 그 점을 해결할 대책을 토론하면 된다. 즉 '리더가 저조한 실적에 대해 어떤 방식으로 책임을 질 것인가?' 하는 게 문제다. 상황에 따라 여러 방식이 나올 것이다. 리더가 경영진에게 더 많은 관심을 받아야 할 수도 있고, 리더가 정식 재교육을 받아야 할 수도 있다. 리더가 담당하는 업무를 바꿔야 할 수도 있고, 리더가 사표를 내고 다른 회사에서 다른 일을 하도록 유도하는 것이 최고의 해결책일 수도 있다.

많은 회사에서 수치 미달과 부정적인 결과의 관계, 즉 기준 미달과 실패의 관계가 즉각적이고 본능적이다. 약속했던 결과를 이끌어내는 게 가장 중요하다. 이를 지속적으로 해내면 승진하고 해내지 못하면 해고당한다. 이게 규칙이라는 점을 누구나 알며 다들 이런 규칙을 따르고 있다. 리더가 계획에 못 미치는 결과를 내고 나서 예상치가 비현실적이었다고 주장하면 형편없는 변명을 하는 사람으로 취급받을 것이다.

일부 회사는 계획상의 수치를 달성하는 책임을 전적으로 관리자에게 묻는 것으로 유명하며 일반적으로 그런 회사들은 실적이 좋다. GE가 좋은 예다. 우리는 GE의 젊은 경영진에게 실적이 미달된 이유를 자신이 관리할 수 없는 요소의 탓으로 돌릴 수 있는지 물어봤다. 그는 사자에게 몸을 던지는 전술과 비교했다. 수치 달성에 한 번 실패하면 용서를 받는다. 두 번 실패하면 다른 직장을 알아보는 편이 나을 것이다. 이처럼 잘못을 허락하지 않는 자세는 GE를 비롯한 많은 회사에서 효과가 있었다. 그런 회사에서 예측은 맹세, 즉 엄숙한 약속이다.

계획의 책임을 관리자에게 물리는 엄격한 규칙은 영향력이 대단히 크다. 부정적인 결과라는 망령은 의욕을 자극한다. 리더는 사업이 계획대로 진척되고 있는지 주별로 엄중히 감시해야 한다. 결과가 기대에 미치지 못하면 즉시 조처해야 한다.

그러나 실적을 중요하게 생각하는 이런 문화의 긍정적인 이익은 믿을 만한 예측을 할 수 있는 환경에서만 나온다. 물론 혁신 프로젝트를 이끄는 예측은 믿을 만한 것과 거리가 멀다. 이 점이 일반 사업에 좋은 점과 혁신 프로젝트에 좋은 점의 가장 결정적인 차이점이다. 성과달성 조직의 예측은 당연히 옳다고 여겨져야 한다. 혁신 프로젝트의 예측은 당연히 잘못됐다고 여겨져야 한다.

성과달성 조직에서 대화의 목표는 널리 알려진 표준에 맞춰 실적을 올리게 하는 것이다. 그러나 혁신 프로젝트에는 널리 알려진 표준이 없다. 혁신 부서에서 대화의 목표는 예측을 결과에 맞추는 것이다.

부정확한 예측을 두려워하지 마라

혁신 프로젝트의 리더는 전담팀과 감독을 맡은 중역의 구성원을 비롯한 모두가 계획에 깔린 예측이 잘못됐을 가능성을 편하게 받아들이도록 유도해야 한다. 안정된 상태에 접어든 회사에서는 그런 가능성을 편하게 받아들이기가 어려우며 실적 중심의 문화가 강할수록 더욱 어렵다.

우리 두 사람은 수년 동안 계획에 책임을 무는 방법은 혁신을 침해한다는 말을 기업에 있는 사람들에게 해왔다. 이런 대화에서 얻은 것이 한 가지 있다면 이들에게 말할 때는 각별하게 주의를 해야 한다는 점이다. 강한 실적 중심의 문화를 유지하는 책임을 맡은 경영진은 때로 혁신 프로젝트를 기존 사업과 다르게 대해야 한다는 제안에 무조건 부정적으로 반응한다. 그런 제안은 경영진들의 가장 큰 두려움을 자극한다. 경영진은 혁신가들이 자유만을 원하는 경향을 겁낸다. 혁신가들은 불확실성을 방패막이로 책임을 회피하려 한다. 이런 책임 회피를 허용하면 나약함이 사나운 전염병처럼 확산되고 회사 전체의 기강이 침해될 것이다.

우리 두 사람은 이 점을 인정한다. 우리는 성과달성 조직에 손실을 입힐 가능성을 진지하게 받아들인다. 그렇지만 계획에 엄격하게 책임을 무는 발상은 혁신에 적용되지 않는다. 그러므로 혁신 프로젝트 리더는 성과달성 조직의 리더와 다르게 평가돼야 한다.

공정하게 말하자면 우리가 지금까지 작업해 왔던 많은 회사가 이런 점을 이해한다. 그 회사들은 위험을 감수하기에 더욱 유리한 환경을 만들어야 한다고 이야기한다. 그들은 혁신 프로젝트 리더의 활동을 평가하는 기준을 바꿔야 한다고 말한다.

그러나 혁신 프로젝트 리더들은 변화가 실제로 일어난다는 점을 믿어야 한다. 선의의 약속은 관리자들이 계획에 못 미치는 상황을 비이성적으로 실패로 연계하는 회사 내에 거의 영향을 미치지 않는다. 비이성적으로 연계하는 경향이 강하면 학습이 이뤄질 가능성이 거의 제로다.

계획의 바탕이 된 예측이 잘못됐을 수 있다는 가능성을 편하게 인정하는 자세가 가장 중요하다. 당신이 계획에 미치지 못한 결과를 자연스레 실패로 연결 짓는 경향이 있으며, 기업 문화의 강압 때문이든 자신의 본능 때문이든 계획이 처음부터 옳았다는 점을 증명해야 한다고 해보자. 그런데 당신이 계획에 못 미치는 결과를 낸다면 어떻게 될까? 당신은 방어적인 태도를 보일 것이다. 이때 방어적인 태도는 학습에 독이 된다.

혁신 프로젝트 리더가 방어적인 기분을 느끼면 초기 계획의 수정을 단호하게 피한다. 이들은 수정을 학습에 긍정적인 신호가 아니라 패배를 인정하는 것이라 여긴다. 방어적인 혁신 리더는 때로 상사에게 마땅치 않은 데이터를 숨기거나 애매하게 만들어서 검토가 개방적이고 솔직하게 이뤄지지 못하게 한다. 혹은 이들은 하룻밤에 마법처럼 계획에 맞게 돌아가리라는 헛된 희망을 품고 무분별한 대규모의 위험을 무릅쓴다. 다시 말하자면 이들은 사실을 추구하는 것 외에는 뭐든지 한다.

해결책은 있다

지금까지 오류를 범하기 쉬운 혁신의 내재적인 특성을 처리하는 몇 가지 접근법을 살펴봤다. 최악의 '해결책'은 혁신 프로젝트가 승인되고 나면 계획을 그저 내던져버리는 것이다. 관련된 불확실성을 감안하면 혁신 계획을 작성하는 게 소설 작품을 쓰는 작업처럼 여겨질 수 있다. 계획에 깔린 예측은 어림짐작이다. 실제로 많은 경우에서 해당 혁신 아이디어가 가능성이 있다고 설득하려는 사람은 투자 수익률이 더 높게 보이도록 의도적으로 예상을 왜곡한다. 그러니 때로 혁신 계획의 가치가 전혀 없는 것처럼 여겨지는 것도 이해할 만하다. 대체로 혁신 프로젝트 리더는 계획을 무시하고 싶어 하고 때로 중역은 거기에 일조한다. 계획을 잊어버리는 게 당연할 정도로 긴 유예 기간을 두거나 "브랜드 이미지를 손상하지만 말아요" 혹은 "2년 내에 이윤을 낼 궤도에 접어들었는지 증명해 봐요"라는 식으로 용인되는 실적의 한계를 넓게 설정하는 것이다.

이런 '해결책'에는 '계획의 가치는 정확성'이라는 가정이 깔려 있다. 그러나 이는 잘못된 생각이다. 혁신 계획의 가치는 이후의 학습에 기준 역할을 한다는 것이다. 철저한 학습 과정은 기록된 가설을 향상시켜서 예측의 정확성을 높이는 과정이다. 계획을 던져버리면 가정을 던져버리는 셈이다. 당신과 감독을 맡은 중역 둘 다 계획의 검토와 수정에 참여할 책임이 있다. 계획을 묵살하면 학습을 직감에만 맡겨놓게 된다.

우리는 여러 회사를 통해 더 나은 해결책을 봐왔다. 예를 들어서 인포시스는 계획에 책임을 지는 전통이 강한 회사다. 그러나 이 회사는 혁신에 도움이 되는 다른 덕목을 자사의 문화에 혼합하기도 한다. 인포시스는 피셔프라이스와 마찬가지로 평생학습을 권장하며, 인도 방갈로르에 있는 본사 입구를 힌두교의 '배움의 신' 조각상으로 장식할 정도다.

또한 인포시스는 겸손을 높게 평가한다. 겸손은 혁신 프로젝트 리더들이 지닌 지나친 자신감과 대조되는 덕목이다. 초기의 혁신 계획이 일반적으로 잘못됐으며 따라서 자주 수정을 해야 한다는 점을 알려면 어느 정도의 겸손함이 필수적이다. 인포시스의 한 경영진은 "겸손하지 않으면 배울 수 없다"고 말한다.

우리는 실적을 매우 중요하게 여기는 회사인 톰슨 코퍼레이션에서 생산적인 추가 단계를 몇 개 발견했다(자세한 배경 정보는 제4장 참고). 한 비즈니스 사업부의 CEO인 마이크 윌렌스는 '방어적이고 실패를 두려워하는 태도는 기준을 올리는 것이 아니라 낮춰서 계획을 수정하게 한다' 고 여겼다. 윌렌스는 새로운 사업을 시작할 때 너무 의욕적인 계획을 세우도록 밀어붙이면 안 된다는 점을 알게 됐다. 그는 그렇게 했다가는 혁신 프로젝트 리더가 계획을 철회하거나 자신과의 관계를 부정하려 한다는 사실을 발견했다. 그러다 보면 학습이 제대로 이뤄지지 않으며 의욕도 떨어진다.

그래서 윌렌스는 혁신 프로젝트의 초기 계획을 자신의 기준보다 낮게 세웠다. 그러고 나서 달별 검토에서 긍정적인 소식이 있을 때마다 기준을 올려서 수정했다. 그 방법은 혁신 프로젝트의 리더에게 성공할 기회를 두 번 주었다. 첫 번째는 원래의 수치를 달성할 기회이고, 두 번째는 자신의 포부를 상향 조정할 용기를 북돋을 기회였다. 기준을 낮춘 것은 완벽한 해결책이라 할 순 없지만 영리한 접근법이었다.

윌렌스의 동료이자 톰슨의 경영진인 브라이언 홀(Brian Hall)은 혁신 프로젝트 리더를 평가했던 방법을 변경했다. 홀의 접근법에는 주요한 요소가 두 가지 있었다.

첫째, 다이빙과 같은 올림픽 대회 종목을 모방한 방법으로 직원의 업무 수행력뿐만 아니라 업무의 난이도를 바탕으로 평가하는 것이다. 홀은 혁신을 이끄는 역할이 일상적으로 진행하는 사업을 이끄는 역할보다 어렵다고 생각했다.

둘째, 홀은 결정적인 순간에 진실을 추구해야 한다는 점을 알았고 혁신 프로젝트 리더가 진실을 찾는 능력을 평가했다. 진실을 찾으려면 특히 긍정적이든 부정적이든 새로운 정보를 모두 드러내고 공개적으로 토론해야 한다. 홀의 말을 들어보자.

"상황이 잘 돌아가지 않는다는 사실을 공개적으로 편하게 말할 환경을 조성해야 한다. 대부분의 문제가 발생하는 이유는 사람들이 일을 망쳐서가 아니라 아무도 예측하지 못했던 일이 일어나고 있기 때문이다. 경영진이 뒷받침해 주고 대응할 방법을 찾도록 돕겠다는 점을 직원에게 알려야 한다."

홀은 여러 가지 긍정적인 수단을 통해서 이런 환경을 조성하려고 노력했다. 또한 부정적인 결과를 통해서 중압감을 조성하기도 했다. 그는 예상 수치를 달성하지 못하는 것보다 훨씬 심각한 잘못이 있다고 생각했다. 그 잘못은 긍정적이든 부정적이든 끊임없이 사실을 찾으려고 노력하지 않고 정보를 숨기며 긍정적인 이야기를 꾸며대려는 것이다. 그런 사람은 자칫하면 회사에서 해고될 수도 있다.

우리는 그런 철학을 존경한다. 홀은 혁신 프로젝트 리더가 사실 추구라는 목표와 일관되게 행동할 책임이 있다고 요구하는데, 사실 이 방법은 효과가 좋다. 그러나 우리는 혁신 프로젝트 리더의 책임을 재정립하기 위해 더욱 강력한 조치를 취해야 한다고 생각한다.

책임의 틀을 마련하라

많은 경영진이 혁신 프로젝트 리더를 특별 대우하면 실적을 중시하는 기강이 약해질까 봐 걱정한다. 경영진이 계획에 책임을 지우지 않는 다른 방법이 혼란을 유발하지 않는다는 점을 이해하면 그렇게 걱정할 필요가 없을 것이다. 이 방법은 책임의 다른 형태이며 기강이 엄격하게 잡혀있다.

사실 책임은 세 가지 형태로 분명히 구분된다. 리더들은 결과나 행동이나 학습에 대해서 책임을 지게 된다. 아래에 나온 대로 각 형태는 자체의 중심적인 평가 기준으로 정의된다.

책임의 형태 | 평가의 초점
결과 | 예상 결과를 달성했는가?
행동 | 계획을 잘 실행했는가?
학습 | 철저한 학습 과정을 따랐는가?

결과에 대한 책임은 익숙하고 단순하며 강력하다. 또한 평가가 명백하기 때문에 매우 대중적이다. 결과적으로 사람들은 공평한 대우를 받을 것이라고 믿는다. 특정 인물을 편애하거나 자유재량권을 남발하거나 변명을 날조할 기회는 없다. '예상 수치를 달성했는가, 못했는가?' 이걸로 끝이다. 또 명백한 접근법은 평가자가 훨씬 편하게 부정적인 평을 하게 해준다.

그러나 결과에 책임을 묻는 엄격하고 일차원적인 방법은 예측이 믿을 만할 때만 효과가 있다. 대안으로 사용할 수 있는 방법은 행동에 대한 책임이나 학습에 대한 책임이다. 이 둘은 예측의 정확도와 상관없이 효과가 있다.

혁신 프로젝트 리더가 져야 할 책임은 복합적이다. 예측할 수 있는 측면이라면 결과를 책임져야 하고, 예측할 수 없는 측면이라면 행동 혹은 학습을 책임져야 한다.

기존 부서의 리더와 혁신 프로젝트 리더가 책임을 지는 방식에는 확연한 차이가 있다. 그래서 우리는 혁신 프로젝트와 일반 사업의 검토 회의를 따로 열어야 한다고 주장한다. 한 회의에서 양쪽의 기준을 모두 적용해서 토론하기란 너무 어렵기 때문이다. 두 사업의 결과를 같은 시간에 같은 회의에서 검토하면서 공정한 시각을 유지하기란 어려운 일이다.

설사 회의를 따로 열더라도 혁신 프로젝트 리더가 특별대우를 받는다고 생각하는 사람이 있으면 문제가 생긴다. 따라서 중역은 기존 사업과 다른 형태의 책임 소재를 혁신 프로젝트에 묻는 이유를 타당하게 설명해야 한다. 간단히 말하자면 애초에 혁신이라는 모험을 시작한 당사자는 리더가 아니라 회사이기 때문에 결과만 가지고 혁신 프로젝트 리더를 평가하면 안 된다. 혁신 프로젝트는 회사가 시작한 모험이므로 회사가 결과를 책임져야 한다. 혁신 프로젝트 리더의 역할은 혁신 프로젝트를 잘 실행하는 것과(행동에 대한 책임) 정보가 입수되는 대로 빠르게 조정하는 것(학습에 대한 책임)이다. 다시 말하자면 혁신 프로젝트 리더의 책임은 잘 통솔된 실험을 하는 것이다.

당신이 혁신 프로젝트의 리더라면 일을 시작하기 전에 감독을 맡은 중역과 책임의 영역을 명확하게 협상해야 한다. 어떤 형태의 책임이 어떤 측정 기준에 적용되는지 분명해야 한다.

앞 장에서 인과관계의 가설을 그리는 간단한 도구를 소개했다. 책임을 토론하는 지침으로 동일한 도구를 사용해도 된다.

각 행동과 결과의 연결은 선택을 보여 준다. 행동 A와 결과 B, 그리고 다음 결과 C와 D 사이의 일반적인 인과관계 사슬을 생각해 보자. 먼저 A-B를 연결하고 위로 올라가면서 사슬을 만든다. 결과 B의 전례가 있다면 당신이 결과에 대한 책임을 지게 될 수 있다(사실 당신이 자청해서 책임져야 한다). 그러고 나면 사슬의 위로 올라가서 작성하면 된다. 이어지는 각 결과를 믿을 만하게 예측할 수 있는 한 당신이 결과를 책임지겠다고 선택하는 게 올바르다. 이는 책임의 가장 간단한 형태이며 가능한 모든 단계에서 기꺼이 책임을 져야 한다.

그러나 인과관계 사슬 위로 올라가다 보면 전례가 약하고 예측이 믿을 만하지 않은 연결이 나올 것이다. 그런 지점에서 결과를 책임지는 것은 더 이상 타당하거나 효과적이지 않다. 책임의 형태가 결과에서 학습으로 이동해야 한다. 당신은 결과가 아니라 철저한 학습 과정을 얼마나 잘 따랐는지를 바탕으로 평가돼야 한다.

첫 번째 연결이 불확실하면 이후 모든 인과관계의 연결도 불확실하다. 결과 C가 불확실하면 결과 D도 불확실하다. 그러므로 당신이 책임을 학습 부분으로 바꾸면 나머지 사슬에도 그 책임을 적용해야 한다.

모든 결과(B, C, D)가 불확실할 때 행동에 대한 책임이 중요해진다. 상사는 철저한 학습 과정을 평가하는 것은 물론 다음 질문을 바탕으로 당신을 평가해야 한다.

"행동 A를 최선을 다해서 실행했는가?"

당신이 팀원들과 책임을 협상할 때도 상사와 책임을 협상할 때와 동일한 방법을 써야 한다.

행동에 책임을 묻는 방법

행동에 책임을 지는 것은 결과에 책임을 지는 것보다 덜 엄격하게 여겨진다. 그렇다면 진짜 그럴까? 당신에 대한 평가가 철저하게 결과를 바탕으로 한다면 당신의 상사는 수치가 나오기 전에는 평가를 거의 염두에 두지 않을 것이다. 반면에 당신이 행동에 책임을 진다면 훨씬 철저한 감시 아래 활동하게 될 것이다. 상사가 당신을 엄중히 지켜보지 않는다면 행동을 어떻게 평가할 수 있겠는가?

행동에 대한 책임은 질적이지만 행동 자체는 때로 수량화할 수 있다. 예를 들어서 잘 모르는 시장에 신제품을 출시하는 혁신 프로젝트가 있다고 생각해 보자. 영업사원에게 결과에 책임을 묻는 게 부당할 것이다. 그러나 일정한 횟수의 방문 판매를 완료하고 각 판매에서 배운 경험을 문서로 작성하는 책임을 영업사원에게 맡기는 것은 타당해 보인다.

혹은 웹 사이트를 개설해야 하는 혁신 프로젝트가 있다고 해보자. 웹사이트의 트래픽을 예측하기가 어려울 것이다. 그러나 과거에 비슷한 웹사이트를 만든 경험이 있다면 정해진 시간과 예산에 맞춰서 웹 사이트를 완성하고 운영하는 책임을 팀원에게 물어도 된다.

피셔프라이스에서는 각 신제품이 얼마나 판매될 것인지 예측하기가 힘들다. 그러나 제품 개발팀은 예산에서 몇 퍼센트 오차로 신제품을 완료해야 하며 정해진 마감일을 어기면 안 된다는 점을 잘 알고 있다.

디어 앤 컴퍼니, 책임 있는 행동으로 혁신 촉진

강조점을 행동에 대한 책임으로 이동하면 이익이 발생한다는 점은 소규모 혁신 프로젝트에서도 드러난다. 예를 들면 이런 이동은 디어 앤 컴퍼니(이하 디어)의 효율적인 프로세스 혁신 프로그램에서 결정적인 요소였다(자세한 배경 정보는 제1장 참고). 1900년대 후반, 디어는 자동차 노동조합(United Auto Workers)과 협력해서 프로세스 혁신 프로그램에 대폭 투자하기 시작했다. 그렇게 하지 않으면 경쟁력을 유지하기 위해 과거보다 많은 작업을 해외로 이전해야 할 판국이었다.

혁신 프로그램은 공장의 소규모 팀들이 실적을 향상할 단기 프로젝트를 스스로 진행하도록 동기를 유발하기 위해 노력했다. 디어와 노조는 목표를 초과할 때 지급하는 집단 장려금이 강력한 동기 유발제라는 사실을 발견했다(목표치를 향상해야 한다는 중압감을 고조시키기 위해 매해 목표를 일정한 비율로 높였다). 그러나 추가 봉급만으로 부족했다. 디어는 분명한 목표 설정, 전 공장에서 아이디어 공유, 자부심 구축 활동을 비롯한 많은 요소를 동기 유발 공식에 추가해 프로그램을 개선했다.

긍정적인 보상이 동기 유발에 중요한 역할을 한다는 점이 확인됐지만, 과거와 같은 방식의 책임 소재도 동기 유발책에 혼합돼야 한다는 필요성이 대두됐다. 그러나 디어는 결과에 책임을 묻는 방법을 사용하지 않았다. 디어의 경영팀은 여러 프로젝트가 실패로 돌아가는 과정을 봤다. 너무 많은 팀이 실패하는 환경이 조성되면 혁신 프로젝트 전체가 손상될 수 있었다. 그러므로 디어는 실망스러운 결과 때문에 팀을 비판하는 대신에 행동의 결여를 바로잡는 평가 방법을 썼다. 각 작업팀은 생산성, 품질, 일정표, 안전으로 나뉜 각 영역에서 분기별로 적어도 하나의 향상 프로젝트를 문서로 작성해야 했다.

디어는 성과에 대단히 만족하고 있다. 노조와 계약 재협상을 두 번 하면서 가장 중요한 주제가 지속적인 향상이었지만, 이제는 중요 사항이 행동에 대한 책임으로 바뀌었다. 결과를 예측할 수 없을 때에는 행동에 책임을 묻는 대안이 효과가 좋다.

학습에 책임을 묻는 방법

학습에 책임을 묻는 방법은 세 모형 중에서 가장 어렵지만 가장 중요하다. 당신은 계획 수립 과정을 긴밀하게 관찰하고 아래에 나온 아홉 가지 사항을 구체적으로 평가해야 한다. 아홉 가지 중에 하나라도 해당하지 않으면 학습 과정이 실패했거나 실패할 위험에 처했다는 신호다.

◑ 평가 요점 1 : 계획 수립을 진지하게 생각한다
혁신 프로젝트 리더는 자연스레 계획 수립에서 멀어지는 경향이 있다. 이유는 두 가지다.

첫째, 시간을 쏟아야 하는 일들이 너무 많기 때문이다.

둘째, 예측을 할 때 불가피하게 수반되는 어림짐작 때문에 계획 수립이 의미가 없다고 여겨지기 때문이다. 그러나 가설을 세우고 수정하는 체계적인 과정이 없으면 학습은 이뤄지지 않는다.

◐ 평가 요점 2 : 명료한 가설이 기록돼 있다

명료한 가설은 학습 과정의 중추다. 가설은 돈을 지출하는 내역과 이유를 확실히 담고 있어야 한다. 또 알려진 사항과 알려지지 않은 사항을 설명해야 한다.

인과관계 도표에 포함된 모든 결과는 분명해야 하며 가능하면 직접 측정할 수 있어야 한다. 예를 들어서 도표에 시장 점유율이 포함되면 시장이 명료하게 정의돼야 한다. 도표에 제품의 인기가 포함돼 있으면 인기를 평가할 방법이 명료하게 나와야 한다.

생각을 명료하게 평가하려면 감독을 맡은 중역이 당신에게 인과관계 연결을 면밀하게 조사하는 질문을 해야 한다. 예를 들어서 병원에 방문해서 판매하면 매출이 증가한다는 추측이 가설에 포함됐다고 해보자. 면밀하게 조사할 수 있는 질문은 다음과 같다.

(1) 왜 그런 가설을 세웠는가?

(2) 직접 판매 외에도 실험을 해봐야 하는 다른 대안이 있는가?

(3) 직접 방문으로 올릴 수 있는 판매율은 어느 정도인가?

(4) 판매 기간을 어느 정도로 예상하는가?

(5) 완벽하게 효과적으로 판매하기까지 영업사원에게 필요한 훈련과 경험은 어느 정도인가?

◑ 평가 요점 3 : 모든 팀원이 기록된 가설을 이해한다

학습은 팀 스포츠다. 감독을 맡은 중역은 정기적으로 팀원들에게 나름 대로 가설을 설명하도록 지시하는 방법을 통해서 기록된 가설이 얼마나 효과적으로 전파됐는지 평가할 수 있다.

출시 시점에 가설이 명확하게 공유되게 하는 것이 중요하다. 가설은 계속 생명력을 지녀야 한다. 진행 과정을 검토할 때 모두가 가설을 상기할 수 있어야 한다. 이는 말처럼 쉽지 않다. 혁신 프로젝트에 참가한 모든 구성원은 적어도 비공식적이고 직감적인 방식으로 매일 학습을 한다. 그 과정에서 머릿속의 모형이 진화한다.

팀이 진행 과정을 검토하는 회의를 할 때 첫 단계는 모두가 기록된 가설을 동일하게 이해하는지 확인하는 것이다. 이는 가설이 세밀하게 문서로 작성되지 않았다면 달성하기가 힘들다. 두 번째 단계는 기록된 가설에 비추어 결과를 검토하고 가설을 수정해야 할지 말지 공식적으로 결정을 내리는 것이다.

◑ 평가 요점 4 : 변경이 타당하다는 증거가 있을 때만 가설을 수정한다

혁신 프로젝트 리더는 중압감을 줄이기 위해서 되는대로 가설을 수정하고 싶은 유혹에 빠진다. 그러나 감독을 맡은 중역은 수정해야 할 타당한 증거가 있을 때만 수정을 승인해야 한다. 그리고 기준을 하향해서 수정할 때는 반드시 예상 투자 수익률을 재평가하고 혁신 프로젝트를 계속할지 중단할지를 명확하게 결정하는 작업이 수반돼야 한다.

● 평가 요점 5 : 모든 팀원이 가장 중요한 미지의 사항을 안다

빠르고 저렴하게 배우려면 당신과 혁신팀이 '모든 가정이 대등하지는 않다'는 점을 이해해야 한다. 옳은 가정이 있는 반면에 그저 어림짐작인 가정도 있다. 잘못된 가정 중에 일부는 약간의 변화만을 유발하지만 다른 일부는 사업 전체를 중단시키기도 한다. 가정은 매우 불확실한데다가 결과에 큰 영향을 미치므로 가장 중요하다.

가장 중요한 미지의 사항을 초기에 최소의 경비로 파악할 수 있는지 신중하게 생각해 봐야 한다. 학습 비용을 최소로 줄이려는 바람 때문에 체계적이고 순차적인 접근법이 나오겠지만 이런 접근법은 경쟁 우위를 차지하기 위해 시장에 빠르게 진입해야 하는 필요성과 충돌한다. 이런 충돌을 상사와 분명하게 논의해야 한다.

● 평가 요점 6 : 당신과 혁신팀이 새로운 정보에 빠르게 대응한다

당신과 혁신팀이 학습하는 속도는 계획을 검토하는 횟수와 비례한다. 그러므로 혁신팀은 성과달성 조직의 관례보다 검토 회의를 훨씬 자주 열어야 한다. 예상치 못한 새 데이터가 나오면 그때그때 임시 검토 회의를 소집하되 정기 회의는 대체로 매월 한 번씩 개최하는 게 적절하다. 또한 실적 보고를 할 때 동향 그래프를 사용해서 반응 속도를 높여야 한다. 동향 그래프를 보면 사업을 진행하는 과정에 일어난 모든 변화가 한눈에 파악된다.

○ 평가 요점 7 : 당신은 올바른 학습 태도를 지니고 있으며 팀원들이 학습에 전념하도록 유도한다

당신이 진행할 혁신 프로젝트의 자금을 승인받으려면 자신감을 풍기면서 최고의 시나리오를 강조해야 한다. 그러나 사업 계획이 승인된 다음에는 다른 태도를 보여야 한다. 사업의 진행 방법을 논의할 때, 계획이 잘못됐을 가능성이 있다는 점을 겸손한 자세로 받아들여야 한다.

또 당신은 혁신팀도 이런 학습 태도를 지닐 수 있게 도와야 한다. 성과 달성 조직의 태도가 영향을 미치지 않도록 과학적인 단어로 질문해야 한다. 예를 들어서 '계획대로 실행하려면 뭐가 필요할까?'라고 질문하는 대신에 '원래의 가정을 뒷받침하거나 부정하는 증거가 무엇인가?' 혹은 '이 인과관계가 존재한다는 점을 확인하거나 부인할 가장 간단한 방법이 무엇인가?'라고 질문한다.

○ 평가 요점 8 : 사실을 받아들인다

혁신 프로젝트 리더가 혁신 프로젝트에 심혈을 기울이고 며칠씩 야근을 하고 나면 사실에 직면하고도 그 사실을 알아보기가 힘들어진다. 설사 혁신 프로젝트 자체가 폐기될 가능성이 있더라도 위축되지 않고 실적 데이터를 공개적으로 토론해야 한다.

○ 평가 요점 9 : 예측이 점차 정확해진다

당신이 배우고 있다는 가장 확실한 신호는 예측의 질이 향상하는 것이다. 인포시스는 혁신 프로젝트 평가표에 '예상의 정확도'라는 항목을 넣는다. 당신도 평가표에 그 항목을 추가해야 한다.

혁신 리더에게 제대로 보상하라

많은 중역이 혁신 프로젝트 리더에게 적절한 장려금을 주는 문제로 고민한다. 우리와 마찬가지로 경영진들은 혁신 프로젝트를 이끄는 역할이 대단히 어려운 도전이라고 생각하며 그 역할에 최고 적임자를 기용하고 싶어 한다.

그러나 워낙 까다로운 일이기 때문에 많은 중역이 이를 피한다. 이들은 혁신에 실패하면 그간 신중하게 쌓아온 경력에 흠이 날까 봐 걱정한다. 이들이 조심스러워하는 것도 당연하다. 많은 회사가 단지 결과를 중요하게 생각하기 때문에 혁신에 실패하면 담당자의 경력이 위험해질 수 있다.

올바른 환경을 조성하고 싶다면 먼저 '예' 혹은 '아니요'로 답할 수 있는 질문을 두 가지 해보자.

첫째, 혁신이 성공했는가?
둘째, 리더가 일을 잘했는가?

전자보다 후자를 평가하기가 더 복잡하다. 지금까지 설명했듯이 리더를 평가할 때 결과와 행동과 학습에 대한 책임을 복합해서 봐야 한다.

일반적으로 혁신의 결과는 네 가지 유형으로 나뉜다. 회사는 각 결과에 맞춰서 동기를 부여할 적절한 보상책을 제공하려 노력할 것이다. 이 책에는 혁신 프로젝트는 회사가 시작한 모험이며, 리더의 역할은 잘 통솔된 실험을 하는 것이라는 전제가 깔려 있다. 이 전제에 따르면 다음의 네 가지 선택이 타당하다.

- 훌륭한 리더의 지휘 아래 혁신 프로젝트가 성공한다.

  혁신 프로젝트의 리더는 성과달성 조직에서보다 많은 보너스를 받으며 고속으로 승진할 기회가 커진다.

- 리더의 실력이 부족하지만 혁신 프로젝트가 성공한다.

  회사는 혁신 프로젝트의 리더가 경력에 주요한 타격을 입지 않은 채 성과달성 조직으로 복귀하도록 최선을 기울인다.

- 리더가 훌륭하지만 혁신 프로젝트가 실패한다.

  네 영역 중 가장 중요하다. 혁신 프로젝트 리더가 얻은 긍정적인 성과가 조금은 있을 것이다. 그런 상황에서 혁신 프로젝트 리더가 처벌을 받는 다면 향후 다른 직원이 혁신 프로젝트를 맡지 않으려 할 것이다. 우리 조언은 다음과 같다. 혁신 프로젝트 리더에게 일반적인 보상이나 승진을 제공하지 않되, 실적을 높게 평가하고 다른 혁신 프로젝트를 맡도록 격려한다. 그리고 실패 및 그 실패에서 얻은 교훈을 사내에 널리 알리고 리더에게 가능성이 큰 기회를 줄 의사가 있음을 공표한다.

- 부족한 리더의 지휘 아래 혁신 프로젝트가 실패한다.

  회사는 혁신 프로젝트의 리더가 성과달성 조직으로 복귀해도 될지 평가하되 복귀를 보장하지는 않는다.

신생 기업과 벤처 캐피털에서 최고 적임자를 영입하기 위해 실리콘밸리 수준으로 장려금을 높게 지급해야 한다고 주장하는 사람도 있을 것이다. 타당한 주장이다. 그러나 우리가 볼 때 실리콘밸리의 종사자는 사내 혁신에 성공하는 사람과 유형이 다르다. 특히 신생 기업의 창업자들은 이미 안정된 기업의 모든 강점을 활용해 본 경험이 거의 없다.

게다가 특정 사업 부문의 스톡옵션처럼 강력한 장려금은 공정성 문제를 야기한다. 그러면 혁신 프로젝트의 리더와 성과달성 조직의 리더들 사이에 극심한 갈등이 생길 게 분명하다. 이들은 성과달성 조직이 수십 년 동안 해온 작업(브랜드 육성, 고객 관리 등)을 바탕으로 활동하는 혁신 프로젝트 리더만 부자가 되는 게 불공평하다고 생각할 것이다. 공유 직원도 스톡옵션이라는 보상을 받아야 한다는 이의가 제기될 수 있다.

어쨌든 강력한 장려금을 지급하기로 결정한다면 부정적인 위험성과 긍정적인 이득을 조화시키려고 노력해야 한다. 혁신 프로젝트의 리더가 스톡옵션처럼 금액이 폭발적으로 증가하는 보상을 받을 가능성이 있다면 신생 기업 창업자와 동일한 희생을 해야 한다. 즉 애초에 봉급과 복지 혜택과 고용 보장을 최소 수준으로 낮춰야 한다.

남은 선입견 여섯 가지도 경계하라

명백한 가설과 철저한 학습 과정과 확고부동한 책임의 기준이 갖춰지더라도 해결해야 할 선입견이 여전히 남는다. 결국 인간은 완벽한 컴퓨터가 아니다. 나머지 여섯 가지 선입견도 경계해야 한다.

❂ 선입견 2 : 자존심에 치우치다

놀랄 일도 아니지만 인간은 성공한 실험을 계획과 실행의 덕으로 생각하는 반면에 실패한 실험을 불행이라는 외부 영향의 탓으로 돌리는 경향이 있다. 증거가 계획에 깔린 가정을 입증하는지 아닌지 판단할 때 다음 질문을 해보는 게 합리적이다.

"지금까지 그저 행운이 안 따랐을 뿐임을 증명할 방법이 무엇일까?"

"이 분명한 인과관계를 앞으로 깰 방법이 무엇일까?"

● 선입견 3 : 최신 사안에 치우치다

모든 사람은 결론을 내릴 때 실험의 처음부터 끝까지 일어났던 전체 내용을 고려하는 게 아니라 당장 일어난 내용에 초점을 맞추는 실수를 벌이는 경향이 있다. 즉 1년 동안 시행한 실험을 연말에 평가할 때 12월에 일어난 일이 큰 영향을 미칠 가능성이 크다. 이런 실수를 하지 않으려면 결과를 검토할 때 광각렌즈를 사용해 넓게 봐야 한다. 이를 위한 가장 쉬운 방법은 혁신 프로젝트의 초기부터 동향이 표시된 그래프로 결과 데이터를 제시하는 것이다.

● 선입견 4 : 익숙한 면에 치우치다

익숙한 설명에 치우치는 선입견은 본능적이며 지극히 타당하다. 예를 들어서 역사가 수십 년이 넘는 안정된 소비재 회사는 시장 점유율이 상승된 원인을 대중 매체에 전폭 투입한 마케팅비 덕으로 돌릴 것이다. 실제로는 인터넷에 기반을 둔 소셜 네트워크 사업 덕일지라도 이를 간과하는 것이다.

● 선입견 5 : 규모에 치우치다

우리는 큰 결과가 거창한 행동에서 나온다고 추측하는 경향이 있다. 혁신 프로젝트에 대대적인 자본 투자와 간단한 프로세스 변경이 모두 포함된다고 해보자. 본능적으로 결과물의 대대적인 향상을 자본 투자 덕으로 돌리겠지만 이는 잘못된 생각일 가능성이 있다.

● 선입견 6 : 간편함에 치우치다

혁신 프로젝트의 진행을 평가하는 작업은 복잡하고 다차원적이다. 빠르고 간편하게 설명하고 싶은 마음이 자연스레 들 것이다. 빠른 답을 찾는 자세는 특히 비공식적인 대화에서 드러난다. 그러나 그런 대화는 사람들이 가정하는 과정에 개입해서 공식적인 검토에 영향을 미친다. 가장 일반적인데다 위험한 방법인 빠르고 간편한 평가는 성과달성 조직의 측정 기준과 표준을 혁신 프로젝트에 적용하는 것이다. 혁신 프로젝트에 성과달성 조직의 측정 기준을 적용하는 방법은 분명히 부적절하지만 우리는 이런 실수를 여러 번 목격했다. 소매점을 통해서 제품을 유통하는 한 소비재 제조 회사는 용인할 수 있는 반품율의 최고치를 정해 놨다. 소프트웨어 보상 판매 조항에 따르면 소매업체는 결함이 있는 제품뿐만 아니라 판매되지 않는 제품도 반품할 권리가 있었다. 그러나 소프트웨어 사업이 실패작이라고 생각했던 사람들은 그 사업을 평가하던 중에 높은 반품율에 대해 빠르고 간편한 답을 내세우고 싶어 했다.

● 선입견 7 : 정략에 치우치다

당신은 자원과 승진과 특혜를 놓고 사내의 다른 경영진과 경쟁하게 될 것이다. 이 경쟁에서 실적에 대한 인식은 강력한 요소다. 당신이 경쟁하는 사람은 모두 자신의 실적과 전망을 최대한 좋게 보이게 하고 당신의 실적과 전망을 최대한 나쁘게 보이게 하려 한다.

이를 위해 당신의 사내 경쟁자는 단순하지만 설득력이 있는 이야기를 찾으려 할 것이다. 앞서 설명한 선입견들을 의도적으로 강조하면서 당신의 혁신 프로젝트가 진행되는 과정에 대한 인식에 악영향을 미치려 할 것이다. 일부는 프로젝트의 장기적인 궤도를 고려하지 않은 채 최근 발생한 부정적인 사안을 강조하거나 성과달성 조직에 깊이 박힌 측정 기준과 표준을 적용해 당신의 혁신 프로젝트가 부진하다고 강조하며 아예 중단시키려 할 것이다. 물론 당장 편리한 설명을 해서 오히려 반대의 영향을 발생시킨다면 당신 역시 정략에 치우친 선입견을 갖고 있는 것이다.

이 장의 핵심 내용

1. 혁신 프로젝트의 결과를 객관적으로 평가하기란 어렵다. 진행 상황을 왜곡해서 해석하려는 감정과 선입견을 인식하는 것이 중요하다.

2. 경계해야 할 가장 일반적이고 결정적인 선입견은 초기의 혁신 계획에 지나치게 편중되는 것이다. 이런 선입견은 특히 실적 중심의 문화가 강한 회사. 즉 계획에 못 미치는 결과를 실패로 생각하는 회사에 널리 퍼져 있다.

3. 행동에 책임을 물으려면 그 사람의 작업 및 평가 지표를 엄밀하게 관찰해야 한다.

4. 학습에 책임을 물으려면 계획 수립 과정 및 실험의 운영에 대한 평가 과정을 엄밀하게 관찰해야 한다.

5. 혁신 프로젝트의 리더 자리에 최고 적임자를 영입하려면 적절하게 혼합된 장려책을 마련해야 한다. 리더가 훌륭한 기량을 발휘했는데도 혁신 프로젝트가 실패로 돌아가면 회사는 리더에게 적당한 보상을 해 주어야 한다.

6. 혁신 프로젝트의 계획 수립 과정은 성과달성 조직의 계획 수립 과정과 상당히 다르다. 혁신 프로젝트의 계획 수립 과정은 엄정한 학습 과정이 돼야 한다. 데이터와 전례가 아니라 가설과 가정을 강조해야 한다. 연별이 아니라 월별 혹은 분기별로 기본적인 가설에 이의를 제기해야 한다. 장기간의 총합계가 아니라 전반적인 동향으로 결과물을 제시해야 한다. 그리고 표준 측정 기준이 아니라 맞춤형 측정 기준을 강조해야 한다(제4장과 제6장에서 나온 결론).

결론

성과를 바탕으로 당당하게 전진하라

우리 두 사람은 이 책에서 혁신 프로젝트를 실행하는 모형을 하나 설명했다. 이 모형의 기반은 일반 사업과 혁신 프로젝트 사이에 근본적인 차이점이 있다는 인식이다. 성과달성 조직은 모든 업무활동과 프로세스가 반복되고 예측될 수 있게 만들어서 효율성을 추구하지만 혁신은 본래 반복성이 없고 불확실하다.

당신이 혁신 프로젝트를 이끌게 되면 조직 구성과 계획 수립 방법을 다르게 생각해서 성과달성 조직과의 근본적인 차이점에 대처해야 한다. 맞춤형 조직 모형으로 혁신팀을 구성하고 철저한 학습 과정을 통해서만 수정할 수 있는 계획을 수립해야 한다. 이 두 가지를 잘 수행하면 사업이 훨씬 잘 진척될 것이다.

그리고 성공하면 계속 다른 혁신 프로젝트의 리더를 맡으며 승승장구할 것이다. 혁신 프로젝트를 지휘하는 권한, 감독을 맡을 중역을 선택하는 권한, 관련 사업들을 관할하는 권한, 더욱 혁신적인 회사가 되도록 돕는 권한을 가진 자리로 승진될 것이다.

그런 어려운 활동을 잘하는 방법을 지금까지 이 책에서 소개한 원칙을 적용해서 설명하면서 결론 부분을 마무리 짓겠다.

혁신 프로젝트를 철저히 감독하라

우리는 혁신 프로젝트의 초기 단계에 있는 한 전통적인 화학제품 회사를 연구했다. 대형 생명공학 사업을 시작하는 단계였기 때문에 마침 연구를 하기에 딱 이상적인 시기였다. 이 회사는 곧 창립할 새 사업부의 조직 구성과 계획 수립에 이의를 제기하고 해결하는 작업에만 며칠 동안 매달렸다.

우리는 이 회사가 이렇게 긴 시간을 투자한 게 현명했다고 생각한다. 보통은 그런 인내력이 없는 게 당연하다. 혁신 프로젝트를 시작할 때 혁신팀은 기술을 향상하고 제품을 만들고 첫 매출을 올리려고 열중한다. 이런 흥미진진한 활동에 비해서 조직 구성과 계획 수립에 대한 고민은 조금 따분하게 여겨진다.

이런 이유 때문에 감독을 맡은 중역의 역할이 매우 중요하다. 그 역할을 맡으면 이 책에서 설명한 사안, 즉 조직 구성과 계획 수립에 자신의 에너지를 거의 쏟아 부어야 한다.

몇몇 사람은 우리가 하는 조언이 "이해하기는 쉽지만 실천하기는 어려운 영역"이라고 말했다. 그 말이 맞다. 실천하기 어려운 이유는 이미 자리를 잡은 거의 모든 회사에서 발생하는 본능 및 중압감과 우리의 조언이 대치되기 때문이다.

그러므로 감독을 맡은 중역이 적극적으로 개입해야 한다. 감독을 맡은 중역은 혁신 리더와 전담팀과 공유 직원이 할 일을 이해함은 물론 실제로 이를 실행하도록 이끌어야 한다.

감독을 맡은 중역의 책임은 세 가지로 나뉜다. 혁신 프로젝트가 순조롭게 출발하게 하고, 성과달성 조직과의 상호작용을 감독하며, 철저한 학습 과정에 긴밀하게 개입하고, 최종 단계의 행로를 정해야 한다.

🔵 사업이 순조롭게 출발하도록 이끌어라

혁신을 시작하면 다들 흥분의 도가니에 빠진다. 감독을 맡은 중역은 혁신팀이 흥분을 가라앉히고 맞춤형 조직 모형과 철저한 학습 과정의 필요성을 신중하게 고려하도록 유도해야 한다. 서두르면 위험할 수 있다. 일반적으로 편리한 선택은 사내 직원을 전담팀으로 이동시키고 기존 직위와 직무 기술서를 차용하며 기존의 계획 수립 서식을 사용하는 식으로 성과달성 조직의 방식을 모방하는 것이다. 다시 강조하지만, 그런 방식은 혁신팀에 맞지 않다. 감독을 맡은 중역은 혁신팀이 사려 깊게 선택하도록 돕고 조직 구성과 계획 수립에서 실수하면 사업이 약화된다는 점을 일깨워야 한다.

이후 감독을 맡은 중역은 그 사려 깊은 선택을 회사에서 승인받으려고 노력해야 한다. 성과달성 조직은 예외를 싫어한다. 예를 들어서 인사팀장은 혁신팀 전용의 직무 기술서와 봉급 규정을 따로 만드는 걸 마땅치 않아 한다. IT 팀장은 모두가 동일한 프로세스를 따르고 동일한 시스템을 사용하길 바랄 것이다. CFO는 모든 사업부가 동일한 평가표로 실적을 보고하면 좋아할 것이다.

물론 이렇게 회사 전역에 동일한 기준이 적용되길 바라는 마음은 성과달성 조직의 효율성을 향한 끊임없는 갈증에서 나온다. 그러나 효율성이 혁신 프로젝트의 원칙이 되면 안 된다. 혁신 리더는 운이 좋아서 언젠가 효율성을 먼저 걱정할 특권을 누릴 날이 오기를 바라야 한다. 시작할 때는 일반적으로 혁신 프로젝트가 직면한 불확실성(3차년도의 수입이 1,000만 달러 혹은 1억 달러에 도달할까?) 때문에 효율성을 추구할 여지가 거의 없다.

◉ 성과달성 조직과의 상호작용을 감독하라

혁신 프로젝트가 잘 출발하더라도 성과달성 조직과의 갈등이 남아 있을 것이다. 갈등의 가장 일반적인 원인은 한정된 자원과 두려움이다. 성과달성 조직은 혁신 프로젝트가 어떤 식으로든 피해를 줄 것이라고 두려워한다. 예를 들자면 성과달성 조직의 제품을 잠식하거나 브랜드를 손상시킬 수 있다.

갈등이 상승되면 대부분 성과달성 조직이 유리한 입장에 선다. 성과달성 조직은 규모가 크고 힘이 있는 경영진과 밀접한 관계를 맺고 있으며 자신들의 요구 사항을 즉시 뒷받침해 줄 수량화된 자료를 가지고 있다. 결과적으로 혁신 프로젝트 리더는 자신의 요구 사항이 먼저 처리되게 하려고 고전한다.

이는 참으로 안타까운 일이다. 결국 회사가 혁신 프로젝트에 공식적으로 전념하면서도 조직에서 낮은 단계라는 이유로 자원 투입을 거절해 사업에 손실을 입히는 상황은 말이 안 된다. 경영진 단계에서 설정한 단기적인 자원과 장기적인 자원의 균형은 일반 사업을 하는 부서에서 설정한 단기적인 자원과 장기적인 자원의 균형과 일관돼야 한다. 감독을 맡은 중역은 자원을 확보하려고 고전하는 혁신 리더를 도와서 장기적으로 회사에 가장 이익이 되는 사업을 성공시키려 노력해야 한다.

또 감독을 맡은 중역은 전담팀과 공유 직원이 잘 협력하도록 유도해야 한다. 두 팀의 활동 방법과 조직 방식이 워낙 다르기 때문에 쉽게 어울리기가 힘들 것이다. 때로 사내 경쟁은 건전하고 생산적이다. 그러나 전담팀과 공유 직원 사이의 갈등이 프로젝트에 피해를 주는 수준까지 올라갈 가능성이 다분하다. 감독을 맡은 중역은 주의 깊게 관찰하고 혁신 리더를 도와서 갈등이 건전한 수준으로 유지되게 해야 한다.

● 철저한 학습 과정에 밀접하게 개입하라

혁신 리더는 다른 업무가 더 중요하다고 생각해서 학습 과정에서 멀어지는 경향이 있다. 이들은 항상 서두른다. 예를 들어 혁신 리더는 신제품을 6개월 내에 출시하지 못하면 세상이 끝나기라도 하는 듯이 말한다. 때로 이런 말이 타당하지만 철저한 학습 과정에서 멀어지는 것도 심각하게 위험하다.

철저한 학습 과정을 열심히 이행하는 혁신 리더는 감독을 맡은 중역의 도움을 받아서 선입견이 없이 공정하게 결과를 해석해야 한다. 혁신 리더는 중압감이 엄청나게 높은 상황에서 큰 목표를 향해 오랫동안 작업하기 때문에 혁신팀이 계획에 미치지 못하면 자칫 감정에 치우칠 수 있다. 감독을 맡은 중역이 데이터를 바탕으로 최대한 과학적이고 냉정하게 토론하도록 돕지 않으면 교훈을 도출할 가능성이 작아진다.

또 감독을 맡은 중역은 고위 경영팀에 있는 동료들이 혁신 프로젝트의 기대치를 설정하는 과정을 유심히 살펴봐야 한다. 동료들이 혁신 프로젝트의 가능성을 너무 지나치게 칭찬하고, 특히 그들이 언론사나 증권가 분석가에게 그런 칭찬을 늘어놓기 시작하면, 혁신팀은 계획에 미치지 못한 결과는 실패라고 생각하게 될 것이며 학습이 중단될 것이다.

● 최종 단계의 행로를 정하라

감독을 맡은 중역의 마지막 책임은 진행 결과가 좋든 나쁘든 사업이 끝날 시점을 결정하는 것이다. 혁신 프로젝트가 실패로 돌아간 경우에 혁신 리더가 사업이 끝났다고 선언하기를 기대하는 것 자체가 비현실적이다. 이는 감독을 맡은 중역의 책임이다. 계속 진행하기로 결정하면 마지막 임무가 몇 가지 남는다.

첫째, 감독을 맡은 중역은 그 혁신 프로젝트에서 향후 혁신 프로젝트에 유용한 요소가 나왔는지 생각해 봐야 한다.

둘째, 그 사업에서 얻은 교훈을 영구 보관 문서로 작성해서 향후의 혁신팀이 참고할 수 있게 해놔야 한다.

마지막으로, 무엇보다 감독을 맡은 중역은 전담팀의 구성원들을 어떻게 할지 생각해 봐야 한다. 구성원의 결과물이 심각하게 형편없거나 부당하게 부정적으로 평가받으면 향후 혁신 프로젝트에 영향이 있을 것이다. 아무도 혁신 프로젝트에 참여하지 않으려 할 것이다. 전담팀이 사업을 나무랄 데 없이 실행했더라도 결과가 실패로 돌아갈 수 있다는 점을 명심해야 한다.

혁신 프로젝트가 성공한 경우에도 여전히 할 일이 있다. 일단 사업의 가능성이 입증되면, 즉 일상적으로 운영될 수 있고 예측이 가능하다는 점이 입증되면 그 팀을 성과달성 조직과 밀접하게 통합하는 방법이 적절하다. 전담팀과 성과달성 조직의 프로세스를 결합해서 새로운 효율성이 생길 수도 있다. 철저한 학습 과정은 더 이상 필요 없지만 혁신 프로젝트의 실적 평가표는 계속 필요할 것이다. 단, 혁신팀을 성과달성 조직과 너무 가깝게 운영하면 인수한 회사를 통합할 때와 유사하게 양극화되는 문제점이 발생할 수 있으니 주의해야 한다.

제대로 된 담당 임원을 골라라

혁신 프로젝트를 잘 감독하고 난 중역은 '다음에 실시한 주요 혁신의 감독자를 누구로 선택해야 할까?' 라는 질문을 받을 것이다. 감독 역할을 제대로 하려면 (1) 강력한 권한 (2) 폭넓은 경험 (3) 회사 전체의 장기적인 이익에 관심을 가질 위치가 필요하다. 각 기준을 자세히 살펴보자.

○ 강력한 권한

일반적으로 대기업에서는 권한과 지위가 높을수록 자원을 관할하는 힘이 커진다. 그러나 혁신 프로젝트는 소규모로 출발한다. 그러므로 처음에 혁신 프로젝트의 리더는 권한이 거의 없다.

사업을 시작하는 시기는 성과달성 조직과 확연히 다르게 조직을 구성하고 계획을 세우기 위해 혁신 리더에게 많은 권한이 필요한 결정적인 때다. 그러므로 권한이 부족하면 문제가 될 수 있다. 이 시기에 혁신 리더는 감독을 맡은 중역을 통해서만 권한을 얻을 수 있다. 따라서 감독을 맡은 중역은 인사팀과 IT팀과 재정팀과 같은 지원 부서의 간부들에게 영향을 미칠 능력이 있어야 한다.

또한 감독을 맡은 중역은 시작부터 마무리까지 충분한 자원을 조달하면서 혁신 프로젝트를 뒷받침할 강력한 권한이 있어야 한다. 자금을 확보하기 위한 경쟁이 상당히 까다로울 수 있다. 성과달성 조직은 단기 실적에 이바지하지 않는 활동을 제거하고 싶어 하기 때문에 혁신 프로젝트는 늘 위험에 처해 있다.

혁신 프로젝트에 필요한 자금을 안정적으로 조달받으려면 감독을 맡은 중역은 혁신 프로젝트의 예산보다 적어도 100배가 많은 예산을 관리하는 계급의 중역에게서 자원을 확보해 낼 능력이 있어야 한다. 현실적으로 이는 혁신 리더가 혁신 프로젝트의 예산 규모보다 최소한 한 단계 이상 많은 상관에게 보고하는 체계가 돼야 한다는 뜻이다.

예를 들어서 예산이 500만 달러인 혁신 프로젝트의 리더가 예산이 5,000만 달러인 관련 사업부의 간부에게 보고를 하는 것은 실수다. 예산이 5,000만 달러인 사업부는 혁신 프로젝트에 투자할 여분의 자금이 500만 달러에 훨씬 못 미칠 게 확실하다. 그 사업부의 예상 수익 목표는 몇십만 달러 정도일 것이다. 그 사업부가 혁신 프로젝트의 초기에 자금을 투입할 수 있다고 해도 끝까지 지원해 주지는 못할 것이다. 대부분의 혁신 프로젝트가 성공하자면 훨씬 많은 자원이 필요하다.

평생 한 회사에서 출세를 위해 맹렬하게 돌진해 온 중역은 어떤 고위 경영자 역할에 훌륭한 후보가 될 것이다. 그러나 그 중역이 한 가지 조직 모형만 봐왔고 입증된 업종만 관리해 왔다면 혁신 프로젝트의 감독자로 적당하지 않다.

감독을 맡은 중역이 해야 하는 주요 역할은 혁신팀에 맞는 조직 모형을 만들고 보호하도록 돕는 것이다. 경력을 쌓으면서 다양한 조직 모형을 경험해 본 중역을 감독자로 선택하는 편이 낫다. 감독을 맡은 중역의 또 다른 역할은 결과를 제대로 해설하도록 돕는 것이다. 새 벤처 캐피털 회사에서 운영이나 재정에 관여한 경험이 있으면 이런 역할에 제격이다.

● 회사 전체의 장기적인 이익에 관심을 가질 위치

일반적으로 감독을 맡은 중역은 여러 역할을 해야 한다. 중역이 자신의 역할 중 90%가 성과달성 조직을 이끄는 것이고, 특히 자신의 실적이 전적으로 성과달성 조직에서 한 역할을 바탕으로 평가된다고 생각한다면 혁신 프로젝트를 감독하는 역할을 하면서 많은 갈등을 겪을 것이다. 이런 중역은 단기적인 실적에 지나치게 비중을 두고 장기적인 기회를 묵살할 것이다. 그러므로 성과달성 조직의 직속 간부에게 혁신 프로젝트를 보고하는 체계를 피하는 게 최선이다.

한 대안은 별도의 예산으로 운영되는 주요 혁신 프로젝트를 모두 감독하는 혁신 담당 임원이라는 직책을 만드는 방법이다. 혹은 혁신 리더가 사내 이사회에 직접 보고하는 대안도 있는데 이사회는 보통 여러 중역이 책임을 공유하므로 일이 제대로 진척되지 않을 위험이 있다. 그러나 각

이사의 역할이 명확하게 분리되어 있다면, 이사회에 보고하는 방법이 효과적일 수 있다.

예를 들어서 이사회 의장이 혁신 리더의 실적을 평가하고 지속적인 자금 지원을 결정하는 역할을 맡는다고 해보자. 다른 이사는 성과달성 조직과의 상호관계를 감독하는 역할을 맡으면 된다. 그리고 나머지 세 번째 이사는 혁신 리더에게 전담팀의 조직 모형을 조언해 주면 된다.

연관 프로젝트를 함께 살펴라

당신이 혁신 프로젝트를 성공으로 이끈 후에 혁신 담당 임원으로 승진한다고 해보자. 당신은 하나 이상의 혁신에 대해서 고심하게 될 것이다. 특히 회사가 명확하고 전략적인 목표를 가지고 있다면 당신은 특성이 비슷한 여러 혁신 프로젝트들을 관리하게 될 것이다. 이는 당신이 또 다시 혁신을 성공으로 이끌 기회를 준다.

이 책에서 예로 든 많은 일화는 회사가 더 큰 목표를 추구하기 위해서 실시하는 여러 혁신 중에 단 하나에 초점을 맞췄다.

다우존스의 CEO인 리처드 자니노는 고객사와 독자와 광고주 모두에게 하나로 통합된 콘텐츠를 인쇄물과 온라인의 두 영역에서 제공하려는 포부가 있었다. 그는 이 포부를 실현하려고 인쇄 프로세스와 온라인 프로세스에서 각 핵심 기능을 검사하는 여러 혁신 프로젝트를 시작했다(제2장과 제3장에 나온 사례 참고).

인포시스의 CEO인 나라야나 무르티는 고객이 정보 시스템을 설계해서 제작하고 운영하는 모든 책임을 한 제공업체에 맡길 수 있도록 기업 전용 정보기술 서비스의 전 부문을 하나로 통합하려는 포부가 있었다. 그는 이 목표를 달성하려고 인포시스 컨설팅을 포함해서 여러 부문에 걸친 새로운 서비스 사업부를 설립했다(제3장과 제4장에 나온 사례 참고).

톰슨 코퍼레이션의 브라이언 홀은 판례법 조사 도구만이 아니라 필요한 모든 정보를 변호사 사무소에 제공하려는 계획을 세웠다. 그는 이 목표를 이루려고 크게 두 부류로 나뉜 여러 혁신 프로젝트를 출범했다. 한 부류는 변호사용 정보 제품이었고 다른 부류는 변호사 사무소 경영진용 정보 제품이었다(제2장과 제4장에 나온 사례 참고).

강력한 전략 목표와 논리적으로 연계된 혁신 목표를 명료하게 세우면 이익이 많다.

첫째, 어차피 자원은 한정돼 있다. 서로 관련이 없는 여러 부문의 혁신 프로젝트들에 자원을 드문드문 흩뿌려서 예상치 못했던 성공을 거둘 수도 있지만, 일반적으로 모든 혁신 자원이 체계적으로 배분돼야만 회사의 가장 높은 포부를 실현할 수 있다.

둘째, 명확한 혁신 목표는 직원의 혁신 에너지를 집중시킨다. 직원이 가장 가치 있는 혁신의 형태를 확실히 알고 있으면 자유롭게 새로운 아이디어와 가능성을 찾도록 내버려두는 편이 더 생산적이다.

셋째, 관련된 여러 혁신 프로젝트를 실행하는 편이 훨씬 수월하다. 이를 통해서 회사는 조직 모형과 계획을 처음부터 새로 세우는 게 아니라 다른 혁신 프로젝트의 조직 모형과 계획 중 일부를 다시 사용하는 여러 혁신 프로젝트를 만들 수 있다.

마지막 이익과 관련해서 주의할 점이 있다. 지금까지 우리는 혁신 프로젝트마다 맞춤형 접근법이 필요하다고 강조해 왔다. 모든 혁신 프로젝트는 의도적으로 과거에서 벗어나려는 활동이고 각 사업이 적어도 일부 측면에는 고유한 특성이 있기 때문이다. 그렇지 않다면 혁신이 아니다. 성과달성 조직을 모방하는 방법이 혁신 프로젝트에 치명적인 것과 마찬가지로 서로 다른 혁신 프로젝트를 모방하는 방법도 치명적이다.

그렇다면 여러 혁신 프로젝트를 하나의 그룹으로 묶어도 될지 안 될지를 평가하는 방법은 무엇일까? 적절한 기본 지침이 몇 가지 있다. 두 혁신이 다음 기준을 모두 충족하면 동일한 부류로 묶어도 된다.

- 두 혁신이 동일한 전력 목표로 배열된다.
- 두 혁신의 형태가 유사하다. 예를 들어서 둘 다 주요 프로세스 점검이나 신제품 출시나 새로운 서비스 출시나 새로운 사업을 출범하는 혁신이다.
- 두 혁신에 핵심 기능이 동일한 전담팀이 필요하며 성과달성 조직의 동일한 자산을 활용하려 한다.
- 두 혁신의 소요 기간이 비슷하다. 예) 달, 혹은 분기, 혹은 해
- 두 혁신의 비용이 비슷하다. 예) 수십만 달러, 혹은 수백만 달러, 혹은 수천만 달러 등
- 두 혁신에서 불확실한 영역이 비슷하다.

여러 혁신이 위의 기준을 충족하는가? 그렇다면 우리가 지금까지 설명한 원칙을 하나의 혁신에서 여러 혁신으로 확대하는 작업은 상당히 간단하다. 이미 아는 내용을 새삼스럽게 다시 배울 필요 없이 그저 실행 업무의 공동 요소를 비율에 맞춰서 적용하면 된다. 〈표 C-1〉은 이 책의 핵심 주제를 여러 혁신이 모인 그룹에 적용할 수 있는 질문을 정리한다.

● 표 C-1

한 혁신에서 여러 혁신으로 이동할 때 물어야 할 질문

하나의 혁신 프로젝트	비슷한 여러 혁신 프로젝트가 모인 그룹
맞춤형 조직 모형	**맞춤형 조직 모형**
성과달성 조직이 이 혁신 프로젝트에서 어떤 역할을 할 수 있을까? (제1장)	성과달성 조직이 이 그룹의 각 혁신 프로젝트에서 동일한 역할을 할 수 있을까? (할 수 없다면 해당 혁신 프로젝트들은 동일한 그룹에 속하지 않는다.)
전담팀의 직원을 어떻게 구성할까? 사내 인물 중 누가 필요할까? 그 사내 인물을 영입할 수 있을까? (제2장)	혁신 프로젝트 그룹에 필요한 기술 중에서 사내에서 영입할 수 있는 기술이 무엇일까? 혁신 프로젝트로 직원을 합류시키면 기존 업무를 누가 대신해야 할까?
새로운 역량이 있는 외부 인사를 고용해야 할까? 외부 인사를 찾아서 고용하려면 무엇이 필요할까? (제2장)	이 그룹의 모든 혁신 프로젝트에 유사한 새 기술이 필요할까? 필요한 규모로 새로운 역량을 구축할 방법이 무엇일까? 직원을 고용할 새로운 통로가 필요할까? 새로운 훈련 프로그램이 필요할까? 인수 합병 프로젝트가 필요할까?
이 혁신 프로젝트 전용으로 새롭고 낯선 직책과 책임을 만들어야 할까? (제2장)	이 그룹의 모든 혁신 프로젝트에 공통으로 적용할 새로운 직책과 직무 기술서와 봉급 규정을 만들어야 할까?
성과달성 조직에 혁신 프로젝트를 지원할 여유 시간과 여유 자원이 있을까? 기존사업과의 갈등을 어떻게 해결해야 할까? (제3장)	성과달성 조직이 동시에 몇 개의 혁신 프로젝트를 지원할 수 있을까? 어떤 중역 혹은 중역 위원회가 자원 배분 과정의 갈등을 해결해야 할까?

전담팀과 성과달성 조직 사이에 또 어떤 긴장 상태가 고조될까? 어떤 중역이 전담팀과 성과달성 조직이 생산적인 관계를 조성하고 유지하도록 도울 수 있을까? (제3장)

구체적으로 어떤 긴장 상황 혹은 갈등이 이 그룹의 모든 혁신 프로젝트에 영향을 미칠까? 이런 갈등을 관리할 최선책은 무엇일까?

철저한 학습 과정

이 혁신 프로젝트의 가정을 빠르고 효과적으로 테스트하는 데 필수적인 계획 수립 과정의 특성은 무엇일까? (제4장)

철저한 학습 과정

이 그룹의 모든 혁신 프로젝트가 공통적인 계획 수립 과정이나 공통적인 계획 수립 서식을 사용할 수 있을까? 이 그룹에 속한 모든 프로젝트의 진행 상황을 한 회의에서 평가할 수 있을까?

우리가 테스트하고 있는 인과관계의 가설은 무엇일까? 가장 중요한 미지의 사항은 무엇일까? (제5장)

이 그룹의 혁신 프로젝트에 대한 인과관계의 가설이 얼마나 유사할까? 모든 혁신 프로젝트에 적용되는 중요한 별개의 서식으로 어떤 사항이 있을까? 그 미지의 사항을 모든 사업에서 동시에 한 번만 테스트해도 될까?

어떤 실적 평가 기준이 이 혁신 프로젝트와 관련이 있을까? 측정 기준 혹은 표준이 기존 사업과 다를까? (제5장)

이 그룹의 모든 혁신 프로젝트에 공통적인 측정 기준은 무엇일까? 별개의 서식으로 이 그룹의 결과를 정기적으로 확인하도록 사내 회계 시스템을 수정할 수 있을까?

리더를 어떤 기준으로 평가해야 할까? 어떤 부문에 책임을 물어야 할까? (제6장)

이 그룹의 모든 혁신 프로젝트 리더를 동일한 기준으로 평가할 수 있을까? 여러 혁신 리더 사이에 생산적인 경쟁이 일어날 수 있을까?

결과를 해석할 때 어떻게 하면 감정과 선입견의 영향을 최소로 줄일 수 있을까? (제6장)

이 그룹의 모든 혁신 프로젝트에 영향을 미칠 공통의 선입견이 있을까? 어떤 방법으로 그런 선입견을 최소로 줄일 수 있을까?

중요한 자원

이 혁신 프로젝트를 이끌 적임자가 누구일까?

중요한 자원

이 그룹의 리더는 누가 돼야 할까? 그 직책의 후임자가 있을까? 후임자를 고용해야 할까?

혁신 리더는 누구에게 보고해야 할까?

동일한 중역 혹은 중역 위원회가 이 그룹의 모든 혁신 프로젝트를 실행할 수 있을까?

이 혁신 프로젝트의 시작 자금은 물론 결실을 맺을 때까지 필요한 자금이 확보될 수 있을까?

회사의 자금 상태를 감안할 때 시작부터 마무리까지 동시에 진행할 수 있는 혁신 프로젝트는 몇 개일까?

회사를 더욱 혁신적인 회사로 발전시켜라

우리 두 사람은 당신에게 거는 기대가 크다. 우리는 당신이 언젠가 CEO로 승진할 것이라고 생각한다. 그때가 오면 어려운 혁신의 속성이 다시 한 번 바뀔 것이다. 당신은 혁신에 폭넓게 참여하는 직원에게 간접적으로 영향을 주어야 할 것이다.

이를 위한 최선책 중 하나는 혁신이 일어나는 과정에 대한 간단하고 가르칠 수 있는 관점을 수용하는 것이다. 그동안 우리가 경험한 바에 따르면 가장 강력한 관점은 혁신에 대해 가장 일반적인 통념을 반박해 주는 근본적인 진실을 아는 것이다.

안타깝게도 혁신에 대한 통념은 모든 산업계에 만연해 있다. 통념은 혁신이 일어나게 하는 과정을 이해하고 싶은 엄청난 갈망 때문에 퍼지기 시작했다. 그러나 최근까지 통념을 철저하게 연구한 사례는 거의 없다. 새 지식을 원하는 요구가 그런 지식을 전달하는 연구자의 능력을 넘어서면 유용성보다 대중성이 큰 '해결책'이 탄생하고 확산된다.

가장 일반적인 통념을 아래에 소개한다. 통념에 매우 민감하게 반응하고 기회가 있을 때마다 반박하려고 노력하면 당신 회사의 혁신 환경에 중요한 공헌을 하게 될 것이다.

◯ 통념 1 : 혁신은 아이디어가 가장 중요하다

우리가 연구했던 한 회사는 전통적인 제품 라인을 확대할 새로운 아이디어를 찾고 있었다. 초기 단계 중 하나는 고객에게 가장 가까운 영업사원을 비롯한 직원들에게 아이디어를 얻는 것이었다. 이 회사는 방대한 노력을 기울여서 천 개 이상의 아이디어를 수집했다. 제품개발 조직에서도 아이디어 수백 개가 들어왔다.

이후 일련의 특별 회의와 투표 과정을 거쳐서 아이디어를 추려냈다. 수많은 아이디어를 검토하는 길고 복잡한 과정을 마친 후 최종적으로 진행할 아이디어 다섯 개를 뽑았다.

이 회사의 경험은 우리 두 사람이 혁신의 가장 근본적인 진실이라고 믿는 사항을 보여 준다. 물론 아이디어가 없으면 아예 시작할 수도 없지만, 대박 아이디어 사냥의 중요성이 지나치게 과대평가되고 있다. 그래서 우리가 혁신의 또 다른 면, 즉 '실행'에 전념해서 연구를 하고 이 책을 쓰는 것이다. 당신도 회사가 혁신의 또 다른 면으로 관심을 옮기도록 노력해야 한다.

● 통념 2 : 훌륭한 리더는 실패하지 않는다

대체로 대박 아이디어를 지나치게 강조하는 회사는 훌륭한 리더에 지나치게 초점을 맞춘다. 우리는 두 통념이 아이디어와 영웅의 로맨스라고 생각한다. 설사 당신이 영감을 받은 '약자가 일방적으로 승리한다'는 식의 과장된 이야기에 별 감흥이 없더라도 당신 회사의 많은 사람이 그런 이야기에 공감한다는 점을 알 것이다. 이런 이야기가 인기는 많지만 혁신은 이와 다르다. 혁신은 TV 영화에 나오는 난관이 아니라 실제로 존재하는 난관이다.

올바른 혁신 리더를 선택하는 게 중요하지 않다는 말이 아니라, 재능이 있는 리더를 선택하는 것으로는 부족하다는 말이다. 혁신 프로젝트와 일반 사업의 선천적인 갈등은 한 사람이 혼자 해결하기에는 너무 본질적이고 강력하다.

조직은 개인보다 강하다. 혁신 리더로 성공하려면 조직을 올바르게 선택하고(각 혁신 프로젝트에 맞는 조직 모형으로 팀을 올바르게 구성) 단순히 훌륭한 관리자만이 아니라 폭넓은 부문의 관리자를 동원해야 한다.

● 통념 3 : 유능한 리더는 체제 전복자다

유명한 혁신 신화에는 최고의 혁신 리더에 대한 이야기가 많다. 혁신 리더가 위험을 무릅쓰는 사람이라거나 반체제 성향이 있다거나 반항아라는 식이다.

혁신 프로젝트와 일반 사업에 필연적으로 갈등이 존재한다는 현실은 혁신 신화를 지어내는 사람에게 편리한 점이다. 이 점은 이야기가 풍성한 배경을 제공한다. 우리 영웅이 혁신에 반대하는 고질적이며 곳곳에 만연한 힘과 숭고한 싸움을 벌인다. 이렇게 해서 우리는 '모든 규칙을 깨라'는 혁신가의 신념을 자주 듣게 된다.

이런 생각이 당신의 회사를 장악하게 두면 안 된다. 이런 생각은 아무 성과가 없다. 혁신은 전담팀과 성과달성 조직의 협력에 의존하는데, 모든 규칙을 깨자는 식의 태도는 그런 협력에 전혀 도움이 안 된다.

우리는 혁신 리더십을 시민의 불복종을 가장 잘 생각나게 하는 말이라고 여기지 않는다. 그것은 독불장군일 가능성이 거의 없다. 게다가 체제에 반대하는 세력이 가득 찬 조직은 혁신 집단이 아니라 규율이 없고 혼란스러운 사람들이다.

혁신 리더에 대한 일부 이야기는 정확하다. 리더는 자신감이 넘치고 의지가 강하며 동요가 없어야 한다. 멀고 불확실한 전망을 달성할 수 있도록 팀원들의 동기를 유발해야 한다. 그러나 훌륭한 혁신 리더는 겸손해야 한다. 겸손한 리더는 자신의 아이디어가 틀릴 수 있고 도움이 필요하며 결실을 향한 과정이 불확실하다는 점을 인정한다.

● 통념 4 : 누구나 혁신가가 될 수 있다

사람들은 복잡한 상황에 직면하면 간단한 답을 원한다. 그러니 혁신의 모형 중에 가장 널리 공유된 모형이 충격적일 정도로 간단한 것도 당연하다. 이 모형은 한마디로 '계급을 막론한 모든 직원의 동기를 유발하고 권한을 주라'는 말이다. 이런 모형이 사람의 마음을 끄는 이유는 '나는 특별하다', '나는 독특한 능력을 지니고 있다', '나는 혁신적이다', '내 앞에 놓인 상황을 향상할 수 있다'와 같은 각 직원의 입장을 단호하게 대변해 주기 때문이다.

그러나 이런 모형은 모든 조직이 직면한 기본적인 현실을 간과한다. 자원은 한정돼 있으며 혁신이 아니라 일반 사업에 전폭적으로 투입된다. 그러므로 혁신의 자원은 신중하게 배분돼야 한다. 반면에 '직원에게 자유시간을 주라'는 접근법은 자원을 조금씩 무분별하게 분산한다. 이 접근법은 모든 사람을 혁신에 참여시키려고 자원을 조금씩 잘라낸다. 몇 달러를 여기에 몇 달러를 저기에 주고, 여가 시간 중 일부를 여기에 나머지 일부를 저기에 투입하는 식이다.

이런 방식으로 자원을 분산하면 세 가지 실망스러운 결과가 나온다.

첫째, 이 방법은 전체의 노력을 분리시킨다. 개별적인 목표 수백 개의 합계는 일관성과 거리가 멀다.

둘째, 이 방법은 소규모의 혁신에 유리하다. 한정된 자유 시간에 각자의 목표를 추구하는 직원들은 작은 실험만 실행할 수 있다.

셋째, 이 방법은 혁신 과정 중 초반을 지나치게 강조한다. 혼자서 좋은 아이디어에 살을 붙일 수는 있더라도 그 이상 진전시키기란 불가능하다. '직원에게 자유 시간을 주라'는 접근법이 인기를 끄는 부분적인 이유는 유명한 회사들이 혁신에 성공하도록 이끈 모형이기 때문이다.

3M은 직원이 근무 시간 중 15%를 활용해서 창의적인 아이디어를 고안하게 하는 운영 방법으로 유명하다. 구글은 3M과 같은 목적으로 직원에게 근무 시간 중 20%의 자유 시간을 준다. 두말할 것 없이 이런 회사들은 혁신가 지망생들의 행복한 근거지라는 명성을 흡족해한다. 그러나 대중의 인식은 이런 회사에서 실제로 일어나는 상황을 엄청나게 단순화해 놓은 것이다.

그런 정책을 감당하는 방법을 도통 알 수 없다. 그저 흥미로운 아이디어를 내는 목적으로 모든 직원의 시간 중 20%를 빼는 것은 손익 계산에 상당한 부담이 된다. 사실 그런 아이디어의 일부만 실행하더라도 총비용이 엄청나 안정된 회사의 여유 자본을 훨씬 웃돌 것이다.

이렇게 문제점이 많지만 "모두가 혁신가가 될 수는 없다"고 말하는 CEO는 없으며 우리도 그런 말을 하라고 조언하지 않는다. 어떤 직원이라도 혁신에 이바지할 수는 있다. 하지만 정작 중요한 것은 어떻게 이바지하고 있는지 소통하는 것이다. 물론 모두가 자신이 책임을 맡은 분야의 실적을 향상하기 위한 실험에 참여해야 한다. 게다가 누구나 아이디어를 낼 수 있고 훌륭한 아이디어가 어디에서나 나올 수 있다. 그러나 아이디어 이상의 결과물을 얻으려면 회사는 혁신 자원이 부족하다는 점을 명심하고 소수 직원 및 소수 아이디어에 집중해야 한다.

● 통념 5 : 혁신은 조직 내에서 자연적으로 발생한다

또 다른 일반적인 오해는 혁신이 본래 자발적인 상향식 과정이라는 것이다. 일부 경영진은 혁신 프로젝트를 지휘하는 것을 망설이며 안타깝게도 가장 작은 프로젝트를 제외하면 거의 성공하지 못한다.

관심사가 같은 직원 몇 명이 자발적으로 모여 흥미로운 아이디어를 토론한다고 해보자. 이런 팀이 점심시간과 퇴근 후처럼 여유시간을 최대한 활용해서 일부 작업을 진행하기 시작할 수도 있을 것이다.

그러나 작업을 완료하는 것은 어렵다. 여유 시간은 대개 짧기 때문에 자발적으로 형성된 팀이 중요한 결과를 얻어내기에 충분한 시간을 쏟아부을 가능성이 거의 없다. 설상가상으로 일반 사업에 쏟아부어야 하는 시간 길이의 변동이 심하기 때문에 혁신에 투입할 여유 시간이 일관적이지 않다. 일시적으로라도 팀원 한두 명이 일반 업무에 몰입해야 하면 자발적으로 형성된 혁신 프로젝트의 성장세가 꺾이거나 연기된다.

회사는 혁신에 자발적으로 접근하는 방법에 전적으로 희망을 걸면 안된다. 그런 방법에만 희망을 걸면 소형 프로젝트 외에는 성공하지 못한다. 대규모 혁신 프로젝트를 시작하더라도 마무리 짓지 못한다. 프로젝트를 마무리 지을 유일한 방법은 공식적이고 의도적으로 자원을 투입하는 것이다.

● 통념 6 : 이미 안정된 조직에도 혁신을 쉽게 뿌리내릴 수 있다

우리는 '혁신을 회사의 기본 구조에 깊이 박아 넣으려면 어떻게 해야 할까요?'라는 질문을 자주 받는다. 이런 질문의 바탕에는 혁신이 조직에 박혀서 '저절로 일어나게' 할 수 있다는 생각이 깔려 있다.

일부 형태의 혁신은 조직에 박힐 수 있다. 우리는 이 글의 도입부에서 두 가지 가능성을 이야기했다. 혁신 = 아이디어 + 동기부여 모형은 지속적인 프로세스 향상에 충분하다. 혁신 = 아이디어 + 프로세스 모형은 신제품 개발에 효과가 있다. 단, 이 모형은 각 제품이 과거 제품과 유사한 경우에만 적용된다. 그러나 당신이 이 두 모형의 한계를 벗어나고 싶다면 특정한 혁신 프로젝트에 맞춘 접근법이 필요하다.

일상적인 프로세스 혁신과 제품 혁신 이외에는 혁신이 조직에 깊이 박히기가 어렵다. 근본적으로 상반된 점이 있기 때문이다. 성과달성 조직은 천성적으로 혁신에 적대적이다. 성과달성 조직에 혁신을 고정시키려고 했다가는 한쪽 혹은 양쪽 모두에 심각한 피해를 줄 것이다.

❍ 통념 7 : 혁신을 촉진하려면 조직이 전면적으로 바뀌어야 한다

우리가 대화를 나눴던 한 경영진은 자신의 회사가 혁신을 성공시키려고 노력하면서 겪은 경험을 '콘크리트벽에 얼굴을 부딪치는' 느낌에 비유했다. 그는 회사의 조직이 혁신에 적합하지 않다는 중요한 사실을 깨달았다. 정확히 맞는 말이다. 효율성이 입증된 모든 회사와 마찬가지로 그의 회사는 혁신이 아니라 일반 사업에 맞게 조직돼 있었다. 정착된 조직이 문제라고 생각하는 일부 관리자는 격분해서 과도한 반응을 보인다. 이들이 생각하는 해결책은 조직을 무너뜨리고 혁신에 맞는 구조로 다시 만드는 것이다.

이는 타당한 접근법처럼 들리며 어쩌면 고무적인 방법일 수도 있다. 그러나 이런 생각이 회사에서 호응을 얻게 두면 안 된다. 이처럼 공격적인 방법이 조직을 혁신에 맞는 구조로 바꿔놓을지 모르지만 그러기 위해 감수해야 할 희생은 어떻게 할 것인가? 이런 대대적인 변화는 기존의 사업에 피해를 입히거나 완전히 없애버릴 게 거의 확실하다.

사실 혁신은 대규모 변화가 필요 없다. 대신에 목표로 삼은 부분만 바꾸면 된다. 우리 두 사람은 이 책에 담을 조언을 집필할 때 조직의 기존 역량에 피해를 주면 안 된다는 점을 최우선 과제로 삼았다. 혁신은 일반 사업의 자원을 분산시키며 장기적으로 기존 사업을 잠식할 수도 있다. 그러나 성과달성 조직의 조직 기술을 해체하거나 훼손하지는 않을 것이다. 혁신을 하려면 조직의 규범에서 벗어나야 하는 게 사실이다. 그렇지만 이런 변화는 전 조직이 아니라 전담팀에만 영향을 미친다.

이 점은 많은 CEO와 경영진에게 희소식이다. 많은 사람이 혁신이나 단기적인 실적 중에서 하나를 선택해야 한다고 생각한다. 혁신 리더가 하려는 많은 행동에 기존 사업의 희생이 따르는 것처럼 여겨지긴 한다. 그러나 앞서 설명했듯이 하나를 선택할 필요는 없다. 혁신과 일반 사업에서 동시에 좋은 성과를 올릴 수 있다.

◗ 통념 8 : 혁신은 비밀 실험실에서만 일어날 수 있다

많은 회사는 혁신과 일반 사업 사이에 피할 수 없는 갈등이 생기면 혁신은 회사의 다른 부서에서 완전히 격리된 별개의 조직, 즉 소위 말하는 비밀 실험실이 필요하다고 생각한다. 대체로 혁신 리더는 이런 의견을 강하게 지지한다. 성과달성 조직과 항상 갈등을 겪기 때문에 혁신 리더는 모두 그냥 사라져버리라고 말하고 싶은 순간을 많이 겪는다.

그러나 이런 사고방식을 조장하는 혁신가가 회사에 있으면 안 된다. 아이디어 단계를 제외하면 격려란 말이 안 된다. 혁신 프로젝트가 가치가 있는 부분적인 이유는 회사의 기존 자산과 역량을 활용할 기회가 있어서다. 일부 경우에 혁신 리더는 새로운 서비스를 시장에 내놓을 때 기존 영업사원을 활용하거나 기존 공장에서 신제품을 제작하고 싶어 한다.

많은 가능성이 있지만 거의 모든 경우에서 기존 자산을 활용하려면 다른 부서와 정기적으로 교류해야 한다. 그러므로 혁신 프로젝트와 일반 사업, 전담팀과 성과달성 조직이 연계돼 있어야 한다.

● 통념 9 : 혁신은 통제가 불가능한 혼란이다

'혁신 프로젝트를 어떻게 관리해야 할까?' 라는 질문에 일부 혁신 리더는 즉시 "아예 시도도 하지 마라. 혁신은 예측할 수 없으므로 관리할 수 없다"라고 대답한다.

혁신은 혼란이라는 관념이 없어지지 않는 이유는 대박 아이디어 사냥이라는 인기 있는 개념이 널리 퍼져 있기 때문이다. 획기적인 통찰, 즉 훌륭한 아이디어를 얻는 과정은 관리하기가 힘들 것이다. 그러나 혁신 과정에서 나머지 99%는 이와 완전히 다르다.

아이디어에서 실행, 즉 혁신의 첫 단계에서 최종 단계로 이동하는 과정의 험난함과 부조화를 인식하는 회사가 거의 없다. 사업계가 대박 아이디어 사냥에 워낙 강하게 집착하다 보니 혁신에 대해 당신이 듣거나 읽거나 생각하는 대부분이 아이디어 사냥에만 적용된다. 안타깝게도 아이디어를 내는 최고의 방법은 그 아이디어를 진행하는 최고의 방법과 거의 관계가 없다. 혁신의 또 다른 면은 불확실하지만 통제할 수 있다.

아이스크림 제조사의 대명사인 벤 앤 제리스(Ben & Jerry's)는 유니레버(Unilever)에 인수될 때 혁신 과정의 첫 단계와 최종 단계 사이의 두드러진 차이점을 깨달았다. 벤 앤 제리스는 창립 이후로 줄곧 즐겁고 개방적이며 관대한 환경을 수용했으며 이런 환경 덕에 피시 푸드(Phish Food)와 처비 허비(Chubby Hubby)처럼 소비자의 마음을 끄는 아이스크림 이름이 등장하게 됐다. CEO인 월트 프리즈(Walt Freese)는 그런 문화와 혁신이 연관성이 있다고 생각했다. 그는 "직원들의 즐거움이 클수록 과감한 새 아이디어가 많이 나온다"라고 말했다(벤 앤 제리스에서 CEO는 'Chief Euphoria Officer'의 줄임말로 '행복담당 최고경영자'라는 뜻이다).

유니레버가 벤 앤 제리스를 인수했을 때 한 시대의 종말이 왔다고 생각하는 사람도 있었다. 이들은 소비재 대기업인 유니레버가 혁신적인 사고를 짓밟을 것이라고 예상했다. 프리즈의 생각은 달랐다.

"우리는 유니레버의 프로세스 규율과 재정 규율을 많이 전수받았으며 잘 통솔된 혁신 과정이라는 규칙이 마음에 든다. 그 규칙은 우리가 더 크고 복잡한 아이디어를 실행하도록 도왔다."

프리즈는 혁신이 두 개의 퍼즐이라고 생각한다. 그는 아이디어를 이야기할 때는 인습 타파를 강조했고 실행을 이야기할 때는 규율을 강조했다. 우리는 그의 의견에 동의한다.

● 통념 10 : 신생 기업만 혁신할 수 있다

많은 경영진과 마찬가지로 당신은 셀 수 없이 많은 혁신 활동이 힘겹게 진행되는 모습을 봤을 것이다. 대기업은 혁신을 포기하고 신생 기업에 넘겨야 한다고 결론을 내리고 싶었던 적이 있는가? 당신만 그런 게 아니다.

그러나 현실적으로 많은 혁신 프로젝트가 신생 기업의 능력 밖이다. 조직이 정착된 대기업만이 그런 혁신 프로젝트를 처리할 수 있다(〈표 C-2〉는 혁신에 대한 통념과 진실을 요약한다).

● 표 C-2

혁신에 결부된 10대 통념

통념	진실
1. 아이디어가 가장 중요하다.	1. 아이디어는 시작에 불과하다.
2. 훌륭한 리더는 혁신에 실패하지 않는다.	2. 혁신에 있어 간단하게 실행할 수 있는 것은 아무것도 없다..
3. 유능한 혁신 리더는 체제 전복자다.	3. 유능한 혁신 리더의 기본 품성은 겸손이다.
4. 누구나 혁신가가 될 수 있다.	4. 누구나 아이디어를 내야 하고, 점진적 개선에도 책임이 있다.
5. 혁신은 조직 내에서 자연적으로 발생한다.	5. 규모가 큰 혁신 프로젝트는 공식적이고 의도적인 자원 투자가 있어야 한다.
6. 혁신은 이미 안정된 조직에서도 쉽게 뿌리를 내릴 수 있다.	6. 혁신은 일상적으로 진행하는 사업과 공존할 수 없다.
7. 혁신을 촉진하려면 조직이 전면적으로 바뀌어야 한다.	7. 혁신할 때 목표로 삼은 부분만 바뀌면 된다.
8. 혁신은 비밀 실험실에서만 일어날 수 있다.	8. 혁신이 성과달성 조직과 격리되면 안 되며, 혁신팀과 성과달성 조직이 협력해야 한다.
9. 혁신은 통제가 불가능한 대혼란이다.	9. 혁신을 주의 깊고 면밀하게 관리해야 한다.
10. 신생 기업만 혁신할 수 있다.	10. 전 세계적으로 시급한 대형 사안은 이미 자리를 잡은 대기업만 해결할 수 있다.

대기업은 지구 온난화에서부터 물 부족과 천연자원 고갈에 이르기까지 인간이 당면한 복잡하고 커다란 문제를 해결할 수 있는 자원을 가지고 있다. 대기업은 브랜드 이미지에서부터 인맥과 전문적인 기술력에 이르기까지 신생 기업이 꿈도 못 꿀 엄청난 자산을 가지고 있으며 마음대로 쓸 수 있다.

우리가 존경하는 CEO들은 그 사실을 알고 있으며 포부가 크다. 인텔의 공동 창립자인 앤디 그로브(Andy Grove)는 2007년 12월, 〈포트폴리오〉지에 실린 기사에서 야심 찬 CEO 두 명에게 포부를 더 높게 가지라고 격려했다. 그는 월마트의 CEO인 리 스콧(Lee Scott)에게 1차 진료 병원들과 새로운 관계를 구축해 의료계에 혁명을 일으키라고 촉구했다. 또 GE의 CEO인 제프 이멜트에게 전기 자동차를 만들어서 상업화하라고 촉구했다.

우리는 그런 목표가 두 회사의 혁신 목록에서 가장 높은 자리를 차지해야 하는지는 모르겠지만, 그로브가 쓴 글의 정신은 마음에 쏙 든다. 특히 우리는 역사상 가장 성공한 기업가인 그로브가 세계적으로 가장 긴급한 난관을 해결하는 일은 신생 기업의 능력 밖이라는 점을 기꺼이 인정하는 자세를 존경한다. 우리는 CEO들이 포부를 높여야 한다는 그로브의 요구를 지지한다.

일부 CEO는 높은 포부를 두려워한다. 이런 사람은 평범한 사람이 될 운명이다. 높은 목표를 설정할 용기가 있는 사람은 혁신에 다시 전념해야 한다. 아직 할 일이 많다.

사실상 혁신이라는 말은 10년이 넘도록 멋진 최신 전자 장치의 동의어로 쓰였다. 앞으로 올 새 시대에서 혁신은 그런 최신 장치의 대명사가 아니라 완전한 변화를 의미할 것이다. 이제 혁신은 나스닥이나 〈포천〉지 선정 500대 기업을 뜻하지 않을 것이다. 새 시대에서 '혁신'이라는 말은, 거의 100억 명에 달하는 인구 과잉 상태에 직면한 지구에 생길 각종 문제를 다룰 획기적인 해결책을 의미할 것이다.

기업은 사회에 책임을 지는 방식으로 활동해야 한다는 압력에 직면했다. 우리 두 사람은 더 강력하게 압박하고 싶다. 우리는 이윤은 물론 그 이익이 나온 혁신이 세계적으로 가장 긴급한 문제를 해결하는 데에 기여한 크기로 CEO를 평가해야 한다고 생각한다.

당신이 자랑스럽게 생각하는 성공 일화가 있다면 부디 시간을 내서 우리에게 알려주기 바란다. 우리는 혁신을 주제로 글을 쓰고 연설을 한다. 당신은 혁신을 성공시킬 힘이 있고 우리는 당신을 통해 간접 경험을 한다. 부디 vg@dartmouth.edu나 chris.trimble@dartmouth.edu로 이메일을 보내거나 www.theothersideofinnovation.com, www.vijaygovindarajan.com, www.vg-tuck.com, www.chris-trimble.com에 방문해 주기 바란다.

평가도구

● 평가 도구 1

목표 : 전담팀과 공유 직원의 인력을 배분하는 방법을 정한다(제1장 참고).

◎ 1단계

〈표 AT-1〉에 혁신 프로젝트의 실행에 필요한 기술을 적는다. 각 기술을 '설계, 엔지니어링, 제조, 판매'와 같이 명사형으로 서술하면 편하다. 이어서 해당 기술을 사내에서 입수할 수 있는지 없는지 파악한다. 기술이 두드러지게 월등한 외부 인사를 고용하거나 소규모 회사를 인수할 여유가 있으면 기술력이 향상돼 혁신 프로젝트의 결과가 대대적으로 달라질 것이다. 이런 경우는 '사내에서 입수 불가능' 란에 표시하면 된다.

기술을 적을 때 회사가 지닌 기술과 지니지 않은 기술을 구별할 수 있도록 세분화한다. 예를 들어서 혁신 프로젝트에 직접 판매 기술과 온라인 판매 기술이 모두 필요한데, 회사에서 한쪽 기술만 입수할 수 있다면 두 기술을 구분해서 적어야 한다.

이 활동의 일부 목적은 전담팀을 구성할 때 '당신이 아는 사람'을 고려하기 전에 '당신에게 필요한 기술'을 고려하게 하려는 것이다.

● 표 AT-1

기술	사내에서 입수 가능	사내에서 입수 불가능
A		
B		
C		
D		
E		
F		
G		

사내에서 입수가 불가능하다고 표시한 모든 기술을 전담팀으로 이동해야 한다.

◆ 2단계

2단계는 〈표 AT-1〉에 사내에서 입수가 가능하다고 표시한 기술만을 다룬다.

설명을 하기 위해 편의상 당신이 기술 C, E, G를 사내에서 입수할 수 없다고 해보자. 따라서 세 기술을 전담팀으로 이동한다. 이 단계의 목적은 나머지 기술(A, B, D, F)도 전담팀으로 이동해야 하는지 결정하는 것이다. 성과달성 조직에서 A, B, D, F의 작업 관계가 혁신 프로젝트에 필요한 작업 관계와 조화되지 않으면 이 네 기술을 전담팀으로 이동해야 한다(필요하다면 다음 내용을 읽기 전에 제1장을 복습하기 바란다).

성과달성 조직에서 일상적인 작업 관계가 있는 기술을 〈표 AT-2〉에 한 조씩 적는다. A와 B가 정기적으로 긴밀하게 협력하거나, A가 정기적으로 B에 작업을 직접 넘겨준다면 작업 관계가 있다고 보면 된다. 성과달성 조직의 작업 흐름도를 그려보면 도움이 될 것이다(〈도표 1-1〉 참고).

● 표 AT-2

	성과달성 조직에서의 작업 관계
1	A-B
2	B-D
3	D-F
4	

작업 관계는 업무 처리에 필요한 관계를 말한다는 점에 주의하기 바란다(회사에는 사회 관계, 개인 관계, 멘토 관계, 조언 관계 등 다른 관계도 있다). 또 어쩌다 한 번 하는 교류나 예측할 수 없는 일정은 일상적인 작업 관계에 포함되지 않는다.

이제 〈표 AT-3〉에 혁신 프로젝트의 작업 관계를 적어 본다. 앞에서와 마찬가지로 〈표 AT-1〉에 사내에서 입수가 가능하다고 표시한 기술만 다뤄야 한다.

혁신 프로젝트에 필요한 작업 관계	
1	A-F
2	B-D
3	
4	

다음으로 〈표 AT-3〉에는 나오지만 〈표 AT-2〉에는 나오지 않은 조를 파악한다. 그 조는 성과달성 조직에는 존재하지 않지만 혁신 프로젝트에는 필요한 작업 관계다.

그 조에서 한 기술 혹은 두 기술을 전담팀으로 이동해야 한다. 그렇지 않으면 해당 작업 관계의 일정을 조정하기가 어렵고 일반 사업에 방해가 될 것이다.

이 책에 표시된 예에서 A-F는 〈표 AT-3〉에는 나오지만 〈표 AT-2〉에는 안 나온다. 따라서 기술 A나 기술 F 혹은 두 기술을 모두 전담팀으로 이동해야 한다.

마지막으로 〈표 AT-2〉와 〈표 AT-3〉에 모두 나오는 조를 〈표 AT-4〉에 적는다. 위의 표에 표시된 예에서 B-D만 〈표 AT-2〉와 〈표 AT-3〉에 모두 나온다.

그러고 나면 적어놓은 각 조의 작업 관계가 일반 사업과 혁신 프로젝트에서 동일한지 파악한다. 상대방에 대한 각 사업의 기대치가 동일하게 유지될까? 특히 각 사업의 힘의 균형과 작업 주기가 동일하게 유지될까?

〈표 AT-4〉에 나온 질문에 연달아 '아니다'고 답했다면 해당 조에서 두 기술 중 적어도 하나를 전담팀으로 이동해야 한다. 그렇게 하면 새로운 관계가 성과달성 조직의 관계와 완전히 별개로 발전한다.

● 표 AT-4

	〈표 AT-2〉와 〈표 AT-3〉에 모두 나오는 조	동일한 기대치?	동일한 힘의 균형?	동일한 작업 주기?
1	B-D	Y	Y	Y
2				
3				

마지막으로, 앞 단계에서 전담팀으로 명백하게 이동되지 않은 기술은 공유 직원의 몫이다.

위의 표에 표시된 예에서 B와 D의 작업 관계는 혁신 프로젝트와 평상시에 진행하는 사업에서 동일하다. 그러므로 B와 D는 공유 직원의 몫으로 남으며 A 혹은 F도 마찬가지다.

● 평가 도구 2

목표 : 성과달성 조직의 아류가 될 위험성을 질적으로 분석한다(제2장 참고).

○ 1단계

전담팀에서 효율적인 외부인의 비율을 계산한다.

● 표 AT-5

출처	비율	조정	효율적인 외부인 비율
사내	%	무	0%
사내, 단 관계가 없는 별개의 사업부 혹은 약간 관계가 있는 사업부	%	2로 나눔	%
사외	%	무	0%
합계	100 %	무	0%

○ 2단계

'예' 혹은 '아니요' 로 다음 질문에 답한다.

● 표 AT-6

질문	예	아니요
1. 전담팀 전 구성원의 직함, 역할, 책임을 분명하게 정의했는가?		
2. 성과달성 조직에서 일상적인 작업 관계가 있었던 모든 조에 전담팀에서 작업 관계가 어떻게 달라질지 분명하게 대화해야 한다고 강조했는가?		
3. 전담팀이 정기적으로 만나서 교류할 독립된 자체 공간이 있는가?		
4. 성과달성 조직에서 가장 영향력이 큰 기술이 전담팀에서도 가장 영향력이 커야 하는지 생각해 봤는가? 그렇지 않다면 권한을 이동할 조치를 취했는가?		

질문	예	아니요
5. 혁신 프로젝트에 맞춘 실적 평가 기준을 따로 마련했는가?		
6. 전 팀원은 실적 평가가 어떻게 해석될지 이해했는가? 구체적으로 말하자면 실적 평가가 성과달성 조직과 다르게 해석될 것이라는 점을 이해했는가?		
7. 전담팀이 혁신 프로젝트의 목표를 잘 달성하게 북돋도록 봉급 규정에 실적 장려금 지급 조항을 넣는 방안을 생각해 봤는가?		
8. 성과달성 조직의 문화와 구분되며 전담팀의 사명, 활동, 목표와 일치하는 독특한 문화를 만들기 위해 확실히 노력했는가?		
9. 성과달성 조직의 프로세스를 모방하고 싶은 자연스러운 충동을 억제했는가?		
10. 성과달성 조직의 프로세스를 모방하고 싶은 자연스러운 충동을 억제했는가?		

◑ 3단계

자신의 위험 방지 점수를 계산해 본다.

● 표 AT-7

번호	방법	위험 방지 점수
1.	〈표 AT-5〉에 나온 효율적인 외부인 비율을 기입한다. (최대 40점)	
2.	〈표 AT-6〉에서 '예'라는 대답마다 4점을 준다.	
3.	합계 (최대 80점)	

◐ 4단계

점수를 해석한다.

● 표 AT-8

< 40	성과달성 조직의 아류가 될 위험이 매우 큼
40~55	상당히 위험
55~70	약간 위험
70+	위험 없음

● 평가 도구 3

목표 : 전담팀과 성과달성 조직이 건전한 협력 관계를 유지하는 데 필요한 행동을 파악한다(제3장 참고).

◐ 1단계

자원 배분을 공식적으로 조정해야 한다는 점을 명심한다. 혁신 프로젝트에 영향을 미치는 자원 배분 권한을 공식적으로 가진 성과달성 조직의 리더를 모두 적는다. 예를 들어서 제조 담당자는 성과달성 조직의 제품 혹은 혁신 프로젝트가 시장에 내놓을 신제품 중 어느 쪽에 생산 능력을 배분할지 결정한다.

● 표 AT-9

성과달성 조직의 리더	자원 배분 결정
1	1
2	2
3	3

그리고 다음 조치를 모두 취해야 한다는 점을 명심한다.

● 표 AT-10

행동	체크박스
1. 나는 성과달성 조직의 리더가 배분을 결정하는 모든 자원을 공식적으로 승인된 혁신 프로젝트 계획에 넣었다.	☐
2. 나는 일어날 가능성이 있는 갈등과 만일의 사태를 성과달성 조직의 각 리더와 미리 이야기했다. (예 : 혁신 프로젝트의 갑작스러운 성장 혹은 갑작스러운 하락)	☐
3. 감독을 맡을 중역이 심판 역할을 해 갈등을 해결하는 명확한 과정이 있다.	☐
4. 나는 공유 직원이 제공한 시간과 에너지(완전히 활용되든 그렇지 않든)의 대가를 내부 회계 체계를 통해서 명백하게 지불할 것이다.	☐
5. 혁신 프로젝트에 미칠 (잠재적으로 부정적인) 영향을 차단하도록 성과달성 조직 리더의 실적 평가 기준을 수정하도록 조율했다.	☐

◆ 2단계

공유 직원의 시간과 에너지를 충분히 확보해야 한다.

공유 직원의 부서 혹은 기능을 나열하고 그들이 성과달성 조직의 목표를 달성하기 위해 극심한 압박을 받는 시기를 적는다.

● 표 AT-11

부서 혹은 기능	가장 바쁜 시기

공유 직원이 혁신 프로젝트에 대해 다음 두려움을 느끼는가?

● 표 AT-12

두려움	예	아니요
1. 혁신 프로젝트가 기존 제품이나 서비스를 잠식할 가능성이 있다.		
2. 혁신 프로젝트가 기존 프로세스를 쓸모없게 만들고 성과달성 조직의 일자리를 없애버릴 가능성이 있다.		
3. 혁신 프로젝트가 장려금을 줄이거나 없애버릴 가능성이 있다.		
4. 혁신 프로젝트가 브랜드를 손상시킬 가능성이 있다.		
5. 혁신 프로젝트가 고객과의 관계를 손상시킬 가능성이 있다.		
6. 혁신 프로젝트가 성과달성 조직의 자산을 손상시킬 가능성이 있다.		
7. 이 밖에 다른 두려움을 적는다.		

이어서 다음 조치를 취해야 한다는 점을 명심한다.

● 표 AT-13

행동	체크박스
1. 나는 감독을 맡은 중역이 혁신 프로젝트의 중요성을 공유 직원에게 적극적으로 홍보하도록 (특히 공유 직원이 가장 바쁜 시기에) 유도했다.	☐
2. 나는 특히 가장 바쁜 시기에 공유 직원의 부담을 최소로 줄일 방법을 고심했다.	☐
3. 나는 감독을 맡은 중역이 공유 직원의 구체적인 두려움을 파악하도록 정보를 전달했다.	☐
4. 나는 감독을 맡은 중역과 협력해서 혁신 프로젝트가 장기적으로 회사의 최대 관심사라고 공유 직원을 설득하고 있다.	☐
5. 나는 공유 직원의 시간의 대가를 내부 회계 체계를 통해서 타당하게 지불하고 있다.	☐
6. 나는 혁신 프로젝트의 진행을 촉진시키기 위해 공유 직원의 동기를 유발할 특별 보너스를 지급하는 방안을 감독을 맡은 중역과 상의했다.	☐

● 3단계

협력자 사이의 불화를 피한다.

공유 직원이 전담팀에게 억울함을 느끼거나 비판적으로 생각하는가?
(확신이 없으면 조사해 봐야 한다.)

인식	예	아니요
1. 전담팀은 자신들이 다른 부서보다 월등하다고 느낀다.		
2. 전담팀은 자신들이 회사에서 가장 중요하다고 생각한다.		
3. 전담팀은 특별대우를 받는다. 다른 부서와 다른 평가 기준이 전담팀에게 적용된다.		
4. 전담팀은 돈을 많이 받는다.		
5. 전담팀을 믿을 수 없다.		
6. 전담팀은 자신들이 모든 일의 리더라고 생각한다.		
7. 그 밖에 억울함이나 비판적인 생각을 적는다.		

전담팀과 공유 직원 사이의 치명적인 긴장 상태를 줄이기 위해 다음 단계를 밟아야 한다.

● 표 AT-15

행동	체크박스
1. 나는 공유 직원의 억울함을 논의하고 완화하기 위해 감독을 맡은 중역과 협력해서 노력했다. 장기적으로 혁신 프로젝트가 회사의 최대 관심사인 이유를 공유 직원이 명확하게 이해했다.	☐
2. 나는 공유 직원의 반감을 불필요하게 악화할 전담팀의 활동 혹은 행동을 예의주시하고 제거했다.	☐
3. 나는 전담팀과 공유 직원의 책임을 명확하게 구분했다.	☐

행동	체크박스
4. 나는 전담팀과 공유 직원이 공유하는 가치관과 목표를 강화해서 결속을 높였다.	☐
5. 나는 전담팀에서 공유 직원과 강한 상호작용이 필요한 역할에 사내 인사를 배정했다.	☐
6. 나는 전담팀과 공유 직원이 자주 직접 만나서 교류하게 하려고 노력했다.	☐
7. 나는 공유 직원과 전담팀의 전 구성원이 다른 부서와 협력하는 능력을 중요하게 생각하도록 감독을 맡은 중역과 협력해서 개인별 실적 평가 기준을 수정했다.	☐

● 평가 도구 4

목표 : 잘 통솔된 실험 과정을 따라야 한다(제4장~제6장 참고).

매번 사업 검토를 하기 전에 다음 질문을 해보자. 모든 질문에 '예'라는 대답이 나와야 한다.

행동	예	아니요
1. 혁신 프로젝트 자체의 단독 계획이 있다.		
2. 나는 최대한 빨리 배우기 위해 계획 수립에 충분한 시간을 투입하고 있다.		
3. 성과달성 조직의 계획 수립 서식, 예산 범주, 실적 측정 기준을 혁신 프로젝트의 계획에 도입하지 않았다. 대신 맞춤형 계획을 세웠다.		
4. 나는 제5장에 나온 도구를 사용해서 혁신 프로젝트의 성공 여부에 대해 명확한 행동 - 결과 가설을 만들었다.		
5. 모든 팀원이 기록된 가설을 이해하며 명료하게 설명한다.		
6. 나는 '최소의 노력으로 최대한 많이 배우도록' 가장 중요한 미지의 상황을 먼저 해결할 방법을 생각했다.		
7. 중요한 불확실성을 해결하거나 방향을 대대적으로 변경하기 위해 필요한 빈도로 계획을 검토하고 수정하고 있다.		
8. 나는 모든 실적 평가를 동향 도표에 표시했다.		
9. 나는 감독을 맡은 중역과 협력해서 성과달성 조직 검토 회의와 별개의 검토 회의를 만들었다.		
10. 나는 구성원의 책임 소재를 감독을 맡은 중역과 협상했다.		
11. 계획에 나온 예상이 틀릴 가능성이 있으며 예상을 최대한 향상시키는 것이 내 주요 임무라는 사실을 안다.		
12. 나는 혁신 프로젝트의 결과를 해석할 때 일반적인 선입견을 검토할 준비를 갖췄다(제6장 마지막 부분 참고).		

감사의 말

우리는 재능이 풍부한 수많은 사람의 도움을 받아 이 책을 마무리할 수 있었다.

첫째, 다트머스대학교 터크경영대학원의 윌리엄 F. 아크마이어 글로벌 리더십 센터에서 자금 지원을 받아 연구를 시작할 수 있었다. 빌 아크마이어가 보여준 관대함과 우정에 감사한다. 또 터크경영대학원의 폴 다노스(Paul Danos) 학장이 아낌없이 베풀어준 지원도 고맙다. 연구 파트너인 빌 리틀(Bill Little)은 전체 연구에 꼭 필요했던 여러 인터뷰를 할 수 있게 주선해 주었다. 베스 퍼킨스(Beth Perkins)는 우리 둘이서 시도했으면 영 가망이 없었을 행정적인 도움을 주었다.

이 책의 제작 과정에서 초기 기획에서부터 최종 출판까지 조력을 많이 받았다. 특히 우리 에이전트 토드 스후스테르(Todd Shuster)와 에즈먼드 함스워스(Esmond Harmsworth), 하버드 비즈니스 편집국의 편집자 자크 머피(Jacque Murphy)와 캐슬린 카(Kathleen Carr)와 크리스틴 샌드버그(Kristen Sandberg)와 앨리슨 피터(Allison Peter)와 제인 게브하르트(Jane Gebhart), 수년 동안 도움을 준 편집 전문가 애니타 워런(Anita Warren)과 로렌 앤더슨(Lorraine Anderson)에게 고마움을 전한다.

소중한 시간을 내 인터뷰를 해준 모든 경영진에게 큰 빚을 졌다. 특히 연구에서 가장 중요했던 여섯 기업을 조사하도록 길을 열어준 분들에게 감사한다. 이들은 아날로그 디바이스의 제리 피시맨, 디어 앤 컴퍼니의 H. J. 마크리(H. J. Markley), 인포시스의 나라야나 무르티, 톰슨 로이터의 데이비드 한센스(David Hanssens), 다우존스의 매튜 골드버그(Matthew Goldberg), IBM의 데이비드 위안(David Yuan)이다.

마지막으로 이 책의 중요한 토대가 된 우리의 첫 책《늙은 코끼리를 구하는 10가지 방법》이 세상에 나오도록 도와준 모든 분께 감사드린다.

지은이 소개

비제이 고빈다라잔(V. G. 로 더 유명함)과 크리스 트림블은 미국 다트머스대학교 터크 경영대학원 교수다. 지난 10년 동안 두 사람은 최고로 경영이 잘되고 있는 대기업도 성가셔할 연구 하나에 전념했다. 바로 혁신 프로젝트를 실행하는 방법이었다.

2005년, 두 사람은 세계적인 베스트셀러《늙은 코끼리를 구하는 10가지 방법》을 펴냈다. 〈월스트리트 저널〉은 이 책을 10대 필독 도서로 선정했고 〈전략과 비즈니스〉는 이 책을 그해의 최고 전략서로 선정했다.

V. G. 와 크리스는 공저로 〈하버드 비즈니스 리뷰〉〈MIT 슬론 경영 리뷰〉〈캘리포니아 경영 리뷰〉〈비즈니스 위크〉〈패스트 컴퍼니〉〈파이낸셜 타임스〉 등에 글을 게재해 왔다. '전략적 혁신을 위한 조직의 DNA'는 〈캘리포니아 경영 리뷰〉에서 엑센츄어가 주는 올해의 최고 논문상을 받았다.

최근에 V. G. 와 크리스는 제너럴 일렉트릭의 CEO인 제프 이멜트와 협력해서 쓴 'GE가 스스로 붕괴한 과정'을 〈하버드 비즈니스 리뷰〉에 게재했다. 이 논문은 개발도상국에 처음 도입된 혁신인 '역(逆)혁신(reverse innovation)'의 개념을 소개했다.

V. G. 는 터크 경영대학원의 국제 비즈니스 담당 교수이자 글로벌 리더십 센터의 창립 멤버다. 제너럴 일렉트릭에서 최고 혁신 컨설턴트를 지내며 상주한 첫 번째 교수이기도 하다.

그는 최고의 교수(〈비즈니스 위크〉), 경영대학원 최고경영자 과정 10대 교수(〈비즈니스 위크〉), 인도 출신의 '슈퍼스타' 경영 사상가(〈포브스〉), 세계 25대 경영 사상가(〈런던 타임스〉), 올해의 최우수 교수(터크 MBA 학생회) 등으로 불려왔다.

V. G.는 〈포천〉 선정 500대 기업의 25%와 직접 작업해 왔다. 예를 들면 보잉, 코카콜라, 콜게이트, 디어, 페덱스, 휴렛패커드, IBM, J. P. 모건 체이스, 존슨앤드존슨, 뉴욕 타임스, 프록터 앤 갬블, 소니, 월마트 등이 있다. '월드이노베이션 포럼'과 '비즈니스위크 CEO 포럼'을 비롯한 각종 CEO 포럼과 주요 컨퍼런스의 단골 연사다. V. G.는 하버드 경영대학원에서 MBA와 박사학위를 받았다. 〈하버드 비즈니스 리뷰〉(www.hbr.org)와 〈비즈니스 위크〉(www.businessweek.com)의 블로그 및 www.vijaygovindarajan.com에 정기적으로 글을 게재한다.

크리스의 경력은 엄격한 학문 연구와 현장의 실무 경험이 고루 섞여 있다. 미 해군에서 잠수함 장교로 복무하던 젊은 시절에 대기업의 혁신에 관심을 갖게 됐다. 크리스는 대기업 수십 곳과 작업해 왔으며 주로 혁신 리더의 컨설팅을 맡았다. 세계 곳곳을 돌며 혁신을 주제로 자주 연설해왔다. 터크 경영대학원에서 MBA 학위를 받았으며 버지니아대학교에서 최우등 성적으로 공학 학사 학위를 받았다.

옮긴이 소개

권영설

대한민국을 대표하는 경영칼럼니스트이자 혁신 전문가. 연세대를 나와 미국 펜실베이니아대 워튼스쿨 MBA 과정을 마쳤다. 〈한국경제신문〉에서 20년간 근무하며 문화부 및 산업부 기자, 경영전문 기자를 거쳤다. 한경가치혁신연구소를 설립해 한국에 블루오션 열풍을 일으킨 주인공이다. 현재는 한경아카데미 원장으로 재직 중이다. 《경영자를 위한 변명》《심플의 시대》《당신의 경제수명은 몇 년입니까》《직장인을 위한 변명》《직장인의 경영연습》 등을 썼다. 역서로는《피터 드러커 리더스 윈도우》《경영의 미래》《피터 드러커, 위대한 혁신》《경영이란 무엇인가》《위대한 기업을 넘어 사랑받는 기업으로》《빅씽크 전략》《경영이란 무엇인가》《일의 잠언》 등이 있다. 또《스티브 잡스 무한혁신의 비밀》《블루오션 재팬리포트》 등을 감수했다.

신승미

오랫동안 경제경영 잡지사의 기자로 활동했으며 현장에서 터득한 지식과 노하우로 많은 경제경영 책들을 우리말로 옮겨왔다. 현재 번역에이전시 엔터스코리아에서 경제경영 관련 출판기획 및 전문 번역가로 활동하고 있다. 주요 역서로는《전사형 CEO 마법사형 CEO》《여자경제독립선언서》《신속하게 실행하고 확실한 성과를 내는 프로젝트 매니지먼트》

《비즈니스제안서 바이블》《여자를 위한 헝겊토끼 원칙》《경제의 진화론》《승자가 가르쳐주는 성공 법칙》《자이언트 스텝》《최강 프레젠테이션 기술》《팀장이 알아야 할 프로젝트 기획과 실전》《성공을 만드는 집》《디렉터 딜레마》《궁정론 : 세기를 뛰어넘는 위대한 이인자론》《세계 장수 마을 블루존》《크라우드 서핑 : 인터넷 군중을 이끄는 마케팅》《소셜미디어를 정복하라》《통하는 프레젠테이션》《적극성》《큐브》등 다수가 있다.

퍼펙트 이노베이션

2011년 3월 10일 초판 1쇄 발행
2011년 5월 20일 초판 2쇄 발행

지은이 | 비제이 고빈다라잔
　　　　크리스 트림블
옮긴이 | 권영설, 신승미

펴낸이 | 진성원
펴낸곳 | 케이디북스(KD books)
등록 | 제 307-2003-60호(2003년 9월 22일)
주소 | 서울시 성북구 정릉 3동 653-40
전화 | 02)909-2348
팩스 | 02)912-4438

ISBN 978-89-91197-82-4　13300

값 15,000원